Axel Schulte, Andreas Treichler
Integration und Antidiskriminierung

W0209693

Grundlagentexte
Soziale Berufe

Axel Schulte, Andreas Treichler

Integration und Antidiskriminierung

Eine interdisziplinäre Einführung

Juventa Verlag Weinheim und München 2010

Die Autoren

Axel Schulte, Jg. 1943, Dr. phil. habil., ist Außerplanmäßiger Professor am Institut für Politische Wissenschaft der Leibniz Universität Hannover.
Seine Arbeitsschwerpunkte sind Migrationsforschung, Politikfeldanalyse, Demokratietheorie und Politische Bildung.

Andreas Treichler, Jg. 1961, Dr. phil., ist Professor am Fachbereich Soziale Arbeit und Gesundheit der Fachhochschule Frankfurt am Main/University of Applied Siences.
Seine Arbeitsschwerpunkte sind Migrationsforschung, Sozialpolitik und Politische Bildung.

Bibliografische Information der Deutschen Nationalbibliothek

Die Deutsche Nationalbibliothek verzeichnet diese Publikation in der Deutschen Nationalbibliografie; detaillierte bibliografische Daten sind im Internet über http://dnb.d-nb.de abrufbar.

Das Werk einschließlich aller seiner Teile ist urheberrechtlich geschützt. Jede Verwertung außerhalb der engen Grenzen des Urheberrechtsgesetzes ist ohne Zustimmung des Verlags unzulässig und strafbar. Das gilt insbesondere für Vervielfältigungen, Übersetzungen, Mikroverfilmungen und die Einspeicherung und Verarbeitung in elektronischen Systemen.

© 2010 Juventa Verlag Weinheim und München
Umschlaggestaltung: Atelier Warminski, 63654 Büdingen
Umschlagfoto: privat
Printed in Germany

ISBN 978-3-7799-1955-1

Inhalt

I. Einleitung

Europa hat sich in den vergangenen Jahrzehnten zu einem Einwanderungskontinent entwickelt. Dabei gehört die Bundesrepublik Deutschland in Europa zu den bedeutenden Einwanderungsländern. Grenzüberschreitende Migrationen und Veränderungen der Bevölkerungszusammensetzung sind Elemente des Sozialen Wandels. Dieser wird in den größeren Städten besonders deutlich. Hier ist die zunehmende ethnisch-kulturelle Vielfalt offensichtlich und prägt den Alltag. Die Beschäftigung und Auseinandersetzung mit den Phänomenen ‚Migration' und ‚ethnische Minderheiten' ist mit vielfältigen Fragen, Herausforderungen und Kontroversen verbunden. Wie die sozialwissenschaftliche Analyse, die Politik und die Soziale Arbeit hierauf reagieren, wird in dem vorliegenden Band unter den leitenden Gesichtspunkten der *Integration* und *Antidiskriminierung* thematisiert. Dabei werden historische, ökonomische, soziologische, politikwissenschaftliche, rechtliche sowie für die Soziale Arbeit und Pädagogik relevante Fragestellungen und Dimensionen angesprochen. Für die Konzipierung des Buches, das Selbstverständnis der Autoren und die Analysen sind verschiedene Gesichtspunkte maßgebend gewesen, die im Rahmen dieses einleitenden Kapitels im Folgenden näher erläutert werden sollen.

Über *Einwanderung* zu reden legt nahe, dass es sich hier um einen Prozess handelt, der mit einer kontinuierlichen Bevölkerungszunahme für das Aufnahmeland verbunden ist. Die Größenordungen der Zuwanderungen jedoch unterliegen historisch-zeitlich bedeutsamen Schwankungen. Auch muss nicht jede Zuwanderung in einen Einwanderungsprozess münden. Zudem sollen nicht die Größenordnungen der Abwanderungen aus der Bundesrepublik ignoriert werden. Die bedeutsame Tatsache aber, dass viele Millionen Menschen aus anderen Ländern über Jahrzehnte ihren Lebensmittelpunkt in Deutschland gefunden haben, lässt es als sozialwissenschaftlich sinnvoll erscheinen, von einem *Einwanderungsland* zu sprechen. Einwanderung und Integration sind langfristige Entwicklungen, die oftmals über Generationen verlaufen – und zwar nicht nur für Migranten. Auch die Mehrheitsbevölkerung in Deutschland tut sich angesichts einer mehr als einem halben Jahrhundert andauernden Präsenz von Migranten und ethnischen Minderheiten schwer, Zugehörigkeiten anzuerkennen und gleiche gesellschaftliche Teilhabe zu praktizieren. Dementsprechend ist in der breiten Bevölkerung wie auch in der staatlich-offiziellen Politik ein entsprechendes Selbstverständnis, in einem Einwanderungsland oder einer Einwanderungsgesellschaft zu leben, kaum bzw. nur bedingt vorhanden. Vor diesem Hintergrund bezeichnet die *Einwanderungsgesellschaft* insbesondere auf der

Ebene der subjektiven Wahrnehmung und der gelebten sozialen Vielfalt zwar teilweise eine bestehende Realität, teilweise jedoch eine noch zu erreichende *Selbstverständlichkeit* und *Normalität.*

Ein hohes Maß an grenzüberschreitender Mobilität sowie eine ausgeprägte ethnisch-kulturelle Heterogenität sind in Deutschland aber nicht nur Ausdruck und Folge von Einwanderung, sondern auch der gesellschaftlichen Megatrends von *Europäisierung* und *Globalisierung.* Auf diese wird verschiedentlich in den einzelnen Kapiteln eingegangen. Für Fragestellungen und Entwicklungen der Antidiskriminierungs- und Gleichbehandlungspolitik jedoch ist die Europäisierung geradezu grundlegend wie prägend zugleich. Obwohl zwischen Zuwanderung und Integration durchaus Zusammenhänge und Interdependenzen bestehen, will die vorliegende Publikation weniger die Dimensionen der Zuwanderung und Zuwanderungspolitik problematisieren. Vielmehr geht es um die soziale, menschenrechtliche und demokratische Lage von Migranten und ethnischen Minderheiten in den Aufnahmeländern. Dabei beziehen sich die Ausführungen der folgenden Kapitel vornehmlich auf Deutschland. Dennoch sind auch andere Länder mit Prozessen und Herausforderungen der Europäisierung und Einwanderung konfrontiert. Von daher ist die Auseinandersetzung mit Integrations- und Gleichstellungsprozessen zunächst eine nationalgesellschaftliche und fallspezifische, jedoch nicht eine auf Deutschland ausschließlich beschränkte Thematik. Deshalb macht es Sinn, dort, wo es angebracht erscheint, auch die Entwicklungen und Erfahrungen anderer europäischer Länder und der europäischen Ebene mit in die Darstellung einfließen zu lassen.

Anders als noch in der Vergangenheit steht das Thema der *Integration* von Migranten und ethnischen Minderheiten in die bundesdeutsche Gesellschaft im sozialwissenschaftlichen Diskurs auf der Agenda inzwischen weit oben. Eine Vielzahl von wissenschaftlichen Tagungen, Forschungsarbeiten und Fachpublikationen beschäftigt sich mit den Voraussetzungen, Bedingungen und Folgen einer wie auch immer gearteten Integration. An Hochschulen bereiten Bachelor- und Masterstudiengänge mit Modulen zu ‚Ausgrenzung und Integration‘ oder ‚Interkulturalität und Integration‘ Studierende auf ihre zukünftige berufliche Praxis vor. Auch im öffentlich-politischen Diskurs der Bundesrepublik ist Integration in den letzten Jahren ein thematischer Dauerbrenner geworden. Dabei stehen weniger Beispiele erfolgreicher Integration als vielmehr Probleme und gesellschaftliche Herausforderungen im Mittelpunkt – allerdings nicht ohne Grund. Über Jahrzehnte wurde politisch-staatlich propagiert, die Bundesrepublik sei kein Einwanderungsland. Vor diesem offiziellen Diktum wurde die Anwesenheit von Migranten und ihrer Nachkommen in der 2. und 3. Generation als vorläufig angesehen. Unterstellt wurde, dass die so wahrgenommenen und bezeichneten ‚Zuwanderer‘ auch irgendwann wieder abwandern würden. Dementsprechend schien eine Integrationspolitik und -arbeit für diese Personengruppen nicht erforderlich. Eine solche Politik war unter finanziellen Gesichtspunkten kostengünstig – zumindest kurzfristig betrachtet. Die Einwanderungsrealität und damit verbundene Integrationserfordernisse aber lassen sich in Deutschland nicht mehr verdrängen. Die sozialen, ökonomischen und demokratischen Kosten der Nichtintegration von Migranten und ethnischen Minderheiten sind inzwischen offensichtlich. Zudem stellen sich Fragen der *diskriminierungsfreien Teilhabe und Teilnahme* von Migranten und ihrer Nachkommen am gesellschaftlichen Leben in Deutschland. Anders als beispielsweise in den USA, Großbritannien oder den Niederlanden existierte eine eigenständige *Antidiskriminierungspolitik* hier lange Zeit nicht. Mögliche Integrationsprobleme und -defizite aber können auch Ausdruck und Folge von Ungleichbehandlung und Diskriminierung sein. Die Abwesenheit von Diskriminierung ist eine wesentliche Voraussetzung und Bedingung für die Integration von Migranten und ethnischen Minderheiten und darüber hinaus ein Wert an sich. Weil Integration und Antidiskriminierung thematisch-inhaltlich wie berufspraktisch in einem engen Zusammenhang stehen, werden diese im Folgenden auch zusammen behandelt. Wir stellen die einzelnen Kapitel und ihre Themen zunächst kurz vor.

1. Übersicht über die einzelnen Kapitel und ihre Themen

Kapitel II: *Die Bundesrepublik als Einwanderungsland.* Dieses Kapitel besteht aus drei inhaltlichen Schwerpunkten: Zunächst werden Grundzüge der bundesdeutschen Migrationsgeschichte vermittelt. Relevante migrationssoziologische Begriffe werden eingeführt sowie Migrationsprozesse, Migrationsformen und Migrantengruppen vorgestellt. Zweitens wird der Aufenthalt von Migranten und Minderheiten in Deutschland unter dem Gesichtspunkt der ethnisch-sozialen Ungleichheit thematisiert. Hierzu werden empirische Daten herangezogen und interpretiert. Soziale Ungleichheit kann in diesem Zusammenhang als ein Problem von Integration und Gleichstellung heterogener Bevölkerungen im Einwanderungsland angesehen werden. Drittens werden grenzüberschreitende Migrationen in ihrer sozialräumlichen Dimension behandelt. Migration ist ein Element des demografischen Wandels und beeinflusst die Bevölkerungszusammensetzung gerade auch in Hinblick auf die Pluralisierung ethnisch-kultureller und religiöser Zugehörigkeiten und Praktiken.

Kapitel III: *Sozialwissenschaftliche Theorien und Deutungsmuster der Integration von Migranten und ethnischen Minderheiten.* Integration ist ein vieldeutiger und komplexer Begriff, welcher zunächst systematisch begründet und sinnvoll einzuführen ist. Die Voraussetzungen, Bedingungen und Ziele von Integrationsprozessen sind Gegenstand der Analyse sozialwissenschaftlicher Theorien und Deutungsmuster. Diese nehmen jeweils andere Ausgangspunkte und kommen deshalb auch teilweise zu unterschiedlichen Ergebnissen. In diesem Kapitel werden vier bedeutsame theoretische Ansätze für die Bundesrepublik vorgestellt und diskutiert. Im Einzelnen sind dies die ‚Assimilationstheorie', der ‚Ethnische Pluralismus und der Multikulturalismus', ‚konflikttheoretische Ansätze der Integration' sowie der ‚Transnationalismusansatz' und die so genannten ‚Transnationalen sozialen Räume'. Gemeinsamkeiten wie auch Unterschiede der jeweiligen Theorien und Deutungsmuster werden in diesem Kapitel herausgearbeitet und in ihrem Erklärungswert überprüft. Dabei wird davon ausgegangen, dass jeder Theorie und jedem Deutungsmuster ein mehr oder weniger großer Erklärungswert zukommt.

Kapitel IV: *Integrationspolitik.* Dieses ist für die Bundesrepublik Deutschland ein relativ neues, in den vergangenen Jahren zunehmend bedeutsamer werdendes Feld der Sozial- und Wohlfahrtspolitik. Grundlegende Voraussetzung von Integrationspolitik ist, dass Integration als Aufgabe und Ziel politischer Steuerung wahrgenommen und ausgeführt wird. Integrationspolitik kann verschiedene Ausprägungen und Formen annehmen. Dies verdeutlicht die Darstellung der Integrationsmodelle von Frankreich, Großbritannien und Deutschland in vergleichender Perspektive. Speziell die deutsche Integrationspolitik wird hinsichtlich ihrer Grundlagen, Wirksamkeiten und Folgen eingehend untersucht. Ausgehend von aufgezeigten Defiziten deutscher Integrationspolitik werden Elemente einer menschenrechtlich orientierten Integrationspolitik vorgestellt, welche für eine Weiterentwicklung von Integrationspolitik geeignet erscheinen.

Kapitel V: *Antidiskriminierung.* Diese ist für die Bundesrepublik ebenfalls ein relativ neues Feld der Sozial- und Wohlfahrtspolitik. Es ist maßgeblich durch die Europäische Antidiskriminierungs- und Gleichbehandlungspolitik geprägt und damit ein Projekt auch in anderen Mitgliedsstaaten der Europäischen Union. Maßgeblich für die Setzung von Mindeststandards hierbei sind entsprechende europäische Verträge und Richtlinien. Diese wurden im Jahr 2006 von Deutschland im Rahmen des Allgemeinen Gleichbehandlungsgesetzes (AGG) in nationales Recht umgesetzt. Diese für die Antidiskriminierung bedeutsamen Rechtsnormen und ihre Implikationen werden in Kapitel V vorgestellt. Ziele und Maßnahmen von Antidiskriminierung sind Teil der gesellschaftlich-politischen Kontroverse. Sie werden dementsprechend auch durch verschiedene Stellungnahmen und geeignete Materialien so dargestellt. Ähnlich wie bei der Integrationspolitik werden bei der Umsetzung von Antidiskriminierungsmaßnahmen Defizite benannt und Weiterentwicklungen angeregt.

Kapitel VI: *Migrationsbezogene Soziale Arbeit.* Unter dieser übergeordneten Bezeichnung werden in historischer und systematischer Hinsicht verschiedene Ansätze dargestellt und diskutiert, die in akademischen Diskursen der Sozialen Arbeit und Pädagogik wie auch in der sozialberuflichen Praxis verbreitet und von Bedeutung sind. Im Einzelnen sind dies die ‚Ausländerarbeit' als zielgruppenspezifischer Ansatz, die ‚Interkulturelle Soziale Arbeit' als ein thematisch-methodischer Ansatz sowie die ‚Soziale Arbeit in der Einwanderungsgesellschaft' als handlungsfeld-systematischer Ansatz.

Migrationsbezogene Integrations- und Antidiskriminierungsarbeit wird hier theoretisch wie berufspraktisch als ein Handlungsfeld einer Menschenrechtsprofession vorgestellt. In diesem Zusammenhang wird die Notwendigkeit einer Menschenrechtsbildung an Hochschulen und Fachbereichen gerade für angehende Fachkräfte der Sozialen Arbeit betont.

Die einzelnen Kapitel sind systematisch-inhaltlich aufeinander bezogen. Von daher empfiehlt es sich, das Buch als Ganzes und die Kapitel nacheinander zur Kenntnis zu nehmen. Dennoch sind die einzelnen Kapitel so gefasst, dass diese thematisch eigenständige Einheiten bilden und aus sich heraus verständlich sind. Von daher besteht auch die Möglichkeit, einzelne Kapitel gesondert zu lesen.

2. Sozialwissenschaftliche Grundlagen und die Perspektive der Menschenrechte

Für die Auseinandersetzung mit dem zentralen Thema dieses Buches ist die Kenntnis einiger sozialwissenschaftlicher Grundlagen und Prämissen hilfreich. Sie ermöglichen einen leichteren Zugang zu den speziellen Fragestellungen der einzelnen Kapitel und sind zudem geeignet, auch kapitelübergreifende Zusammenhänge einfacher erfassen und verstehen zu können. Dabei geht es nicht um spezielle Theorien, welche insbesondere im Kapitel III im Vordergrund stehen. Gerade bei einer interdisziplinären Einführung sind die Darstellung grundlegender Zusammenhänge und die Verwendung fachübergreifender Kategorien von Bedeutung. Ähnliches kann auch in Hinblick auf das Verhältnis von sozialwissenschaftlicher Theorie und politischer sowie rechtlicher Praxis gesagt werden. Dabei gehört es zu den Besonderheiten der Auseinandersetzung mit dem Themenkomplex ‚Integration und Antidiskriminierung', dass sozialwissenschaftliche, politisch-rechtliche wie ethisch-moralische Dimensionen häufig eng miteinander verknüpft sind und sich teilweise auch wechselseitig bedingen oder überlagern.

- Während in Deutschland die Auseinandersetzung mit Frage- und Problemstellungen der Integration von Migranten und ethnischen Minderheiten sowie der Diskriminierungs- und Gleichbehandlungsthematik noch relativ jung ist, kann die *anglo-amerikanische Forschung* hier auf eine deutlich längere Tradition zurückblicken. Das erste Soziologie-Department der Vereinigten Staaten wurde 1892 in Chicago gegründet. Wesentliche Aufgabe dieses schnell bekannt werdenden Departments war die Durchführung von stadt- und integrationssoziologischen Studien. Das rasante Bevölkerungswachstum der Stadt durch Zuwanderer sowie die damit verbundenen sozialen Probleme diktierten die Fragestellungen der soziologischen Untersuchungen. Die Erhebung und Auswertung empirischer Daten wurde ergänzt durch sozialpolitische und gemeinwesenarbeitsorientierte Handlungsempfehlungen. Die hier praktizierte programmatische und methodische Vielfalt des Departments in Chicago kam in der einprägsamen Formel einer ‚institutional and diversified sociology' von Thomas anschaulich zum Ausdruck (vgl. Lepenies 1981, 9f.). Die *anwendungsbezogene Soziologie in den USA* hat mit ihren klassischen und aktuellen Studien zu Einwanderung und ethnischen Minderheiten die deutsche Sozialwissenschaft in den vergangenen Jahrzehnten wesentlich beeinflusst. Dennoch sind Forschungsergebnisse und sozialwissenschaftliche Erkenntnisse nicht ohne weiteres aus dem nordamerikanischen Raum auf Deutschland und andere europäische Länder zu übertragen. Dort aber, wo es thematisch notwendig ist oder die bundesdeutsche Diskussion nicht ohne Vorkenntnisse US-amerikanischer Studien- und Forschungsergebnisse verständlich erscheint, wird auf diese fallweise Bezug genommen.

- Die sich im Laufe des 20. Jahrhunderts herausgebildete Arbeitsteilung zwischen den gesellschaftswissenschaftlichen Disziplinen hat dazu geführt, dass Frage- und Problemstellungen der politischen Gestaltung der Gesellschaft in der bundesdeutschen Soziologie, mehr aber noch in der *Politikwissenschaft* analysiert und reflektiert werden. *Politik* kann allgemein als Prozess der rechtlichen Normsetzung und Güterverteilung verstanden werden. Dabei stellen Recht und Geld zentrale *Steuerungsmedien* dar. Auf Rechtsnormen in Form von Gesetzen, Verträgen, Verordnungen und Vereinbarungen wird in der vorliegenden Publikation in allen Kapiteln mehr oder weniger Bezug genommen, ohne dass diese allerdings im Vordergrund zu stehen oder als Selbstzweck behandelt werden. *Recht* wird vielmehr als ein Steuerungsmedium der Politik oder als (vorläufiges) Resultat von politischen Prozessen begriffen. In einigen Kapiteln spielen die Auseinandersetzungen mit den Menschenrechten eine zentrale Rolle. Die Menschenrechte sind zwar teilweise auch Rechtsnormen und somit Gegenstand der juristischen Begründung, Interpretation und Anwendung. Auch Menschenrechte als Rechtsnormen aber werden letztlich politisch entschieden. Dementsprechend können die menschenrechtlich begründeten Rechtsnormen zu Antidiskriminierung und Gleichbehandlung der Europäischen Union ebenfalls als Ausdruck und Folge politischer Entscheidungen begriffen werden.

- Unter europapolitisch erwünschter und gleichwertig zu behandelnder Vielfalt werden nach dem Artikel 13 des *Amsterdamer Vertrages* (1997/1999) die Merkmale „des Geschlechts, der Rasse, der ethnischen Herkunft, der Religion oder der Weltanschauung, einer Behinderung, des Alters oder der sexuellen Ausrichtung" benannt. Diese Merkmale entsprechen Zugehörigkeiten zu bestimmten Personengruppen, sozialen Milieus, Identitäten und Lebensstilen. Dabei wird davon ausgegangen, dass jeder Mensch über mehr als nur eine soziale Zugehörigkeit oder gruppenspezifische Identität verfügt. Die Bestimmungen des Artikels 13 des Amsterdamer Vertrages sind in den Folgejahren über spezielle *Richtlinien* weiter entwickelt und konkretisiert worden. Dabei wurde ein *zielgruppenübergreifender Blick* auf Diskriminierung verfolgt. In diesem Zusammenhang wird auch vom *horizontalen Ansatz* in der Antidiskriminierungsarbeit gesprochen. Er ist menschenrechtlich begründet und wendet sich gegen eine Hierarchisierung von Diskriminierungsursachen. Er betont die Gemeinsamkeiten zwischen den betroffenen Gruppen, nicht ihre Verschiedenheit. Zugleich jedoch unterstellt der horizontale Ansatz sowohl eine ähnliche Lebenslage der jeweiligen Gruppen wie auch eine Vergleichbarkeit ihrer Diskriminierungserfahrungen. Dies erscheint jedoch (nicht nur) in Hinblick auf Migranten und ethnische Minderheiten fragwürdig. Ein zielgruppenübergreifender Blick auf Diskriminierung ersetzt deshalb nicht zwangsläufig zielgruppenspezifische Ansätze in der Antidiskriminierungs- und Gleichstellungsarbeit oder macht diese überflüssig (vgl. Treichler 2004a, 89ff.). Politische, pädagogische und betriebliche Ansätze, die auf die oben genannten Gleichbehandlungsnormen und deren zielgruppenübergreifende Systematik Bezug nehmen, diese umsetzen wollen oder müssen, bezeichnen sich verschiedentlich auch als *Diversity-Ansätze* oder als *Diversity Management.*

- *Menschenrechte* sind ein vieldeutiges und mehrdimensionales Phänomen. Dementsprechend werden Menschenrechte in den folgenden Ausführungen unter mindestens sechs verschiedenen Dimensionen und Aspekten behandelt: als *politisches Konzept; als ethisch-moralisches Wertesystem; als empirische Wirklichkeit der wechselseitigen Zuerkennung von Menschenrechten zwischen bestimmten Personen; als Rechtsnormen; als Programm, Inhalt oder Ziel politischer Bildung sowie als einem möglichen ‚way of life'*. Überhaupt sind die Menschenrechte sowie die damit eng zusammenhängenden Werte, Prinzipien und Verfahren der Demokratie der eigentliche rote Faden dieser Publikation. Von grundlegender Bedeutung sind hierbei insbesondere die Fragen nach Freiheit und Gleichheit. In der philosophischen, sozialwissenschaftlichen und politisch-öffentlichen Diskussion werden *Freiheit* und *Gleichheit* häufig als konflikthafte, teilweise sich widersprechende Werte thematisiert (vgl. Schulte 2009a, 23ff.). Demgegenüber steht das menschenrechtliche Ideal der *gleichen Freiheit*. Dort, wo die Integrations- und Antidiskriminierungsthematik auf normative Bezüge nicht verzichten kann, sondern dieser vielmehr bedarf, haben sich die Autoren an diesem menschenrechtlichen Ideal orientiert.

3. Zu Anlage und Profil dieser Publikation – und an wen sie gerichtet ist

Verschiedene gesellschaftswissenschaftliche Disziplinen beschäftigen sich mit Frage- und Problemstellungen der ‚Integration und Antidiskriminierung'. Zu diesen Disziplinen gehören die Soziologie, die Ethnologie, die

Politikwissenschaft, die Geschichtswissenschaft, die Rechtswissenschaft, die Philosophie, die Pädagogik, die Psychologie und die Soziale Arbeit. Alle diese Disziplinen vermögen inhaltlich und methodisch zum Verständnis und dem wissenschaftlichen Erkenntnisprozess der hier in Rede stehenden Thematik beizutragen. Obwohl *Interdisziplinarität* in Forschung und Lehre der jeweiligen Fachgebiete als fruchtbar, erstrebenswert und teilweise sogar notwendig angesehen wird, kann dieser Anspruch nicht immer in die Realität umgesetzt werden. Häufig verbleiben Wissenschaftlerinnen und Wissenschaftler aufgrund ihrer eigenen Spezialisierung, disziplinären Profilierung oder institutionellen Zuordnung den eigenen Fachgrenzen verhaftet. Interdisziplinarität reduziert sich dann nicht selten faktisch auf das Zusammenführen von Personen oder Arbeitsergebnissen verschiedener Einzeldisziplinen, die dann ihre jeweiligen fachspezifischen Begriffe, Forschungsergebnisse und Selbstverständnisse nebeneinander stellen und damit zu ergänzen versuchen. Was ist vor diesem Hintergrund von einer Publikation zu erwarten, welche sich als interdisziplinär ausweist? Es ist zunächst das Bestreben, das zentrale Thema als ein interdisziplinäres zu begreifen und dementsprechend auch darzustellen. Dies schließt eine Auffassung aus, eine einzelne Wissenschaftsdisziplin könnte quasi als ‚Königsdisziplin' in der Lage sein, angemessen aus *einer* fachspezifischen Perspektive diesen Themenkomplex zu erschließen. Gehen wir also von einem interdisziplinären Untersuchungs- und Themengegenstand aus, so verlangt dies die Anwendung und Verschränkung von Wissen verschiedener Disziplinen. Diesem Vorhaben sind die beiden Autoren relativ ‚undiszipliniert' gefolgt und können mit dieser Vorgehensweise bereits an frühere eigene Arbeiten anknüpfen. Dennoch können und wollen wir unsere Herkunft, *unsere vornehmlichen Arbeitsfelder und Erkenntnisinteressen in der Soziologie und Politikwissenschaft* nicht verleugnen.

Einführungen wenden sich an Leserinnen und Leser, welche überwiegend keine oder kaum themenspezifische Vorkenntnisse mitbringen. Für sie ist eine verständliche Darstellung von Begriffen und Sachverhalten besonders wichtig. Dennoch verlangt auch diese Einführung die Verwendung spezieller Fachbegriffe sowie die Darstellung theoretischer Grundlagen und disziplinärer Zusammenhänge. Damit diese möglichst verständlich und anschaulich sind, wurde mit Übersichten, Abbildungen, der Darstellung von Fallbeispielen sowie ausgewählten Textauszügen aus wissenschaftlichen Publikationen und Berichten gearbeitet. Zudem bietet auch das Glossar am Ende des Buches eine mögliche Hilfestellung. Dennoch bleibt die Herausforderung bestehen, theoretische, disziplinäre und politische Zusammenhänge möglichst einfach, aber eben nicht vereinfachend oder unangemessen darzustellen. ‚Integration und Antidiskriminierung' ist eine mehrdimensionale, facettenreiche und häufig auch *kontrovers diskutierte Thematik*. Um diesem Sachverhalt gerecht zu werden, werden dort, wo es angebracht erscheint, unterschiedliche sozialwissenschaftliche und politische Positionen vorgestellt, die teilweise in einem komplementären, teilweise in einem konträren

Verhältnis zueinander stehen. Überhaupt ist die sozialwissenschaftliche und politische Auseinandersetzung um ‚Integration und Antidiskriminierung' nicht abschließend zu behandeln. Vielmehr versteht sich diese Publikation als ein um Systematisierung und Fundierung bemühter Versuch, die sozialwissenschaftliche und gesellschaftspolitische Diskussion weiter zu begleiten sowie einer breiteren Öffentlichkeit zugänglich zu machen. Nicht zuletzt soll den Leserinnen und Lesern auf diese Weise eine eigenständige Urteilsbildung ermöglicht werden.

Die vorliegende Publikation erscheint in der Reihe Grundlagentexte für *Soziale Berufe*. Diese beschäftigen sich häufig mit der praktischen Bearbeitung sozialer Probleme. Obwohl nach einem verbreiteten Sprichwort nichts so praktisch ist wie eine gute Theorie, ist die vorliegende Publikation nicht als ein Handlungsleitfaden konzipiert worden. Zwar kann sie durchaus für Praktiker ein fundiertes Angebot der Praxisreflexion darstellen. Mehr noch aber ist das Buch eine grundlegende Einführung für die akademische Aus- und Weiterbildung. Vor allem für die *Soziale Arbeit*, die selbst inter- und transdisziplinär verfasst ist, erscheint die Publikation als Studienbuch geeignet. Die zunehmende Professionalisierung der Sozialen Arbeit, ihre Etablierung und Ausweitung an den Hochschulen und Universitäten der Bundesrepublik Deutschland seit Ende der 1960er Jahre gingen einher mit einer sozialwissenschaftlichen Fundierung und Weiterentwicklung der Disziplin. Dementsprechend bedeutsam sind soziologische und politikwissenschaftliche Kenntnisse für angehende Fachkräfte der Sozialen Arbeit. Darüber hinaus ist diese Einführung jedoch auch für Studierende anderer Disziplinen wie der *Soziologie*, der *Politikwissenschaft* oder *Pädagogik* geeignet. Dies gilt gerade auch für diejenigen, welche sich im Rahmen eines Studiums oder der beruflichen Tätigkeit mit *Politischer Bildung* beschäftigen.

Auch wenn der Anspruch besteht, die zentrale Thematik dieser Publikation möglichst umfassend darzustellen, waren dennoch Entscheidungen zu treffen, welche Inhalte mit welcher Gewichtung wie Eingang finden sollten. Aus systematischen Gesichtspunkten und inhaltlichen Gründen sind wir zu der vorliegenden Gliederung gelangt, die bestimmte Themen und Sachverhalte mehr, andere weniger berücksichtigt. Zu den weniger berücksichtigten Sachverhalten und Themen gehört die *Interkulturelle Erziehung und Bildung*. Obwohl diese auch im Kapitel IV ‚Integrationspolitik' erwähnt und im Kapitel VI ‚Migrationsbezogene Soziale Arbeit' dargestellt und diskutiert werden, haben wir auf eine ausführlichere Darstellung dieser Form und Ausrichtung von Pädagogik verzichtet. Wer sich von den Leserinnen und Lesern für Interkulturelle Pädagogik näher interessiert, findet unter anderem im Literaturverzeichnis der genannten Kapitel weiterführende Hinweise zu Autoren und Titel entsprechender Bücher.

Ähnlich wie der Interkulturellen Pädagogik ergeht es auch dem Bereich *Arbeitswelt*. Obwohl in den folgenden Kapiteln immer wieder Bezüge zur Arbeitswelt hergestellt werden oder auf diese themenspezifisch eingegangen wird, ist die betriebliche Ebene im Folgenden aus systematisch-inhaltlichen Gründen kein spezieller Untersuchungsbereich eines eigenen Kapitels, sondern wird zumeist im Kontext von allgemeinen ökonomischen, politischen, rechtlichen und sozialen Entwicklungen dargestellt.

Inter- und transdisziplinäres Arbeiten erfordert immer auch die Beschäftigung mit Themen und Inhalten, welche die eigenen Kompetenzen auf den Prüfstand stellen oder diese zu überschreiten drohen. Die Autoren sind hier nach ihren Qualifikationen und Spezialgebieten arbeitsteilig vorgegangen. Auch dadurch sind einige thematische Gewichtungen entstanden und entschieden wurden. Obwohl die Publikation ein Gemeinschaftsprojekt ist, sind die Kapitel II, III und VI vorwiegend von Andreas Treichler und die Kapitel IV und V vorwiegend von Axel Schulte verfasst worden. Bei der Erstellung dieser Publikation wurde uns Hilfe bei der Textbearbeitung zuteil. In diesem Zusammenhang möchten wir uns bei Svea Burmester, Inge Werterbach sowie dem Servicezimmer des Fachbereichs Soziale Arbeit *bedanken.* Die Frage einer möglichst lesbaren Einführung haben wir für uns so beantwortet, dass die verwendeten Personenbezeichnungen sich sowohl auf Frauen als auch auf Männer beziehen, es sei denn, es wird ausschließlich auf Angehörige des weiblichen Geschlechts Bezug genommen.

II. Die Bundesrepublik Deutschland als Einwanderungsland – Migrationsprozesse, Sozialstruktur und demografischer Wandel

Migration ist ein komplexes und facettenreiches Phänomen. Wenn wir in einem ersten Schritt zunächst den Wandel der Bundesrepublik Deutschland zu einem Einwanderungsland rekonstruieren, erscheint es sinnvoll und nützlich, Migrationsprozesse nach charakteristischen Zeitabschnitten und gesellschaftlich-politischen Ereignissen zu thematisieren. Dennoch stellen diese vor dem Hintergrund sich fortsetzender Migrationsprozesse und einer Pluralisierung von Migrationsformen keine abgeschlossenen oder zielgerichteten Entwicklungsphasen dar. Migration und Einwanderung sind sozial-dynamische Prozesse mit einer gewissen Eigensinnigkeit. Zudem ist nicht zu verkennen, dass auch die Größenordnungen der Abwanderungen und Fortzüge aus der Bundesrepublik zumeist beachtlich waren. Die historische Darstellung und Beschreibung von internationalen Migrationsprozessen arbeiten mit Begriffen, die in den einzelnen Wissenschaftsdisziplinen und im öffentlich-politischen Diskurs nicht immer einheitlich verwendet werden. Dementsprechend bedarf es der Einführung und Klärung von zentralen Begriffen und Bezeichnungen. Ihre Sinnhaftigkeit und Plausibilität sowie die damit verbundenen Folgen jedoch erschließen sich wiederum erst aus dem historisch-gesellschaftlichen Kontext ihrer Verwendung.

1. Migrationsprozesse

Migration ist ein übergeordneter Begriff für verschiedene *Formen von sozialräumlicher Mobilität*. Der Begriff wird auch synonym für *Wanderung* verwendet. Für Migration oder Wanderung ist die Verlagerung des Lebensmittelpunktes an einen anderen Ort charakteristisch (vgl. Treibel 2003, 19). Findet eine solche Verlagerung innerhalb national- oder staatengemeinschaftlicher Grenzen statt, wird dieser Vorgang als *Binnenmigration* bezeichnet. Binnenmigration findet heutzutage vielfach statt und ist, anders als in der Vergangenheit, in der Regel kein spektakulärer Vorgang mehr. Ein Wechsel des Wohnortes bzw. eine Verlagerung des Lebensmittelpunktes über nationalstaatliche Grenzen hinweg wird als *internationale* oder auch *transnationale Migration* bezeichnet. Quantitativ gesehen ist das Phänomen Binnenmigration sehr viel bedeutsamer als die grenzüberschreitende

Migration. Dennoch steht die internationale Migration stärker im Vordergrund öffentlich-politischer und gesellschaftswissenschaftlicher Diskurse. Hierfür gibt es Gründe, die nicht unwesentlich mit den Ursachen und Motiven wie auch mit den möglichen sozialen Folgen grenzüberschreitender Migration zu tun haben. Gerade die historische Betrachtung über Jahrzehnte hinweg schärft den Blick für die Heterogenität der Migrationsformen und die Verschiedenheit ihrer Ausgangslagen. Zugleich wird deutlich, dass Möglichkeiten der Zuwanderung und der legale Aufenthalt im Zuwanderungsland nicht für alle Migrantengruppen gleichermaßen bestehen. Möglichkeiten der Zuwanderung und der Aufenthalt von Migranten im Aufnahmeland sind politisch-rechtlich konditioniert und wesentlich vom Rechtsstatus der betreffenden Person abhängig. Dieser *Rechtsstatus* unterscheidet zwischen Ausländern und Inländern. *Ausländer* sind in *rechtlicher Hinsicht* Personen, die keine Staatsbürger der Bundesrepublik Deutschland sind, sondern die Nationalität eines anderen Landes besitzen. Diese rechtliche Definition war über viele Jahrzehnte zugleich ein Kriterium der offiziellen amtlichen Statistik. In *sozialer Hinsicht* kann eine Ausländerin oder ein Ausländer als ein Mensch bezeichnet werden, der aus dem Ausland stammt und über eigene Migrationserfahrung verfügt. Wird ein Mensch als Ausländer bezeichnet, der in Deutschland geboren und aufgewachsen ist, ist diese Bezeichnung sozial ausgrenzend oder diskriminierend. Die politisch-rechtliche und soziale Unterscheidung zwischen *Ausländer oder Inländer* wird damit zu einem entscheidenden Kriterium, das Möglichkeiten von sozialräumlicher Mobilität und Zuwanderung einerseits, von Aufenthalt, gesellschaftlicher Teilhabe und sozialer Zugehörigkeit im Zuwanderungsland andererseits, eröffnen oder verschließen kann.

1.1 Kriegsflüchtlinge, Vertriebene, Displaced Persons – der Neubeginn (1945–1954)

Das Ende des Zweiten Weltkrieges und die Niederlage des Nationalsozialismus stellen einen geschichtlichen Kristallisationspunkt dar, welcher bis heute für das Verständnis des Umgangs mit internationalen Migranten von Bedeutung ist. Das Ende des Zweiten Weltkrieges im Jahre 1945 fiel zusammen mit Migrationsprozessen von historischem Ausmaß. Hiervon war Deutschland als Land, welches den Zweiten Weltkrieg auslöste, vielfache Verbrechen gegen die Menschlichkeit verübte und nun vor der Niederlage stand, zentral betroffen. Insgesamt mehr als zwölf Millionen Menschen flohen aus den ehemaligen Ostgebieten vor den heranrückenden Armeen der Sowjetunion oder wurden aus den ehemaligen Siedlungsgebieten vertrieben. Rund zehn Millionen Menschen flüchteten zu Kriegsende aus den deutschen Städten vor den intensivierten Bombenangriffen in ländliche Regionen oder wurden dorthin evakuiert. Nicht selten dauerte es Jahre, bis sie ihre notdürftigen Quartiere wieder verlassen und in die Heimatorte zurückkehren konnten. Zudem lebten rund acht Millionen *‚Displaced Persons‘*

(DPs) im Gebiet des ehemaligen Restdeutschlands, die im Zuge des Zweiten Weltkriegs in das Reich verschleppt worden waren. Die Mehrzahl von ihnen waren ehemalige Zwangsarbeiter der nationalsozialistischen Kriegswirtschaft. Zu den DPs zählten zudem Kriegsgefangene und Häftlinge aus Konzentrationslagern, insbesondere Juden, politisch Inhaftierte, Homosexuelle sowie Sinti und Roma. Nach dem Krieg sollte ein großer Teil von ihnen zwar möglichst bald in ihre Heimatländer ausreisen können. Tatsächlich aber zog sich dieser Prozess über Monate und Jahre hin (vgl. Bade/ Oltmer 2004, 52 ff.). Auch existierten für Staatenlose keine Heimatländer.

Zu Kriegsende lagen die meisten größeren deutschen Städte in Schutt und Asche. Wohnraum war Mangelware. Auch die Versorgung mit Nahrungsmitteln war stark eingeschränkt, Hunger und Not waren verbreitet. Vor diesem Hintergrund stellte die Integration von Millionen von Flüchtlingen und Vertriebenen in Restdeutschland eine große Herausforderung dar. Selten wurden diese mit offenen Armen empfangen, sondern eher misstrauisch bis ablehnend behandelt (vgl. Kossert 2008). In verschiedenen Bundesländern war der Anteil der *Flüchtlinge und Vertriebenen* an der Wohnbevölkerung in den Nachkriegsjahren erheblich: in Bayern und Niedersachsen betrug er über 20%, in Schleswig-Holstein mehr als 30%. Inzwischen war Restdeutschland von den Alliierten in vier Besatzungszonen aufgeteilt. Diese Aufteilung sollte für die Bevölkerung schon wenige Jahre später in verschiedener Hinsicht einschneidende Konsequenzen haben. Denn der sich verschärfende Ost-West-Konflikt zwischen den Weltmächten wurde auch in der Mitte Europas ausgetragen. Im Mai 1949 wurde auf der Basis des Zusammenschlusses der drei westlichen Besatzungszonen die Bundesrepublik Deutschland gegründet. Im Oktober des gleichen Jahres erfolgte die Gründung der Deutschen Demokratischen Republik (DDR) in der sowjetisch besetzten Zone.

Mit der Gründung zweier Deutscher Staaten im Einflussbereich konkurrierender Weltmächte sollten nicht nur verschiedene politische, sondern auch ökonomische Systeme verbunden sein. Die Voraussetzungen für die weitere ökonomische Entwicklung waren zudem in beiden Ländern unterschiedlich, wobei sich die Bundesrepublik in einer besseren Ausgangsposition befand. Hier konnte auf nur teilweise im Kriege zerstörte und relativ neuwertige Industrieanlagen zurückgegriffen werden. Zudem standen wirtschaftliche Aufbauhilfen im Rahmen des Marshall-Planes durch die USA zur Verfügung (vgl. Herbert 2001, 192 f.). Diese relativ günstigen Produktionsbedingungen und eine nahezu unbegrenzte Güternachfrage im zerstörten Nachkriegseuropa waren entscheidende Voraussetzungen für die historisch enorm hohen wirtschaftlichen Wachstumsraten. Das Wort vom ‚*deutschen Wirtschaftswunder*' machte die Runde. Die verbreitete Erwerbslosigkeit verringerte sich in der ersten Hälfte der 1950er Jahre zunehmend. Und das, obwohl die Zuwanderung aus der DDR nach Westdeutschland weiter anhielt und hunderttausende Männer aus der Kriegsgefangenschaft wieder zurückkehrten: die letzten Kriegsgefangenen aus sowjetischen Lagern im Jahre 1956. Zugleich wuchs Anfang der 1950er Jahre die Zahl der Auswanderer mit qualifiziertem Berufsabschluss nach Übersee deutlich an (vgl. Bade/Oltmer 2004, 66 ff.). In Ländern wie Kanada, USA und Australien fehlten männliche qualifizierte Arbeitskräfte, die nun auch im zerstörten Restdeutschland angeworben wurden. In greifbarer Nähe erschien für die Auswanderer nach Übersee ein Leben in materiellem Wohlstand, welches für die deutsche Bevölkerung in den Nachkriegsjahren noch in sehnsüchtiger Ferne lag.

1.2 Die klassische Gastarbeiterbeschäftigung aus dem Mittelmeerraum (1955–1973)

Im Dezember 1955 schlossen die Bundesrepublik Deutschland und Italien ein Abkommen über den Einsatz italienischer Arbeitskräfte für den bundesdeutschen Arbeitsmarkt. Zu diesem Zeitpunkt waren noch mehr als eine Million Menschen offiziell erwerbslos gemeldet. Allerdings bestanden regional und branchenspezifisch bedeutsame Unterschiede auf dem bundesdeutschen Arbeitsmarkt. Bereits im Jahre 1953 forderten südwestdeutsche Landwirte die Hereinnahme ausländischer Arbeiter. Zwar waren immer noch Flüchtlinge und Vertriebene auf die ländlichen Regionen konzentriert. Landflucht aber war verbreitet und wurde noch durch die besonders schlechten Arbeitsbedingungen der Landarbeiter verstärkt (vgl. Herbert 2001, 202 f.). Dementsprechend sollte der temporär befristete Einsatz italienischer Arbeitskräfte vor allem in der Landwirtschaft erfolgen. Obwohl der Öffnung des bundesdeutschen Arbeitsmarktes für italienische Arbeitnehmer arbeitsmarktpolitisch eine neue Qualität zukam, blieb die Anzahl der italienischen *Gastarbeiter* bis Ende der 1950er Jahre relativ gering und die Maßnahme insgesamt wenig spektakulär. Mit dazu beigetragen hatte eine weiter sinkende Arbeitslosenquote – trotz des weiteren Zustroms von Flüchtlingen aus der DDR. Zu Beginn der 1960er Jahre wurde in der Bundesrepublik Deutschland die *Vollbeschäftigung* erreicht. Der Arbeitsmarkt war geräumt. Um die weitere Abwanderung aus der DDR in den westlichen Teil Deutschlands zu stoppen, errichtete die DDR im Jahre 1961 quer durch Deutschland eine Mauer mit Todesstreifen. Damit stoppte der Zustrom von Flüchtlingen aus dem östlichen Teil Deutschlands abrupt.

In der Bundesrepublik Deutschland stellte sich eine Verknappung von Arbeitskräften zunächst dort ein, wo die Arbeits- und Einkommensbedingungen unattraktiv waren und dementsprechend von einheimischen Arbeitnehmern gemieden wurden. Nachgefragt wurden vor allem körperlich leistungsfähige junge Männer, die in der einheimischen Bevölkerung kriegsbedingt nicht im gewünschten Umfang zur Verfügung standen. Im Nachhinein kann das Anwerbeabkommen mit Italien als Test für ein arbeitsmarktpolitisches Instrument betrachtet werden, welches nun breite Anwendung finden sollte. Dementsprechend wurden von der Bundesregierung seit Anfang der 1960er Jahre Anwerbeabkommen zur Rekrutierung von ausländischen Arbeitern mit sieben weiteren Ländern des Mittelmeerraums geschlossen. Lediglich die beiden Abkommen mit afrikanischen Staaten blieben für den bundesdeutschen Arbeitsmarkt weitgehend folgenlos. Die angeworbenen Arbeitskräfte kamen nun dort zum Einsatz, wo sie am dringendsten gebraucht wurden: in der Landwirtschaft und im Bergbau, zunehmend aber im unmittelbaren Produktionsprozess der Eisen- und Metallindustrie.

Anwerbeabkommen der Bundesrepublik mit Ländern des Mittelmeerraumes

1955	Italien
1960	Spanien, Griechenland
1961	Türkei
1963	Marokko
1964	Portugal
1965	Tunesien
1968	Jugoslawien

Die Rekrutierung von ausländischen Arbeitern für den bundesdeutschen Arbeitsmarkt wurde von allen Beteiligten, also den Herkunftsländern, dem Zuwanderungsland und nicht zuletzt von den ausländischen Arbeitskräften selbst als eine zeitlich befristete Angelegenheit betrachtet. Die Arbeitsmigranten verfolgten mehrheitlich die Perspektive, sich mit dem in der Bundesrepublik verdienten Einkommen bei einer Rückkehr in das Herkunftsland eine selbständige Existenz aufbauen zu können. Die Anwerbeverträge sahen zunächst einen Arbeitsaufenthalt von einem Jahr vor. Danach sollten die ausländischen Arbeitskräfte durch neue ersetzt werden. Dieses *Rotationsprinzip* stieß schon bald bei den Arbeitgebern auf Widerstand, denen die jährlichen Einarbeitungszeiten der ausländischen Arbeitskräfte in den Betrieben zu aufwendig erschienen. Dem Anliegen der Arbeitgeber entsprechend wurde nun aufenthalts- und arbeitserlaubnisrechtlich auch eine über ein Jahr hinausgehende Arbeitstätigkeit ermöglicht. Als im Jahr 1966/67 die erste Nachkriegsrezession einsetzte, lag es in der intendierten Logik der Gastarbeiterbeschäftigung, dass nun überdurchschnittlich häufig ausländische Arbeiter arbeitslos wurden und mit Rückwanderung in das Herkunftsland reagierten. Der Konjunktureinbruch 1966/67 jedoch war nur von kurzer Dauer. Die Wirtschaft erholte sich rasch und setzte ihren Wachstumspfad fort. Ein Arbeitskräftebedarf aus dem Ausland war also weiterhin gegeben.

Die Gastarbeiterbeschäftigung nahm im Laufe der Jahre auf dem bundesdeutschen Arbeitsmarkt einen immer größeren Stellenwert ein. Betrug die Beschäftigtenquote der ausländischen Arbeiter im Jahr 1955 0,4%, so waren es im Jahr 1973 bereits 11,9% oder in absoluten Zahlen ausgedrückt knapp 2,6 Millionen ausländische Arbeitskräfte (vgl. Herbert 2001, 198 f.). Die größten Gruppen unter den Gastarbeitern stellten inzwischen nicht mehr die italienischen, sondern nunmehr die türkischen und jugoslawischen Nationalitätenangehörigen. Zunehmend mehr schienen die Gastarbeiter ein Teil der bundesdeutschen Arbeiterschaft zu werden. Auch als Konsumenten und Nachfrager von Produkten gewannen sie volkswirtschaftlich an Bedeutung. Einen markanten Einschnitt in diese Entwicklung stellte dementsprechend der zweite Konjunktureinbruch in der Nachkriegszeit dar. Er wird in Zusammenhang mit der so genannten ‚Ölpreiskrise' gebracht. Wiederum stiegen die Arbeitslosenzahlen, wenngleich diese im Jahr 1973 mit 273.000 offiziell registrierten Erwerbslosen im Vergleich zu den folgenden Jahrzehnten relativ niedrig war. Zudem wurden wie bereits in der Rezession 1966/67 überdurchschnittlich viele ausländische Arbeiter erwerbslos. Dennoch verkündete am 23. November 1973 das Bundesministerium für Arbeit und Sozialordnung einen Anwerbestopp für ausländische Arbeitskräfte. Es ging arbeitsmarktpolitisch um ‚die Eindämmung der Ausländerbeschäftigung' vor dem Hintergrund eines zukünftig schwieriger sich entwickelnden Arbeitsmarktes mit geringerer Arbeitskräftenachfrage.

Volkswirtschaftlich betrachtet bildeten die ausländischen Arbeitskräfte in den Rezessionen von 1966/67 und 1973 einen Hebel im konjunkturellen Aufschwung und einen Puffer im Abschwung (vgl. Heckmann 1981, 162f.). Die Voraussetzung für diese Funktionszuweisung bot das bundesdeutsche Aufenthalts- und Arbeitserlaubnisrecht mit dem so genannten *Inländerprimat*, welches von der bevorrechtigten Besetzung von freien Arbeitsplätzen durch Erwerbspersonen deutscher Nationalität ausging. Dementsprechend lag die Verhängung des Anwerbestopps in der Logik der Durchsetzung dieses Inländerprimates. Der Anwerbestopp war jedoch auch europapolitisch motiviert. Denn die Freizügigkeitsrechte italienischer Arbeitnehmer im Rahmen der Europäischen Gemeinschaft hatten die Bestimmungen des bilateralen Anwerbevertrages de jure inzwischen hinfällig werden lassen. Eine nationalstaatliche Regulierung des bundesdeutschen Arbeitsmarktes wurde jedoch gegenüber Drittstaatsangehörigen weiterhin geltend gemacht.

1.3 Zwischen Ausländerverdrängung und Einwanderung (1974–1989)

Der erlassene Anwerbestopp führte bei den ausländischen Arbeitern in der Bundesrepublik zu einem Überdenken ihrer Arbeits- und Aufenthaltsperspektive. Da der Anwerbestopp die Wiedereinreise für Drittstaatsangehörige nicht mehr möglich machte, verzichteten viele von ihnen auf eine rasche Rückwanderung. Vor dem Hintergrund eines länger andauernden Arbeitsaufenthaltes der Gastarbeiter wurden Familienangehörige aus dem Mittelmeerraum nachgeholt. Zwar hatte der Anwerbestopp den Umfang der Ausländerbeschäftigung zunächst reduzieren und stagnieren lassen. Durch den *Familiennachzug* aber wuchs die ausländische Wohnbevölkerung weiter an. Es gehörte zu den politisch nicht intendierten Handlungsfolgen des staatlichen Anwerbestopps, dass die Gastarbeiterbevölkerung nun begann, sich längerfristig in der Bundesrepublik Deutschland einzurichten. Dies hatte gerade auch in Hinblick auf die Wohnsituation der ausländischen Arbeiter erhebliche Konsequenzen. Die Mehrzahl der Gastarbeiter war in betriebseigenen Baracken und Massenunterkünften untergebracht. Nicht selten wurden hier Jahre zuvor Zwangsarbeiter sowie später dann Flüchtlinge und Vertriebene untergebracht. Mit zunehmender Aufenthaltsdauer der Arbeitsmigranten und besonders bei Nachzug der Familie wurde diese Form der Unterbringung jedoch immer unakzeptabler. Der Umzug aus den *betrieblichen Unterkünften* in *Wohnungen* führte zu einer weiteren Verfestigung des Aufenthaltes der Gastarbeiterbevölkerung und ihrer Familien in der Bundesrepublik. Mit zunehmender Aufenthaltsdauer verbesserte sich zudem ihr arbeits-, aufenthalts- und sozialrechtlicher Status. Bei Arbeitslosigkeit reagierten die Arbeitsmigranten und ihre Familien nun nicht mehr ohne weiteres mit der Rückwanderung in das Herkunftsland. Auch das 1983 erlassene ‚Gesetz zur Förderung der Rückkehrbereitschaft ausländischer Arbeitnehmer', welches als ein staatlich-politischer Versuch angesehen werden kann, die Ausländerbeschäftigung weiter zurückzudrängen und einen sich abzeichnenden Einwanderungsprozess dieser Bevölkerungsgruppe zu verhindern, war letztlich nicht erfolgreich.

Die Gastarbeiterbeschäftigung und der Familiennachzug waren in der politischen und öffentlichen Diskussion der vergangenen Jahrzehnte nicht selten strittige Themen. Mehr Akzeptanz hingegen wurde der Zuwanderung von *Aussiedlern* entgegen gebracht. Als Aussiedler werden diejenigen Menschen bezeichnet, die in den vergangenen Jahrhunderten nach Mittelost-, Ost- und Südosteuropa ausgewandert waren, als ethnisch-kulturelle Minderheit während des Zweiten Weltkrieges diskriminiert, entrechtet sowie von Zwangsumsiedlungen und Deportationen betroffen waren und nun über Generationen hinweg in die Bundesrepublik Deutschland zurückkehrten. Zwischen 1950 und 1987 passierten rund 1,4 Millionen Aussiedler vor allem aus Polen die Grenzdurchgangslager in der Bundesrepublik. Grundlagen für die Anerkennung als Aussiedler bzw. Spätaussiedler (seit 1993) sind der Art. 116 des Grundgesetzes, das Bundesvertriebenen- und Flüchtlingsgesetz sowie das Kriegsfolgenbereinigungsgesetz (vgl. Bade/Oltmer 2003, 88). Obwohl Aussiedler bzw. Spätaussiedler staatsbürgerrechtlich als Deutsche behandelt werden, ist diese Migrantengruppe jedoch kulturell, mental und sozial mit einer Einwanderungssituation konfrontiert. Im Vergleich zur eingewanderten Ausländerbevölkerung und politischen Flüchtlingen waren Aussiedler privilegiert, da für diese von Anfang an umfangreiche Integrationsmaßnahmen und -hilfen aufgelegt wurden (vgl. Bade/ Oltmer 2003).

Ist die Aussiedlerzuwanderung nicht voraussetzungsfrei und nur aus ihrem gesellschaftlich-historischen Zusammenhang verständlich, so kann dies auch für die jüngere Geschichte der Zuwanderung von *Flüchtlingen und Asylsuchenden* in die Bundesrepublik Deutschland gelten. Es war eine der leidvollen Erfahrungen des 20. Jahrhunderts, dass vielen Flüchtlingen aus Nazi-Deutschland zwischen 1933 und 1945 in anderen Ländern häufig das rettende Asyl verweigert wurde. Die Verabschiedung des Grundgesetzes der Bundesrepublik Deutschland war vor dem Hintergrund dieser Erfahrungen vom Geist eines tendenziell generösen Umgangs mit Flüchtlingen geprägt. Der Artikel 16 des Grundgesetzes (GG) besagte kurz und knapp: „Politisch Verfolgte genießen Asylrecht". Trotz der ursprünglich generösen Intention war das bundesdeutsche Grundrecht auf Asyl von Anfang an ausschließlich politisch Verfolgten vorbehalten. Damit berücksichtigte es lediglich einen Teil der Flüchtlinge und Fluchtursachen, wie diese in der deutlich umfassenderen Genfer Flüchtlingskonvention vom 28. Juli 1951 zum Ausdruck kommen. In den 1950er und 1960er Jahren waren die Zahlen der jährlichen Asylgesuche auf relativ niedrigem Niveau geblieben. Ausnahmen bildeten lediglich die Niederschlagung der Erhebungen in Ungarn und Polen 1956 und des ‚Prager Frühlings' im Jahr 1968. Bis Anfang der 1970er Jahre kamen die meisten Asylgesuche von Flüchtlingen aus dem so genannten ‚Ostblock'. Ihre Zahl bewegte sich zwischen 5.000 und 12.000 Antragstellern. Sie erfüllten unfreiwillig eine ideologisch-politische Funktion in der weltweiten Systemkonkurrenz, zeigten sie doch, wie menschenunwürdig der ‚Ostblock' und sein politisches Regime im Vergleich zum Westen war. Gegen Ende der 1970er Jahre stiegen die Zahlen der Asylgesuche steil an. Im Jahr 1980 beantragten über 100.000 Menschen Asyl. Nunmehr kamen die Mehrzahl der Asylsuchenden nicht mehr aus dem ‚Ostblock', sondern aus der ‚Dritten Welt' und der Türkei. Zunehmend lauter wurden die Stimmen, die einen angeblichen ‚Missbrauch des Asylrechts' beschworen. In diesem Zusammenhang wurden seit 1980 zahlreiche Gesetzes- und Verfahrensänderungen auf den Weg gebracht, die eine systematische Verschlechterung der Aufenthaltsbedingungen der Asylbewerber zum Zweck der Abschreckung zu Folge hatten (vgl. Nuscheler 2004, 139 ff.).

Migrantengruppen und ethnische Minderheiten in der Bundesrepublik Deutschland seit 1949

- Arbeitsmigranten der 1950er bis 1970er Jahre (‚Gastarbeiter')
- Aussiedler bzw. Spätaussiedler
- Flüchtlinge, Asylbewerber, Vertriebene
- Jüdische Zuwanderer aus der ehemaligen Sowjetunion
- Saison- und Werkvertragsarbeitnehmer
- Vertragsarbeitnehmer aus der ehemaligen DDR
- IT-Fachkräfte
- Ehegatten- und Familiennachzug aus Drittstaaten
- Heiratsmigrantinnen
- Auswanderer und Rückkehr deutscher Staatsangehöriger
- Ausländische Studierende
- Menschen ohne erlaubtes Aufenthaltsrecht bzw. irreguläre Migranten
- Menschenhandel
- EU-Binnenmigranten
- Dienstleister innerhalb der Europäischen Union
- Nachkommen der Migranten ohne eigene Wanderungserfahrung (2. und 3. Generation)

Im Unterschied zur Bundesrepublik Deutschland spielte transnationale Migration in der ehemaligen DDR, soweit dies nicht auf ‚Republikflucht' hinauslief, eine weitaus geringere Rolle. Dennoch existierte auch hier in geringem Umfang eine Ausländerbeschäftigung. Auf der Basis bilateraler Regierungsabkommen wurden Arbeitskräfte rekrutiert, die jedoch als Ausbildungsmigranten deklariert wurden, welche sie jedoch lediglich in der Anfangszeit waren. Die *Vertragsarbeitnehmerinnen und -arbeitnehmer* kamen aus so genannten ‚sozialistischen Bruderstaaten'. Die bedeutendsten Entsendeländer waren hier Vietnam, Polen, Mosambik, Sowjetunion, Ungarn und Kuba. Zwischen 1974 und 1989 wurden – mit steigender Tendenz – zwischen 16.000 und 95.000 ausländische Vertragsarbeitnehmerinnen und -arbeitnehmer beschäftigt (vgl. Gruner-Domić 1999, 224). Mit befristeten Verträgen wurden sie, ähnlich wie in der Bundesrepublik Deutschland, im unmittelbaren Produktionsbereich eingesetzt; dort, wo die Arbeitsbedingungen am härtesten und für die Einheimischen am wenigsten attraktiv waren. Sie erfuhren eine administrativ geleitete autoritäre ‚Betreuung'. Ihre Unterbringung erfolgte in separierten Gemeinschaftsunterkünften. Kontakte zur einheimischen Bevölkerung waren unerwünscht. Es herrschte vielmehr eine „staatlich verordnete soziale Segregation" (Bade/Oltmer 2007, 163).

1.4 Neue Zuwanderungen und transnationale Migration im vereinigten Deutschland

Der ökonomische und politische Kollaps der so genannten ‚real existierenden sozialistischen Staaten' Mittelost- und Osteuropas Ende der 1980er Jahre war ein epochales Ereignis der Weltpolitik. Es veränderte die politische Architektur Europas wesentlich. Deutschland war von dieser Entwicklung zentral betroffen, beendete der Zusammenbruch des autoritären Systems der DDR und die anschließende *Vereinigung beider Deutscher Staaten* zur erweiterten Bundesrepublik Deutschland am 3.10.1990 doch die Sonderentwicklung beider geteilter Staaten nach dem Zweiten Weltkrieg. Wie vor dem Bau des Eisernen Vorhangs war in den folgenden Jahren nach der Vereinigung die Binnenmigration aus den östlichen in die westlichen Bundesländer erheblich. Von enormer Bedeutung waren für Deutschland zudem die intensivierten Ost-West-Migrationen auf internationaler Ebene. Sie führten in der ersten Hälfte der 1990er Jahre zu Größenordnungen, die Deutschland zu einem der größten Einwanderungsländer der Welt machen sollten. Dabei ist nicht zu verkennen, dass die Größenordnungen der Fortzüge ebenfalls bedeutsam waren. Fortzüge und Rückwanderungen sind bei gleichzeitig stattfindender Einwanderung keineswegs untypisch, sondern häufig konstitutiv für Einwanderungsprozesse. Dennoch haben wir es seit den 1990er Jahren auch mit dem Auftreten neuer Formen und Muster zu tun, welche in den Begriffen *‚Pendelmigration'* oder *‚transnationale Migration'* zum Ausdruck kommen. Diese grenzüberschreitenden Migrationen werden begünstigt durch den Europäischen Integrationsprozess sowie die sozialräumliche Nähe der Herkunftsländer der Migranten zur Bundesrepublik Deutschland. Die Verstetigung von Einwanderung in die bundesdeutsche Gesellschaft geht einher mit einer Heterogenisierung und Pluralisierung der Einwanderungsgruppen und ihrer sozialen Lagen. Zugleich werden auch die Formen und Muster transnationaler Migration heterogener.

Abb. 1: Zu- und Fortzüge über die Grenzen Deutschlands von 1991–2007

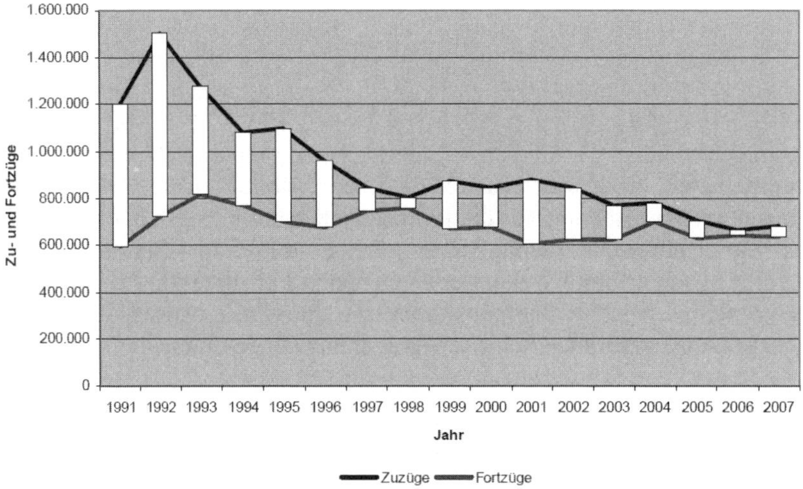

Quelle: Statistisches Bundesamt; Bundesamt für Migration und Flüchtlinge (2007, 9)

- Der ökonomische und politische Kollaps der so genannten real existierenden Sozialistischen Staaten Mittelosteuropas (MOE) und der Wegfall mobilitätsbehindernder Barrieren führten seit Ende der 1980er Jahre zu einer verstärkten Migration in den Westen. Diese war Ausdruck und Folge der Mobilitäts- und Erwerbsinteressen der Bevölkerung selbst. Zugleich wurde staatlich-politisch von Polen und anderen Ländern der freie Zugang zu den Arbeitsmärkten Westeuropas und Deutschlands gefordert. Vor diesem Hintergrund vereinbarte die deutsche Bundesregierung mit Mittelosteuropäischen Staaten seit 1989 auf bilateraler Ebene so genannte *Saison- und Werkvertragsarbeitnehmer-Abkommen.*[1] Zeitlich befristet und kontingentiert wurden Arbeitnehmerinnen und Arbeitnehmer aus den Staaten Mittelosteuropas vor allen in den Branchen der Landwirtschaft, des Hotel- und Gaststättengewerbes sowie des Baugewerbes beschäftigt (vgl. Treichler 1998, 108 ff.). Dem Abschluss dieser internationalen Abkommen vorausgegangen war die Verabschiedung ei-

1 In diesen Zusammenhang fallen auch Gastarbeitnehmerabkommen. Ihr Zweck liegt in der zeitlich befristeten sprachlichen und beruflichen Qualifizierung ausländischer Personen. Diese Abkommen sind somit zu unterscheiden von den klassischen Anwerbeabkommen über Gastarbeiter aus dem Mittelmeerraum.

ner Anwerbestopp-Ausnahmeverordnung im Dezember 1990 (BGBl. I, 30012), die den Anwerbestopp von 1973 relativieren sollte. Die Saison- und Werkvertragsarbeitnehmerabkommen stellten den politisch-rechtlichen Versuch dar, den befürchteten Migrationsdruck aus Mittelosteuropa abzuschwächen sowie zu kanalisieren und zu kontrollieren. Dennoch weitete sich die nicht dokumentierte bzw. *irreguläre Arbeitsmigration* von Personen, die keinen legalen Aufenthalts- und Beschäftigungsstatus im Rahmen der rechtlich-legal definierten ‚Eingangstore' für sich geltend machen konnten oder wollten, nach Deutschland aus. Es liegt im Wesen der nicht dokumentierten Migration, dass Angaben zum quantitativen Umfang lediglich auf Schätzungen beruhen können. Nach den Feststellungen wegen unerlaubter Einreise sowie der Feststellungen wegen unerlaubtem Aufenthalt leben schätzungsweise mehrere Hunderttausende Menschen irregulär in Deutschland. Tendenziell ist die nicht dokumentierte Migration nach Deutschland seit 1998 jedoch rückläufig gewesen (vgl. Bundesamt für Migration und Flüchtlinge 2007b, 172ff.).

- Die krisenhaften Umbruchprozesse in Mittel-, Ost- und Südosteuropa führten Ende der 1980er Jahre ebenfalls zu einem Ansteigen der Zahlen von Asylbewerbern in der Bundesrepublik Deutschland. Der Zerfall der Vielvölkerrepublik Jugoslawien und der damit verbundene blutige Bürgerkrieg ließ viele Menschen in die Bundesrepublik flüchten. Auch in anderen Ländern nahm die Problematik der Verletzung von Menschenrechten zu. Im Jahr 1992 wurden 438.191 Erstanträge auf politisches Asyl gestellt, so viel wie noch nie zuvor in der Geschichte der Bundesrepublik. In der bundesdeutschen Bevölkerung wuchsen fremdenfeindliche Stimmungen insbesondere gegenüber Flüchtlingen. Bei pogromartigen Überfällen und Brandanschlägen auf Asylunterkünfte und Wohnungen von Migrantenfamilien, unter anderem in Hoyerswerda, Mölln, Solingen und Rostock, wurden mehrere Menschen ermordet. Am 6.12.1992 einigten sich die Altparteien (CDU/CSU, FDP und die oppositionelle SPD) auf eine *Einschränkung des Rechts auf politisches Asyl.* Die Änderung des Artikels 16 des Grundgesetzes durch Ergänzung trat am 01.06.1993 in Kraft. Auch das System staatlicher Alimentierung sozial Bedürftiger erfuhr in diesem Zusammenhang eine Reformierung. Für Asylsuchende und andere Ausländer ohne verfestigten Aufenthalt galt nun nicht mehr das Bundessozialhilfegesetz, sondern das am 1.11.1993 in Kraft getretene Asylbewerberleistungsgesetz. Gegenüber dem Bundessozialhilfegesetz sah das neue Gesetz für Asylsuchende 20% bis 30% geringere Leistungen vor, die zudem vorwiegend in Sachleistungen bereitzustellen waren.

Tab. 1: Asylgesuche in der Bundesrepublik Deutschland

	Asylsuchende	Asylberechtigte	Anerkennungsquote[1]
1975	9.627	2.928	22,2
1980	107.818	12.783	12,0
1985	73.832	11.224	29,2
1990	193.063	6.518	4,4
1992	438.191	9.189	4,3
1995[2]	127.937	18.100	9,0
2000	78.564	3.128	3,0
2005	28.914	411	0,9
2006	21.029	251	0,8
2007	19.164	304	1,1

Bis einschließlich 1990 früheres Bundesgebiet, ab 1991 Deutschland.
1 Die Anerkennungsquote bezieht sich auf die im jeweiligen Berichtsjahr getroffenen Entscheidungen
2 Ab Berichtsjahr 1994 werden nur noch Erstanträge erfasst.
Quelle: Bundesamt für die Anerkennung ausländischer Flüchtlinge, Nürnberg;
Statistisches Bundesamt/GSI/WZB (2008, 21)

Seit 1994 ist die Anzahl der Asylgesuche stark gesunken. Trotz einer seit Anfang 2000 sehr geringen Anerkennungsquote durch das zuständige Bundesamt für Migration und Flüchtlinge bestand für Hunderttausende von Antragstellern ein (vorübergehender) Abschiebeschutz oder -verbot. Durch Kettenduldungen sowie Asylverfahren über mehrere Instanzen verbleiben Flüchtlinge und Asylbewerber nicht selten bis zu 10 Jahren und länger in Deutschland. Mit zunehmender Aufenthaltsdauer der Flüchtlinge in Deutschland aber wächst der Wunsch, dauerhaft hier leben und arbeiten zu wollen. Ausreisepflichtige Asylbewerber oder von Abschiebung bedrohte Flüchtlinge ziehen deshalb unter Umständen ein Leben in der Illegalität einer Rückkehr in das Herkunftsland vor.

- Die parteipolitische Übereinkunft der Einschränkung des ehemals generösen Rechts auf politisches Asyl ist verschiedentlich als so genannter ‚Asylkompromiss' bezeichnet worden. Tatsächlich aber ist es eher ein ‚Migrationskompromiss' gewesen, da von den Altparteien weitere migrationspolitische Regelungen verabredet wurden. Dies betraf gerade auch die Aussiedler bzw. die seit dem Kriegsfolgenbereinigungsgesetz von 1993 so bezeichneten *Spätaussiedler*. Auch die enorme Zunahme der Aussiedelung bzw. Spätaussiedelung seit 1988 stand in einem direkten Verhältnis zu den krisenhaften Umbruchprozessen in Mittel-, Ost- und Südosteuropa. Der Höhepunkt der Spätaussiedelung wurde im Jahr 1990 mit rund 400.000 Neuankömmlingen überschritten und stabilisierte sich in der ersten Hälfte auf hohem Niveau. Im Rahmen des genannten Migrationskompromisses wurde ab 1993 die Anzahl der jährlich erteilten

Aufnahmebescheide auf 220.000 festgesetzt. Zum 1. Januar 2000 wurde diese Regelung ersetzt durch eine Kontingentierung von maximal 100.000 Personen pro Jahr (vgl. Bade/Oltmer 2004, 117). Kamen bis Ende der 1980er Jahre die meisten Aussiedler aus Polen, so wandelte sich dies. Nunmehr waren es die Nachfolgestaaten der ehemaligen Sowjetunion, aus denen fast ausschließlich die Spätaussiedler und zunehmend mehr ihre mitreiseberechtigten Familienangehörigen kamen. Seit dem Jahr 2004 sind die Zahlen der einreisenden Spätaussiedler und ihrer Familienangehörigen stark rückläufig gewesen.

- Dass in Deutschland erheblicher zuwanderungs- und integrationspolitischer Handlungsbedarf besteht, hatte die Unabhängige Kommission ‚Zuwanderung' unter Vorsitz von Rita Süssmuth in ihren am 4. Juli 2001 vorgelegten umfassenden Empfehlungen herausgestellt. Einige dieser Empfehlungen fanden Eingang in dem am 1. Januar 2005 in Kraft getretenen ‚Zuwanderungsgesetz'[2]. Neben einer Stärkung integrationspolitischer Maßnahmen sind hier auch Maßnahmen und Strategien der Zuwanderungspolitik formuliert. War die klassische Gastarbeiteranwerbung aus dem Mittelmeerraum der 1950er bis 1970er Jahre weitgehend auf niedrig qualifizierte Arbeitskräfte bezogen, so wird nunmehr ein Perspektivwechsel in der Migrationspolitik vollzogen: Zuwanderungsbedarfe werden zu Beginn des 21. Jahrhunderts in erster Linie im Bereich der Hochqualifizierten gesehen. Dahinter steckt die Vorstellung eines globalen Wettbewerbes um die ‚besten Köpfe', d.h. der produktivsten und effizientesten Erwerbspersonen. Das Zuwanderungsgesetz erleichtert dementsprechend die *Zuwanderung Hochqualifizierter*. Gleichzeitig wird der grundsätzliche Anwerbestopp von 1973 insbesondere für Nicht- und Geringqualifizierte weitgehend beibehalten (vgl. Bundesamt für Migration und Flüchtlinge 2007a, 73 u. 92). Die Anfang 2000 eingeführte und bis Ende 2004 geltende Green-Card-Regelung für Fachkräfte auf dem Gebiet der Informations- und Kommunikationstechnologie findet im Rahmen des inzwischen in Kraft getretenen Zuwanderungsgesetzes eine neue gesetzliche Grundlage. Danach kann ausländischen Fachkräften im IT-Bereich mit Zustimmung der Bundesagentur für Arbeit eine zeitlich befristete Aufenthaltserlaubnis erteilt werden (vgl. Bundesamt für Migration und Flüchtlinge 2007a, 85).

- Den bisher thematisierten Migrationprozessen ist gemeinsam, dass diese sich auf die Bundesrepublik Deutschland als einen Nationalstaat beziehen, der Zu- und Abwanderung politisch-rechtlich souverän reguliert. Dabei ist nicht zu verkennen, dass der Gründungsvertrag der Europäischen Wirtschaftsgemeinschaft (EWG) im Jahre 1957 bereits Festlegun-

2 Das so genannte ‚Zuwanderungsgesetz' heißt offiziell ‚Gesetz zur Steuerung und Begrenzung der Zuwanderung und zur Regelung des Aufenthaltes und der Integration von Unionsbürgern und Ausländern'.

gen zur Schaffung von Freizügigkeiten der Arbeitnehmer und Selbstständigen enthielt, die auch für das Mitgliedsland Bundesrepublik Deutschland gelten. Seit den 1970er Jahren wurden diese Freizügigkeitsrechte dann in mehreren Schritten über den Kreis der Arbeitnehmer hinaus erweitert. Dennoch hielt sich faktisch der Umfang der Binnenmigration in der Europäischen Gemeinschaft gerade auch für die Bundesrepublik Deutschland über mehrere Jahrzehnte in einem überschaubaren Rahmen. Erst die Konstituierung der Europäischen Union 1993 und die weitere Aufnahme von Mitgliedsstaaten führten zu einer Ausweitung der *Arbeitnehmer- und Dienstleisterfreizügigkeit* innerhalb der Gemeinschaft. Mit der so genannten Osterweiterung wurden im Jahr 2004 10 mittel-, ost- und südosteuropäische Staaten Vollmitglieder der Europäischen Union. Mit den wenige Jahre später aufgenommenen Mitgliedstaaten Bulgarien und Rumänien umfasste die Europäische Union im Jahre 2009 insgesamt 27 Mitgliedsstaaten mit knapp einer halben Milliarde Menschen. Obwohl für einige MOE-Staaten Übergangsregelungen für bestimmte nationale Arbeitsmärkte vereinbart wurden, gilt für alle Unionsbürger im Prinzip die Personen-, Arbeitnehmer- und Dienstleisterfreizügigkeit. Das in der Weimarer Republik politisch-rechtlich implementierte Inländerprimat für den nationalen Arbeitsmarkt hat sich somit inzwischen zu einem *EU-Inländerprimat* gewandelt (vgl. Treichler 2002a, 130). Dementsprechend verlor die deutsche Migrationspolitik in den vergangenen Jahren an Bedeutung. Zunehmend mehr Gewicht hingegen kommt der Europäischen Migrationspolitik in den letzten Jahren zu.

Menschen mit Migrationshintergrund

Begrifflich-inhaltlich wie migrationsstatistisch ist das ‚Ausländerkonzept' zur Beschreibung von Migrationsprozessen und -gruppen nach dem Rechtsstatus der Personen und ihrer Nationalität über die Jahrzehnte hinweg zunehmend weniger aussagekräftig geworden. Als *Menschen mit Migrationshintergrund* werden in der Bundesrepublik Deutschland nach einer Definition auch der amtlichen Statistik seit dem Jahre 2005 diejenigen bezeichnet, die seit 1950 a) aus dem Ausland zugewandert sind, und zwar unabhängig von ihrer Nationalität; b) aus einem Elternhaus kommen, wo mindestens ein Elternteil aus dem Ausland zugewandert ist; und zwar bis einschließlich der dritten Generation. Dabei wird ein Integrationsbedarf von Migranten und ethnischen Minderheiten bis in die dritte Generation unterstellt.

2. Ethnisch-soziale Ungleichheit und Sozialstruktur

Zu- und Einwanderung wurden in der bundesdeutschen Sozialwissenschaft bereits relativ früh in Hinblick auf soziale Ungleichheiten thematisiert. Internationale soziale Ungleichheit verweist auf die bedeutsame Tatsache, dass die Arbeits-, Einkommens- und Lebensbedingungen zwischen den Bevölkerungen von Nationalgesellschaften ungleich verteilt sind. Diese Ungleichheiten stellen wesentliche Voraussetzungen und Bedingungen für grenzüberschreitende Migrationsprozesse dar. Dementsprechend haben beispielsweise Arbeitsmigrationen eine eindeutige Richtung: Sie bewegen sich von ärmeren in reichere Gesellschaften oder Wirtschaftssegmente. Im internationalen Vergleich gilt die Bundesrepublik Deutschland dabei als ein relativ reiches Land (vgl. Treichler 1998, 2 ff.). Ungleiche Arbeits-, Einkommens- und Lebensbedingungen jedoch bestehen auch zwischen den verschiedenen Bevölkerungsgruppen innerhalb der bundesdeutschen Gesellschaft. *Soziale Ungleichheit* beschreibt hier das Verhältnis von Bevölkerungsgruppen zueinander im Sinne eines ‚Besser-Schlechter-Gestelltseins' oder eines ‚Oben-Unten-Verhältnisses'. Dabei ist soziale Ungleichheit von Verschiedenheit zunächst grundsätzlich zu unterscheiden. Verschiedenheit an sich muss noch keine Ungleichheit bedingen oder nach sich ziehen. Dennoch sind Verschiedenheit und soziale Ungleichheit in der Realität häufig eng miteinander verwoben (vgl. Hradil 2005, 27 ff.).

Soziale Ungleichheiten können ihren ‚flüssigen' Charakter verlieren. Wenn diese zu relativ dauerhaften sozialen Lagen und verfestigten Positionierungen von Bevölkerungsgruppen untereinander führen, kann sozialwissenschaftlich von einer *Sozialstruktur* gesprochen werden (vgl. Geißler 2006, 17 ff.). Wie ist speziell die Zu- und Einwanderungsbevölkerung in der Bundesrepublik Deutschland sozialstrukturell zu verorten? Die klassische Gastarbeiterbeschäftigung aus dem Mittelmeerraum in die Bundesrepublik ist historisch als ein Prozess der *Unterschichtung* bezeichnet worden (vgl. Hoffmann-Nowotny 1973, 51 f.; Heckmann 1981, 170 f.). Ausländische Arbeiter wurden branchen- und tätigkeitsspezifisch auf Arbeitsplätzen eingesetzt, die für Einheimische unattraktiv waren. Ihre überwiegenden Tätigkeiten im unmittelbaren Produktionsprozess waren körperlich-gesundheitlich belastend und mit wenig sozialem Prestige versehen. In Relation zu den Verdienstmöglichkeiten im Herkunftsland war das Arbeitseinkommen der Arbeitsmigranten überdurchschnittlich, gemessen am Einkommensniveau der Bundesrepublik jedoch unterdurchschnittlich. In der betrieblichen Hierarchie nahmen sie die untersten Positionen ein. Betriebliche Weiterbildungs- und Aufstiegsmöglichkeiten bestanden für Gastarbeiter kaum. Die Unterschichtung der betrieblichen Beschäftigtenstruktur durch ausländische Arbeiter jedoch führte zu einem beruflichen Aufstieg einheimischer Beschäftigter.

Da Einwanderungsprozesse sich nicht selten über Generationen entwickeln, erscheint es sinnvoll, mögliche Veränderungen sozialer Ungleichheit über Generationen zu beobachten. Wie haben sich soziale Ungleichheiten in der Bundesrepublik Deutschland für die Bevölkerung mit Migrationshintergrund generationenübergreifend entwickelt? Haben wir es mit einer ‚sozialen Vererbung' von klassen- und schichtspezifischen Lagen zu tun? Um diese Fragen klären zu können, bedarf es eines differenzierteren Blicks auf empirische Ergebnisse der Ungleichheitsforschung. Und hier sind insbesondere zwei Determinanten von zentraler Bedeutung: das (Erwerbs-)Einkommen und die Bildung.

2.1 Arbeitsmarkt, Beschäftigung und Einkommen

Die systematische Bedeutung des Arbeitsmarktes resultiert aus der Tatsache, dass der Arbeitsmarkt in kapitalistisch-marktwirtschaftlichen Staatsgesellschaften als der zentrale Ort bezeichnet werden kann, der über die Arbeits-, Einkommens- und Lebensbedingungen des überwiegenden Teils der Bevölkerung entscheidet (vgl. Kreckel 2004, 153). Damit sind zunächst die zentrale Bedeutung einer Arbeitsmarktintegration und die Ausübung einer Erwerbstätigkeit angesprochen (vgl. Treichler 2009). Das Erwerbs- und Beschäftigungssystem kennt verschiedene Statusgruppen, die sich hinsichtlich der Tätigkeiten, der Arbeitsbedingungen und Einkommensniveaus unterscheiden. Im Einzelnen sind dies Arbeiter, Angestellte, Beamte und Selbstständige.

Tab. 2: Berufliche Stellung von Deutschen, Zuwanderern und Aussiedlern sowie den Nachkommen der Migranten

	Deutsche		Zuwanderer aus …						Aussiedler		Nachkommen von Migranten[1]
			der Türkei		Südwesteuropa		dem ehemaligen Jugoslawien				
	2001	2006	2001	2006	2001	2006	2001	2006	2001	2006	2006
	in %										
Insgesamt											
Arbeiter	12	11	55	40	41	41	48	37	39	39	24
Facharbeiter/Meister	15	14	23	25	22	20	22	10	21	17	22
Einfache Angestellte/ Beamte	5	4	3	10	4	4	4	13	6	9	10
Mittlere Angestellte/ Beamte	40	41	13	12	15	19	18	32	21	22	33
Höhere Angestellte/ Beamte	17	18	2	3	5	8	4	5	8	7	5
Selbstständige	11	12	5	10	13	8	4	4	5	6	6
Männer											
Arbeiter	11	11	52	36	35	34	46	32	34	40	26
Facharbeiter/Meister	24	22	31	32	35	31	34	17	35	32	32
Einfache Angestellte/ Beamte	3	2	1	4	1	1	1	6	4	2	3
Mittlere Angestellte/ Beamte	27	27	8	11	13	15	5	32	10	7	26
Höhere Angestellte/ Beamte	22	23	1	4	6	8	7	6	8	9	6
Selbstständige	13	15	7	12	11	11	6	6	8	10	7
Frauen											
Arbeiterinnen	13	12	64	50	52	50	50	43	44	38	23
Facharbeiterinnen/ Meisterinnen	5	4	2	9	2	2	7	0	4	3	7
Einfache Angestellte/ Beamte	7	6	7	23	8	9	7	21	9	16	19
Mittlere Angestellte/ Beamte	55	57	25	13	19	26	32	31	32	35	42
Höhere Angestellte/ Beamte	11	13	2	0	3	8	0	3	9	5	3
Selbstständige	8	9	0	5	16	4	3	1	2	3	6

1 16 bis 45 Jahre

Quelle: SOEP 2001 und 2006. Ohne mithelfende Familienangehörige, Praktikanten und Auszubildende; Statistisches Bundesamt/ GSI/WZB (2008, 204)

Tabelle 2 vermittelt – mehrere Jahrzehnte nach der Anwerbung der so genannten Gastarbeiter aus dem Mittelmeerraum – einen Überblick über die berufliche Stellung von Menschen mit Migrationshintergrund zu Beginn des 21. Jahrhunderts. Aus den Daten wird ersichtlich, dass Familien aus den ehemaligen Anwerbeländern nach wie vor überdurchschnittlich als *Arbeiter und*

Arbeiterinnen beschäftigt sind. Dies gilt in geringerem Ausmaß auch für die Nachkommen der Migranten. Dennoch sind Tendenzen der Angleichung an die Berufsstrukturen deutschen Erwerbstätiger zu identifizieren.

Frauen mit Migrationshintergrund sind gegenüber Männern häufiger als einfache Angestellte/ Beamte beschäftigt. Dies erklärt sich aus der verstärkten Beschäftigung von Frauen im Dienstleistungssektor, wo Angestelltenverhältnisse üblich sind. Deutlich unterrepräsentiert hingegen sind Migranten und ihre Nachkommen bei den höheren Angestellten und Beamten. Bezüglich der Entwicklung der Selbständigkeit ergibt sich hier ein uneinheitliches Bild. Obwohl die Selbständigkeit unter Menschen mit türkischem Hintergrund deutlich gestiegen ist, verbleibt der Anteil der Menschen mit Migrationshintergrund – auf der Basis der hier offiziell erhobenen Daten – gegenüber Deutschen auf einem niedrigeren Niveau. Andere Quellen gehen von einer höheren Quote bei den Selbständigen mit Migrationshintergrund aus (vgl. Beauftragte der Bundesregierung 2007, 89 f.).

Partielle beruflich-soziale Aufstiegsprozesse sind im generationenübergreifenden Vergleich bei Frauen wie Männern zu verzeichnen. Diese sind auf die formal höhere Schulbildung der Nachkommen der Migranten zurückzuführen. Zudem sind insbesondere die seit den 1980er Jahren Zugewanderten besser qualifiziert, welches auf dem Arbeitsmarkt andere berufliche Positionen grundsätzlich einzunehmen ermöglicht. Trotz einer relativen Verbesserung gegenüber der ersten Generation der Migranten bleibt auch die zweite und dritte Generation beim beruflich-sozialen Aufstieg benachteiligt.[3] Ähnlich wie bei der beruflich-sozialen Positionierung verhält es sich bei der Entlohnungs- und Einkommenssituation der Bevölkerung mit Migrationshintergrund. So lag ihr Durchschnittseinkommen unterhalb deutscher Erwerbstätiger. Im *Niedriglohnbereich* sind Menschen mit Migrationshintergrund – nationalitätengruppenspezifisch unterschiedlich ausgeprägt – allgemein überrepräsentiert, im Bereich der Hocheinkommen hingegen unterrepräsentiert. Obwohl auch jeder vierte erwerbstätige Deutsche im Niedriglohnbereich arbeitete, waren es bei den Aussiedlergruppen und den Nachkommen der Migranten in den untersuchten Jahren rund jede(r) Dritte. Bei Migranten aus den ehemaligen Anwerbestaaten ist die Präsenz im Niedriglohnsektor gegenüber deutschen Erwerbstätigen ausgeglichen bzw. leicht unterdurchschnittlich. Das Wachstum des Niedriglohnbereichs ist in den vergangenen Jahren insbesondere eine Erscheinung des Dienstleistungssektors, dort, wo überdurchschnittlich häufig Migrantinnen beschäftigt sind. Es ist zu berücksichtigen, dass die niedrigen Löhne auch niedrige Lohnersatzleistungen wie Arbeitslosengeld und Rente mit sich bringen, so dass die ökonomischen, sozialen, kulturellen und politischen Teilhabemöglichkeiten der so Beschäftigten dauerhaften Einschränkungen unterliegen.

3 Zum Begriff sowie den Erscheinungsformen und Wirkungsweisen von Diskriminierung siehe Kapitel V.

Tab. 3: Arbeitseinkommen von Deutschen, Zuwanderern und Aussiedlern sowie den Nachkommen der Migranten

	Deutsche		Zuwanderer aus …						Aussiedler		Nachkommen von Migranten[1]
			der Türkei		Südwesteuropa		dem ehemaligen Jugoslawien				
	2001	2006	2001	2006	2001	2006	2001	2006	2001	2006	2006
	EUR										
Durchschnittliches Nettoarbeitseinkommen	1.399	1.520	1.275	1.384	1.284	1.467	1.136	1.145	1.147	1.205	1.159
	in %										
Anteil < 50 % des arithmetischen Mittels (Niedrigeinkommen)	22	24	17	24	23	21	24	33	33	32	34
Anteil > 200 % des arithmetischen Mittels (Hocheinkommen)	7	9	1	5	3	7	1	1	4	3	2

1 16 bis 45 Jahre. Ohne mithelfende Familienangehörige, Praktikanten und Auszubildende
Quelle: Statistisches Bundesamt/GSI/WZB (2008, 205)

Erwerbslosigkeit ist bei Migranten und ihren Nachkommen seit den 1980er Jahren überdurchschnittlich verbreitet. Nach Mikrozensus waren im Jahr 2005 insgesamt 4,6 Mio. Erwerbslose in Deutschland registriert. Die spezifische *Erwerbslosenquote* von Personen mit Migrationshintergrund lag mit offiziellen 18 % fast doppelt so hoch wie bei der Bevölkerung ohne Migrationshintergrund (10 %). Die Arbeitslosenquoten ausländischer Nationalitätsangehöriger sind im Zeitraum der Jahre 2000 bis 2005 tendenziell gestiegen und verbleiben in den Folgejahren auf hohem Niveau. Eine differenziertere Betrachtung der Arbeitslosenquoten für das Jahr 2006 zeigt, dass fast die Hälfte der Arbeitslosen Nationalitätenangehörige der ehemaligen Anwerbeländer waren. Mit über 32 % waren türkische Staatsangehörige überdurchschnittlich, mit 7 % italienische und mit knapp 4 % griechische Staatsangehörige unterdurchschnittlich arbeitslos (vgl. Beauftragte der Bundesregierung 2007, 102 ff.).

Die überproportionale Erwerbstätigkeit von Menschen mit Migrationshintergrund im Niedriglohnsektor und die häufiger auftretende Erwerbslosigkeit führen wiederum überdurchschnittlich oft zu Einkommensarmut. Dementsprechend sind die Armutgefährdungsquoten dieser Bevölkerungsgruppen relativ hoch (vgl. Statistisches Bundesamt/GSI/WZB 2008, 201). Ebenfalls von *Armut* betroffen sind Flüchtlinge, Asylsuchende oder andere Ausländer ohne verfestigtes Aufenthaltsrecht, die nach dem Asylbewerberleistungsgesetz unterhalb des so genannten staatlich definierten allgemeinen Existenzminimums alimentiert werden. Armutslagen sind auch bei Menschen ohne Aufenthaltsrecht verbreitet, die nicht selten Opfer ausbeuterischer Ausländerbeschäftigung werden.

2.2 Bildungsbeteiligung und -niveau

In der bundesdeutschen Gesellschaft entscheidet die Triade ‚Bildung – Beschäftigung – Einkommen' wesentlich über die sozialstrukturelle Positionierung von Bevölkerungsgruppen. Mehr oder weniger ausgeprägte Chancen auf dem Arbeitsmarkt, im Beschäftigungssystem sowie die Erzielung eines attraktiven Einkommens sind wesentlich abhängig von einer entsprechenden Schul- bzw. Hochschulausbildung. Dabei ist das Schul- und Bildungssystem dem Arbeitsmarkt und Beschäftigungssystem vorgelagert. Auch die Weiterbildung vermochte Defizite der Primärbildung bislang nicht auszugleichen. Das bundesdeutsche Schul- und Bildungssystem verspricht höhere Abschlüsse bei entsprechender individueller Leistung. Tatsächlich aber ist *soziale Herkunft* weit mehr ein *Selektions- und Ausschlusskriterium*, als dies bei der Vergabe von Schulabschlüssen und Bildungstiteln offensichtlich wird. Dementsprechend haben Kinder und Jugendliche aus bildungsferneren Schichten weniger Chancen, höhere Schul- und Bildungsabschlüsse zu erreichen. Dies wurde bereits in den 1960er Jahren festgestellt, als Kinder aus Arbeiterfamilien sowie Kinder aus der Landbevölkerung als besonders benachteiligt identifiziert wurden. Betrachtet man die „Chancen(un)gleichheit im deutschen Bildungssystem aber über mehrere Jahrzehnte hinweg, dann hat das katholische Arbeitermädchen vom Lande heutzutage die Gestalt eines ‚Hartz-IV-Migrantensohns" angenommen (vgl. Allmendinger u. a. 2008, 218).

Tab. 4: Bildungsniveau von Nachkommen der Migranten im Vergleich zu Deutschen

	Deutsche 14- bis 45-Jährige		Herkunft der Nachkommen von Migranten				Nachkommen von Migranten gesamt	
			Türkei		Aussiedler			
	2001	2006	2001	2006	2001	2006	2001	2006
	%							
Allgemeine Bildung								
Ohne Abschluss	2	1	2	4	0	0	4	3
Haupt-/Pflichtschule	25	23	64	63	37	33	51	46
Realschule	41	40	21	16	36	39	27	29
Abitur	33	36	13	16	27	28	17	22
Berufliche Bildung								
Ohne Abschluss	16	19	44	57	37	35	42	43
Berufsausbildung	66	62	55	40	54	51	53	49
Akademischer Abschluss	18	18	1	3	9	14	5	8

SOEP 2001 und 2006. Quelle: Statistisches Bundesamt/GSI/WZB (2008, 203)

Rund ein Fünftel (19,8 %) der männlichen ausländischen Schulabgänger verließ die Schule im Jahr 2006 ohne einen Abschluss. Damit ist der Anteil 2,3-mal so hoch wie bei männlichen deutschen Schulabgängern und Absolventen. Doch auch weibliche ausländische Jugendliche verlassen die Schule ohne Abschluss häufiger als weibliche Deutsche (vgl. Bundesamt für Migration und Flüchtlinge 2008, 42). Auf den Sonder- und Hauptschulen sind die Nachkommen mit Migrationshintergrund deutlich in der Mehrzahl, während sie auf dem Gymnasium deutlich unterrepräsentiert sind. Allerdings existieren hier auch Unterschiede zwischen den einzelnen Gruppen. Im Unterschied zu den Nachkommen aus der Türkei sind die Bildungserfolge und -erträge der Nachkommen der Aussiedlergruppen aus Mittelosteuropa deutlich höher.

In der Regel setzt die erfolgreiche Integration in das bundesdeutsche Erwerbssystem eine qualifizierte berufliche Ausbildung oder eine Hochschulausbildung mit Abschluss voraus. Jugendliche und Jungerwachsene mit Migrationshintergrund sind nach Beendigung der Schulzeit in besonderer Weise auf das berufliche Ausbildungssystem angewiesen, da ihnen aufgrund des erforderlichen höheren Schulabschlusses häufig der Zugang zu einer akademischen Ausbildung versperrt bleibt. Auf dem Arbeitsmarkt jedoch konkurrieren sie um einen Ausbildungsplatz mit anderen Personen, welche häufig höhere Schulabschlüsse vorzuweisen haben. Dementsprechend geringer sind ihre Chancen, eine qualifizierte Berufsausbildung aufnehmen zu können. Erschwerend kommt hinzu, dass für den Bereich der beruflichen Ausbildung seit vielen Jahren das Bewerberangebot die Anzahl der betrieblichen Ausbildungsplätze übersteigt. Aber auch bei gleichwertigen Schulabschlüssen haben es Jugendliche mit Migrationshintergrund aufgrund möglicher Diskriminierungserfahrungen schwerer, einen Ausbildungsplatz zu bekommen und diesen auch erfolgreich abzuschließen (vgl. Konsortium Bildungsberichterstattung 2006, 156). Dementsprechend ist der Anteil derjenigen SchulabgängerInnen mit Migrationshintergrund, die keine Berufsausbildung beginnen oder das berufliche Ausbildungsziel nicht erfolgreich abschließen, relativ hoch. Im Zeitraum von 1994 bis 2004 sank der Anteil der Auszubildenden mit ausländischem Pass sogar kontinuierlich. Im Jahr 2004 lag die *Ausbildungsquote* bei ausländischen Jugendlichen bei 25%, die der deutschen Jugendlichen jedoch bei 61% (vgl. Boos-Nünning 2006, 6). Ohne eine qualifizierte Ausbildung aber reduzieren sich die Chancen im regulären Beschäftigungssystem erheblich. Arbeitstätigkeiten als Un- oder Angelernte im Niedriglohnsektor werden damit wahrscheinlicher.

Privilegierte Beschäftigungs- und Einkommenschancen im bundesdeutschen Erwerbssystem setzen mehrheitlich einen Hochschulabschluss voraus. Dieser ist notwendige, seit der Bildungsexpansion der 1970er und 1980er Jahre jedoch keine hinreichende Voraussetzung mehr für eine berufliche Karriere. Personen mit Migrationshintergrund sind als Bildungsinländer an bundesdeutschen Hochschulen unterrepräsentiert. Der Hauptgrund hierfür ist, dass eine Selektion bereits in den vorangegangenen Bildungsstufen stattgefunden hat. Dennoch ist der Anteil an Personen mit Migrationshintergrund, die über eine Hochschulzugangsberechtigung oder einen akademischen Abschluss verfügen, tendenziell gestiegen. Dies ist zum einen auf partielle Prozesse der Aufwärtsmobilität im Bildungssystem zurückzuführen. Zum anderen bringen Zuwanderer in die Bundesrepublik seit den 1980er Jahren eine höheren Bildungsausstattung mit (vgl. Bundesamt für

Migration und Flüchtlinge 2008, 47 ff.). Grundsätzlich ist bei *Studierenden mit Migrationshintergrund* zwischen Bildungsinländern und -ausländern zu unterscheiden. Die Nationalitätszugehörigkeit ist für den Bildungserfolg der Jungerwachsenen dabei von geringerer Bedeutung als die Schicht- und Milieuzugehörigkeit der Eltern. Während ausländische Studenten überwiegend aus einem höheren Bildungs- und Sozialmilieu stammen, verhält es sich bei Bildungsinländern genau umgekehrt. Dementsprechend kommen Bildungsinländer häufiger mit der Fachhochschulreife zur Hochschule als ihre deutschen Kommilitonen (vgl. Konsortium Bildungsberichterstattung 2006, 158).

2.3 Lebensweltliche Milieus von Migranten und ethnischen Minderheiten

Die bisher vorgestellten Indikatoren und empirischen Daten haben gezeigt, dass der überwiegende Anteil der Bevölkerung mit Migrationshintergrund in Deutschland sozialstrukturell in der Unterschicht verortet werden kann. Dennoch ist die Zu- und Einwanderungsbevölkerung in mehrfacher Hinsicht heterogen. So unterscheiden sich ihr aufenthalts-, arbeits- und staatsbürgerrechtlicher Status gruppenspezifisch teilweise erheblich und folgenreich voneinander. Statusinkonsistenzen, also das Auseinanderfallen von einzelnen sozialen Positionierungen, sind dementsprechend möglich. So verfügen beispielsweise jüdische Kontingentflüchtlinge über ein relativ hohes Bildungsniveau, welches sich aber nicht in einer entsprechenden Beschäftigung und Einkommenshöhe wieder findet.

Migranten und ethnische Minderheiten wurden und werden in Deutschland in ökonomischer, politischer und rechtlicher Hinsicht häufig instrumentalisiert. Dennoch sind sie auch Subjekte und Handelnde, die durch entsprechende Wertpräferenzen und Wahloptionen – mehr oder weniger – ihre eigene soziale Lage beeinflussen können. Die Bevölkerung mit Migrationshintergrund weist gerade in sprachlicher, kultureller und religiöser Hinsicht eine enorme Bandbreite auf. Diese ist jedoch mehr als nur die Addition verschiedener ethnisch-nationaler Kulturen. Personen mit Migrationshintergrund sind mit ihren *Lebensentwürfen und Wertvorstellungen* nicht ohne weiteres identisch mit den nationalen Herkunftskulturen ihrer Eltern und Großeltern. Die Sinus-Studie 2008 kann zeigen, dass sich die Migranten-Milieus weniger nach der ethnischen Herkunft unterscheiden als vielmehr nach den Wertvorstellungen und Lebensstilen der Menschen mit Migrationshintergrund. Es kann somit nicht von einer ethnischen Herkunftskultur auf ein Migranten-Milieu geschlossen werden; oder umgekehrt von einem Sozialmilieu auf eine ethnische Herkunftskultur. Die tatsächlichen Lebensentwürfe und Wertpräferenzen der Bevölkerung mit Migrationshintergrund sind pluralistischer und heterogener, als dies in den meisten öffentlichen und politischen Diskursen zum Ausdruck kommt. Dies gilt gerade auch in

Hinblick auf die nicht immer einfach zu bestimmenden sozialen Zugehörigkeiten und Identitäten dieser Bevölkerungsgruppe an und für sich.

Abb. 2: Soziale Lage und Grundorientierungen der Bevölkerung mit Migrationshintergrund

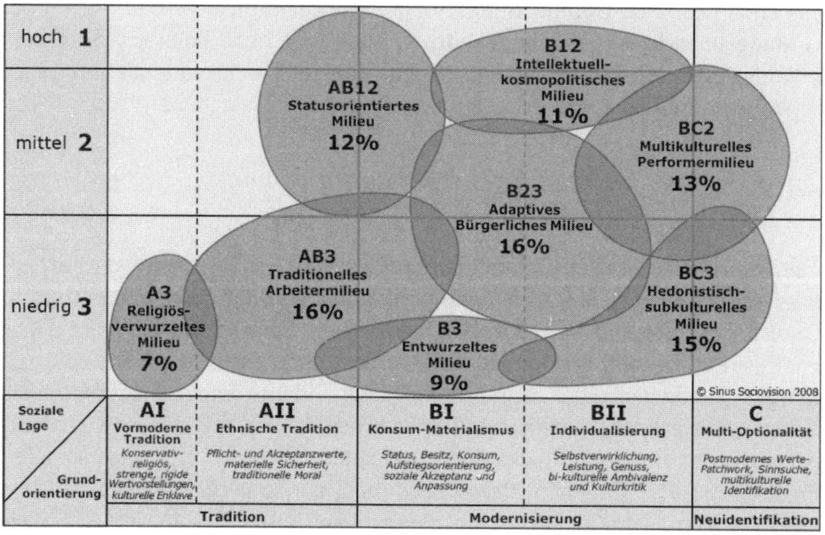

Quelle: Sinus Sociovision; Wippermann/Flaig (2009, S. 8)

3. Demografischer Wandel und ethnisch-kulturelle Vielfalt

Internationale Migration stellt eine wesentliche Einflussgröße der Bevölkerungsentwicklung dar. Deutschland ist eine tendenziell *alternde Gesellschaft* mit *abnehmender Bevölkerung*. Diese Entwicklung ist Ausdruck und Folge einer geringeren Geburtenhäufigkeit (Fertilität) im Verhältnis zu den Sterbefällen (Mortalität). Zudem sind die Lebenserwartung der Menschen und damit das Durchschnittsalter der Bevölkerung insgesamt gestiegen. Zu- und Einwanderungen haben diese Entwicklung teilweise kompensiert und abgeschwächt, in einzelnen Jahren auch für einen Bevölkerungszuwachs gesorgt. Im Jahre 2007 umfasste die Gesamtbevölkerung in Deutschland 82,3 Millionen Menschen. Davon hatten 18,7% Menschen einen Migrationshintergrund. Der Anteil der ausländischen Staatsangehörigen betrug 8,9%. Das Lebensalter von Personen mit Migrationshintergrund betrug durchschnittlich 34,3 Jahre gegenüber 44,9 Jahre bei Einheimischen ohne Migrationshintergrund. Bei den unter Fünfjährigen hatten bereits ein Drittel der bundesdeutschen Bevölkerung einen Migrationshintergrund (vgl. Statistisches Bundesamt 2009, 7 f.). Allgemein hat Migration in den vergangenen Jahrzehnten die Altersstruktur der bundesdeutschen Bevölkerung ‚verjüngt' und den Bevölkerungsrückgang verlangsamt. Diese Tendenz wird sich in den kommenden Jahren weiter fortsetzen. Hierzu trägt auch eine höhere Geburtenhäufigkeit von Migrantinnen gegenüber Einheimischen ohne Migrationshintergrund bei. Das Fertilitätsverhalten von Migranten und ihren Nachkommen jedoch gleicht sich mit zunehmender Aufenthaltsdauer der einheimischen Bevölkerung an.

Migration ist von seiner *sozialräumlichen Dimension* vor allem ein westdeutsches Phänomen. Mehr als 95% aller Menschen mit Migrationshintergrund leben in den alten Bundesländern und Berlin. Darüber hinaus ist Migration primär ein *städtisches Phänomen.* In größeren Städten sind Migranten und ihre Nachkommen überproportional häufig anzutreffen. Hier stellen Kinder und Jugendliche mit Migrationshintergrund bis 14 Jahren in Stadtteilen und Vierteln nicht selten bereits die multiethnische Mehrheit und Normalität dar. Die Abbildung 3 vermittelt einen Eindruck von der multiethnischen Zusammensetzung der Wohnbevölkerung in 45 deutschen Städten. Die systematische Erfassung der Wohnbevölkerung nach Migrationshintergrund im Rahmen der innerstädtischen Raumbeobachtung ist bislang erst rudimentär erfolgt und dementsprechend unvollständig. Die hier vorgenommene Erhebung der Indikatoren ‚Ausländische Staatsangehörigkeit‘ und (soweit möglich) ‚Mehrstaatlichkeit‘ ist zu ergänzen um den Hinweis, dass nicht alle Personen mit Migrationshintergrund über diese beiden Indikatoren erfasst werden. Somit ist der Gesamtanteil der Personen mit Migrationshintergrund in den einzelnen Städten höher anzusetzen als bei den hier ausgewiesenen Zahlen. Dementsprechend kann davon ausgegangen werden, dass beispielsweise in den Städten Offenbach und Frankfurt am Main faktisch mehr als 40% der Wohnbevölkerung einen Migrationshintergrund aufweisen.

In Städten verteilen sich die Bevölkerungsgruppen nicht gleichmäßig über die Stadtteile. Auch der Anteil von Menschen mit Migrationshintergrund ist in den einzelnen Stadtteilen verschieden hoch. Stadtteile oder Viertel, in denen der Anteil der Wohnbevölkerung mit Migrationshintergrund vergleichsweise hoch ist, werden in der sozialwissenschaftlichen Literatur als ‚ethnisch segregierte Viertel‘, ‚ethnische Konzentrationsviertel‘, ‚Ghettos‘ oder ‚Einwandererkolonien‘ bezeichnet. Die Wortwahl ist nicht selten bereits ein Hinweis darauf, ob diese Viertel sozial und integrationspolitisch eher als Probleme oder Chancen begriffen werden. Dabei ist diese sozialräumliche Segregation nicht nur ein migrationsspezifisches Phänomen, sondern eng verknüpft mit sozialökonomischen Mechanismen und Prozessen sozialer Ungleichheit. Ethnisch segregierte Stadtteile waren und sind des Öfteren Gegenstand öffentlicher und politischer Kontroversen. Zugleich ist festzustellen, dass in Deutschland bis in jüngster Vergangenheit keine kontinuierliche Berichterstattung über die Entwicklung innerstädtischer ethnischer Segregation existierte. Dennoch liegen einige städteübergreifende Untersuchungen und Fallstudien in einzelnen Kommunen vor (vgl. Schönwälder/Söhn

Abb. 3: Bevölkerung mit Migrationshintergrund in deutschen Städten (Ausländer und Mehrstaatler) 2007

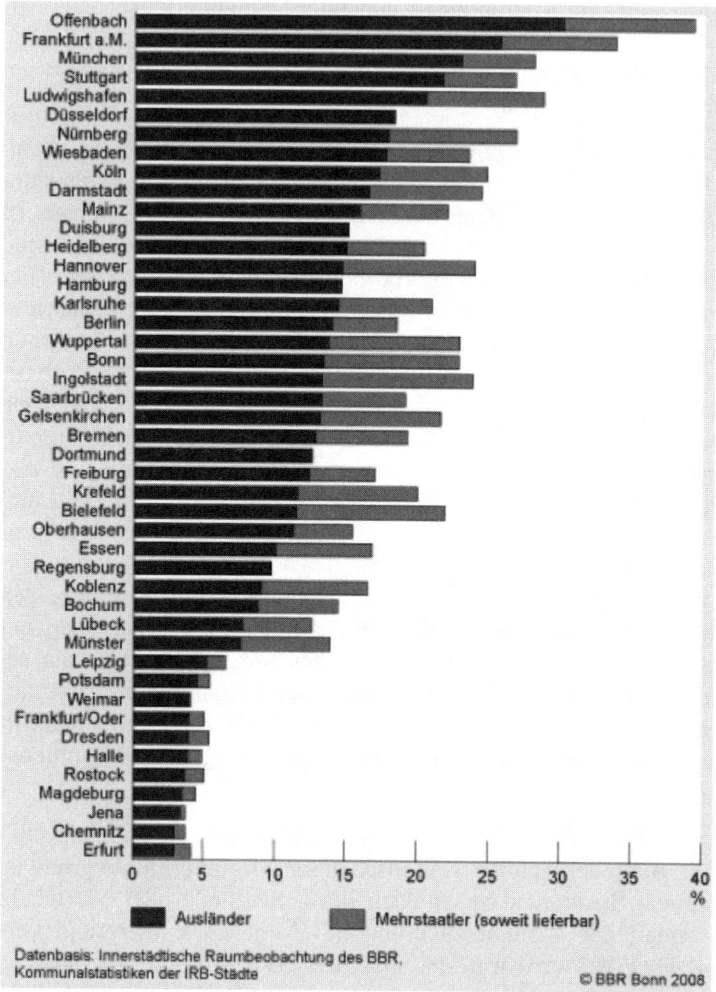

Quelle: Bundesamt für Bauwesen und Raumordnung (2009)

2007; Janßen/Schroedter 2007), die zwar nicht repräsentativ sind, jedoch aufgrund ihrer Anlage und ihres Umfangs gewisse empirische Schlüsse nahe legen. Demnach sind Stadtteile mit hohem Migrantenanteil in der Regel multiethnisch und selten nur durch eine Migrantengruppe geprägt. Dennoch existieren hinsichtlich des Ausmaßes an ethnischer Segregation innerhalb der Migrantenbevölkerung Unterschiede. So leben Menschen mit türkischem Hintergrund sowie aus der ehemaligen Sowjetunion stammende Migranten vergleichsweise segregiert gegenüber anderen Migrantengruppen. Dies ist auch quantitativ von Bedeutung, da die betreffenden Bevölkerungsgruppen in den vergangenen Jahren immerhin rund ein Drittel aller Personen mit Migrationshintergrund ausmachten. In der Gesamttendenz jedoch ist die ethnische Segregation in deutschen Städten in den vergangenen Jahren migrantengruppen-übergreifend zurückgegangen (vgl. Bundesamt für Migration und Flüchtlinge 2008, 59 f.). Zudem ist die ethnische Segregation in Deutschland im internationalen Vergleich eher als niedrig zu bewerten.

Tab. 5: Menschen mit Migrationshintergrund nach den bedeutendsten Herkunftsländern in Deutschland 2007

Türkei	19,4%
Polen	6,8%
Russische Föderation	6,6%
Italien	5,5%
Serbien	3,7%
Kroatien	3,2%
Griechenland	3,1%
Bosnien und Herzegowina	2,8%
Rumänien	2,7%
Kasachstan	2,6%
Ukraine	2,5%
Andere Länder zusammen	41,1%
Herkunftsländer insgesamt	100,0%

Quelle: Statistisches Bundesamt (2009, 7 f.)

Grenzüberschreitende Zu- und Einwanderung konfrontieren die Aufnahmegesellschaft mit neuen Sprachen, Kulturen und Religionen. Aber auch bei gleicher Religionszugehörigkeit wie beispielsweise zur katholischen oder evangelischen Kirche gehen Migranten häufig eigene Wege und gründen ‚ihre' religiösen Institutionen. *Ethnische Netzwerke* und *Selbstorganisationen der Migranten* bilden sich heraus und werden zu wesentlichen Sozialisations- und Integrationsinstanzen für Zuwanderer und ihre Nachkommen (vgl. Weiss/Thänhardt 2005). Allgemein führen Zu- und Einwanderung zu einer ethnisch-kulturellen Pluralisierung und Differenzierung der Aufnahmegesellschaft. Dies macht sich in der Arbeitswelt und den Betrieben, in den Kindertagesstätten und Schulen sowie im Wohnumfeld bemerkbar. Mit dieser ethnisch-kulturellen Vielfalt sind Chancen wie auch Probleme und Konflikte verbunden, wie in den folgenden Kapiteln noch konkreter aufzuzeigen ist.

4. Zusammenfassung

Die Bundesrepublik Deutschland hat sich in den vergangenen Jahrzehnten zu einem bedeutenden Einwanderungsland entwickelt. Neben Einwanderungsprozessen existieren (weiterhin) Muster transnationaler Migration, die mit einem temporären Aufenthalt in Deutschland verbunden sind. Eine gewisse Akzeptanz erfuhr zeitlich befristete Arbeitsmigration nach Deutschland in den vergangenen Jahrzehnten, soweit diese unter ökonomisch-utilitaristischen Gesichtspunkten zweckmäßig erschien. Ein Daueraufenthalt von Zuwanderern und ihren Familien aber war, mit Ausnahme der Aussiedler bzw. Spätaussiedler, bis in die jüngste Vergangenheit politisch-staatlich nicht gewollt. Erst vor wenigen Jahren hat der faktische Einwanderungsprozess von Millionen von Menschen eher notgedrungen eine staatlich-politische Respektierung erfahren. Flüchtlinge und Asylsuchende aber sind als Zu- und Einwanderergruppe weiterhin unerwünscht. Ihre soziale Lage ist in Deutschland in mehrfacher Hinsicht prekär. Dennoch haben den widrigen Umständen zum Trotz Migrations- und Einwanderungsprozesse die konkreten Arbeits- und Lebenswelten aller Beteiligten – nicht selten hinter ihrem Rücken – verändert. Mit zunehmender Aufenthaltsdauer der Migranten und ihrer Nachkommen stellen sich Fragen nach einer gleichberechtigten gesellschaftlichen Teilhabe und Teilnahme. Soziale Ungleichheiten zwischen Einheimischen ohne und Menschen mit Migrationshintergrund aber sind deutlich verbreitet. Ungleiche Chancen und Bedingungen lassen sich empirisch vor allem im Schul- und Bildungssystem sowie auf dem Arbeitsmarkt und bei der Beschäftigung finden. Diese Ungleichheiten und Ungleichbehandlungen wurden in der Vergangenheit von den Migranten häufig geduldet und von den Einheimischen als legitim erachtet, als der Aufenthalt der Migranten in der Bundesrepublik (noch) ein befristeter war. Migranten galten als anwesend, aber nicht dazugehörig. Einwanderung aber heißt: kommen und bleiben. Und für die in Deutschland geborenen Nachkommen existieren zudem andere Maßstäbe und Selbstverständlichkeiten als für ihre zugewanderten Eltern. Was Einwanderung konkret für die Arbeits- und Lebensverhältnisse der Bevölkerung bedeutet, ist am ehesten in westdeutschen Städten und Berlin erfahrbar. Prozesse von Migration und Einwanderung sind zu Beginn des 21. Jahrhunderts mehrdimensional, heterogen und nur im Plural zu verstehen. Größere Städte und Stadtteile sind häufig von ethnisch-kultureller Vielfalt geprägt und durchdrungen. Verschiedene Lebensstile, Werte und Normen werden insbesondere dort neu und nicht selten konfliktreich verhandelt, wo die Anzahl der Menschen mit Migrationshintergrund beachtlich ist oder örtlich bereits die Bevölkerungsmehrheit darstellt.

III. Sozialwissenschaftliche Theorien und Deutungsmuster der Integration von Migranten und ethnischen Minderheiten

Migrationen von Menschen über staatliche Grenzen hinweg werfen Fragen nach sozialen Zugehörigkeiten und gesellschaftlicher Integration auf. Dementsprechend stehen Migration und Integration thematisch-inhaltlich sowie lebenspraktisch in einem engen Zusammenhang. In Einführungen und Übersichtspublikationen zur Migrationssoziologie werden deshalb Fragen der Migration und Integration zusammen behandelt (vgl. Han 2005; 2006). Dennoch haben Prozesse der Ausdifferenzierung und Spezialisierung von Forschungsgebieten auch in der Migrationsforschung Schwerpunktsetzungen ermöglicht und teilweise notwendig werden lassen. Dabei verfolgen Migrations- und Integrationsforschung verschiedene Fragestellungen. Bei der Beschäftigung mit grenzüberschreitenden Migrationen stehen die Voraussetzungen, Bedingungen und Formen sozialräumlicher Mobilität im Vordergrund. Die zentrale Fragestellung hier kann mit Pries (2001 a, 10) wie folgt formuliert werden: „Warum migriert wer wie über nationalstaatliche Grenzen hinweg?“ Demgegenüber stehen bei der *integrationstheoretischen Thematik* stärker die *sozialen Folgen* von grenzüberschreitenden Migrationen im Vordergrund. Hier kann die allgemeine Fragestellung lauten: *Unter welchen Voraussetzungen und Bedingungen können und sollen für Migranten und ethnische Minderheiten Zugehörigkeiten und gleiche Rechte in der Gesellschaft möglich sein? Welche Konsequenzen wären hiermit verbunden?*

Diese allgemeine Fragestellung zur Integration wird in sozialwissenschaftlichen Theorien und Deutungsmustern mit einem je speziellen Erkenntnisinteresse methodisch-inhaltlich verschieden bearbeitet. Dementsprechend fallen auch die Antworten auf integrationstheoretische Fragestellungen nicht selten verschieden aus. Die folgenden Ausführungen stellen vier ausgewählte migrationsbezogene Ansätze vor, die eigenständige theoretische Positionen begründen und für ein interdisziplinäres Verständnis der Integrationsthematik geeignet erscheinen. Dies sind die ‚klassische‘ Assimilationstheorie sowie sozialwissenschaftliche und philosophische Arbeiten zum Ethnischen Pluralismus und Multikulturalismus. Eher konzeptionell jüngere Entwicklungen stellen Ansätze dar, die zum einen Integration als konflikthaften Prozess analysieren. Zum anderen zählen hierzu auch der Transnationalismusansatz und die Entstehung transnationaler Sozialer Räume. Diese Theorien und Deutungsmuster beziehen sich sowohl auf Frauen wie auf Männer. Wir gehen davon aus, dass für das Verständnis von Integrationsprozessen alle vier der hier vorgestellten Theorien und Deutungsmuster von Bedeutung sind.

1. Integrationsbegriff und -verständnis

Jedes Reden und Schreiben über Integration ist verbunden mit Vorstellungen über den Sachverhalt, wie dieser zu verstehen oder zu begreifen ist. Begriffe sind grundlegend für sozialwissenschaftliche Theorien und Konzepte, da alle weiterführenden Aussagen inhaltlich-logisch hierauf aufbauen. Ihre Sinnhaftigkeit erschließt sich dabei häufig erst in der Abgrenzung zu anderen Begriffen; so auch beim Begriff der *Integration*. Dementsprechend werden in den Sozialwissenschaften wahlweise auch die Begriffe *Inklusion*, *Inkorporation* und *Absorption* verwendet. Diese Begriffe sind zwar sinnverwandt mit ‚Integration', dennoch bestehen hier inhaltliche Unterschiede. Diese Unterschiede folgen den spezifischen Prämissen der verwendeten Integrationstheorien. Auch sind bestimmte Begriffe in den angloamerikanischen, spanischen, französischen und deutschen Sprachräumen verschieden eingeführt und verbreitet. Kritisch ist gegen den Integrationsbegriff eingewendet worden, dieser sei zu offen und unbestimmt, als dass er als Arbeitsbegriff sinnvoller Weise Verwendung finden könnte. Demgegenüber kann eingewandt werden, der Integrationsbegriff empfehle sich gerade deshalb, weil er offener, vieldeutiger und komplexer ist als die Alternativen (vgl. Bauböck 2001, 27 ff.). Die Integration von Migranten und ethnischen Minderheiten ist nicht, wie noch vor einigen Jahrzehnten, ein sozialwissenschaftliches Randgruppenthema in Deutschland. Vielmehr kommen hier zentrale Fragestellungen gesamtgesellschaftlicher Entwicklungen und des sozialen Wandels zum Ausdruck. Dementsprechend bedarf es angemessener Begrifflichkeiten und eines Integrationsverständnisses, welches auf Migranten und ethnische Minderheiten speziell Bezug zu nehmen geeignet ist, zugleich jedoch die gesamtgesellschaftliche Dimension der Integrationsthematik zu berücksichtigen weiß.

Definitionen von Integration

„… a basic and at the same time comprehensive heuristic definition of integration: the process of becoming an accepted part of society" (Penninx 2004, 12).

„Integration zielt (…) darauf, dass Menschen sich bei der Beteiligung an den verschiedenen gesellschaftlichen Teilbereichen ihren Begabungen, ihrem Leistungsvermögen und ihrer Leistungsbereitschaft entsprechend möglichst uneingeschränkt und eigenständig entfalten können, dass sie diskriminierungsfrei arbeiten und leben können. Bezogen auf den einzelnen Zuwanderer ist es das Ziel von Integration, ein selbstbestimmtes Leben führen zu können, als zugehörig akzeptiert zu werden" (Sachverständigenrat für Zuwanderung und Integration 2004, 233 f).

In den Sozialwissenschaften wird eine Vielzahl verschiedener Integrationsbegriffe verwendet (vgl. Imbusch/Rucht 2005). Zwei auf den Migrationskontext bezogene und reflektierte Integrationsbegriffe stellen die Definitionen von Penninx (2004) und die des Sachverständigenrates für Zuwanderung (2004) dar. An ihren Beispielen können einige Implikationen und notwendige Differenzierungen in der Verwendung von Integrationsbegriffen aufgezeigt werden. Die heuristische[1] Definition von Penninx (2004) ist relativ kurz und allgemein. Sie begreift Integration als einen Prozess, ein akzeptiertes Mitglied der Gesellschaft zu werden. Diese Definition umgeht einige Probleme, die häufiger in der Integrationsforschung anzutreffen sind. Sie wählt eine relativ offene Perspektive, die sowohl die Migrantenperspektive als auch die Perspektive der Aufnahmegesellschaft einzuschließen geeignet ist. Integration wird als ein Prozess betrachtet und nicht als ein Endzustand. Damit wird anerkannt, dass Integrationsprozesse unterschiedliche Geschwindigkeiten und Verläufe nehmen können. Unvollständige Integration und Teilintegration sind denkbar, aber auch, dass Integrationsprozesse scheitern können. Die Bezugnahme auf ‚Gesellschaft' ermöglicht zudem die Unterscheidung von System- und Sozialintegration, da Integrationsprozesse auf diesen beiden Ebenen nicht parallel und gleichzeitig verlaufen müssen und zudem eine je eigene inhaltliche Qualität besitzen. Dabei bezieht sich die *Systemintegration* auf das Funktionieren der Gesellschaft als Ganzem und wird zumeist über anonyme Mechanismen und Institutionen wie den Markt, den Staat und das Rechtssystem vollzogen. Die *Sozialintegration* stellt demgegenüber die (inter-)ethnischen Beziehungen der Menschen untereinander in den Vordergrund. Offen bleibt in der Definition bei Penninx (2004) zunächst auch die Benennung der sozialräumlichen Dimension und damit die Frage, ob Gesellschaften im Rahmen der Analyse grenzüberschreitender Migrationsprozesse sinnvoller Weise lediglich als Nationalgesellschaften zu beschreiben sind. Eine etwas andere Akzentsetzung kommt in dem Verständnis von Integration in der Definition des (ehemaligen) Sachverständigenrates für Zuwanderung (2004) zum Ausdruck. Hier wird Integration als ein gesellschaftlich-politischer Gestaltungsauftrag begriffen und zielführend-inhaltlich konkretisiert. Eine erfolgreiche Integration hätte demnach die verschiedenen gesellschaftlichen Teilbereiche zu berücksichtigen. Sie erfordere weiter die Abwesenheit von ethnischer und rassistischer Diskriminierung. Ähnlich wie bei der Definition von Penninx (2004) spielen auch beim Sachverständigenrat (2004) die gesellschaftliche Zugehörigkeit und Akzeptanz der Migranten und ethnischen Minderheiten bei der Integration eine zentrale Rolle.

Der jeweils verwendete Integrationsbegriff verweist auf ein mehr oder weniger umfassendes Integrationsverständnis. Ein solches Verständnis ist entsprechend der vorangegangenen Ausführungen notwendigerweise komplex und mehrdimensional. Deshalb erscheint es sinnvoll, sich zunächst zu ver-

---

1 Eine heuristische Herangehensweise kann als ein Untersuchungsansatz oder ein Gedankenexperiment begriffen werden, welches für die Entwicklung neuer Erkenntnisse geeignet erscheint.

gewissern, welche Dimensionen und Determinanten für die Integrationsthematik von Bedeutung sind. Nach Sichtung der Fachliteratur können wenigstens folgende *Dimensionen und Determinanten* benannt und unterschieden werden: die sozialräumliche Dimension der Integration; der Grad der Einbeziehung in gesellschaftliche Funktionssysteme; die gesellschaftlichen Felder- und Bereiche der Integration; der Grad und Umfang von Gleichbehandlung und -stellung; die Rolle und der Stellenwert von ethnischen Kulturen, Selbstorganisationen und Netzwerken der Migranten sowie die historisch-zeitliche Dimension von Integration. Prozesse der Integration sind häufig langfristiger Art und können sich innerhalb einer, zumeist aber über Generationen hinweg entwickeln.

Tab. 6: Dimensionen, Determinanten und Faktoren der Integration von Migranten und ethnischen Minderheiten

Räumliche Dimension	Grad der gesellschaftlichen Inklusion	Gesellschaftliche Bereiche und Felder	Gleichstellung und -behandlung	Ethnische Kulturen, Selbstorganisationen und Netzwerke	Integration im Zeitverlauf
global / transnational europäisch (EU) national regional lokal	marginal/ prekär Teilinklusion Inklusion	rechtlich-legal sozio-ökonomisch politisch-partizipativ sprachlich-kulturell religiös	gleich/ ungleich egalitär/ diskriminierend	quantitative Bedeutung Funktionen und Ziele Grad der Offen-/Geschlossenheit ethnische Mobilisierung	innerhalb einer Generation über Generationen

Quelle: Treichler (2007, 85); eigene Darstellung

2. Theorien und Deutungsmuster

Die vier vorzustellenden sozialwissenschaftlichen Theorien und Deutungsmuster zur Integrationsthematik umfassen ‚klassische' wie jüngere Ansätze. Zu den ‚klassischen' Ansätzen, die immer noch theoretische Relevanz und Aktualität beanspruchen können, gehören Theorien zur ‚Assimilation' sowie zum ‚Ethnischen Pluralismus und Multikulturalismus'. Diese Ansätze haben über die Zeit hinweg verschiedene Entwicklungen durchlaufen und Differenzierungen wie Varianten in nicht wenigen Ländern hervorgebracht. Bei den jüngeren Ansätzen zur konflikttheoretischen Dimension der Integration sowie dem ‚Transnationalismus' verhält es sich in gewisser Weise anders. Als innovative und entwicklungsfähige Deutungsmuster können diese beiden Ansätze bislang nicht auf eine sozialwissenschaftlich konsistente Theorie noch auf umfangreiches empirisches Material zurückgreifen. Hier gilt es dementsprechend, ähnliche Fragestellungen, Forschungsansätze und -ergebnisse für die Darstellung stärker paradigmatisch zu bündeln und gemeinsame Argumentationsmuster hervorzuheben. Dem Anliegen einer einführenden Publikation entsprechend stehen deshalb vor allem grundlegende und typische Deutungs- und Argumentationsmuster im Vordergrund, die sich nicht auf theoretische Einzelaspekte beschränken und auch über thematische Konjunkturen und zeitgeistspezifische Erscheinungen in der Sozialwissenschaft hinauszuweisen geeignet sind. Theoretische und konzeptionelle Arbeiten zur Integration von Migranten und ethnischen Minderheiten sind häufig politiknah und anwendungsorientiert ausgerichtet. Dementsprechend ist der Grad zwischen politiknaher Theorie und sozialwissenschaftlich reflektierten Politik-Konzepten nicht selten schmal. Hier existieren zwischen politikwissenschaftlicher Migrationsforschung und praktisch-reflektierten Politikentwürfen fließende Übergänge und Überschneidungen (vgl. Bielefeldt 2007; Schulte 2009b). Dennoch halten wir eine differenzierte Darstellung von integrations*theoretischer* und *-politischer* Dimension für sinnvoll, die sich auch in jeweils eigenen Kapiteln wieder finden lässt.

2.1 Integration als Assimilation

In der anglo-amerikanischen Soziologie ist die *Assimilationstheorie* bereits in den 1920er Jahren durch Arbeiten von Park und Burgess, später dann durch Eisenstadt (1954) und Gordon (1964) populär geworden. In der Auseinandersetzung mit kritischen Einwänden gegen Grundannahmen und Ergebnisse hat diese mit dem Neo-Assimilationismus zudem eine gewisse Weiterentwicklung erfahren (vgl. Alba/Nee 1999). In Anknüpfung insbesondere an die Arbeiten von Eisenstadt und Gordon hat Esser (1980) ein ahistorisch-universalistisches Modell zur Integration von Migranten und ethnischen Minderheiten vorgelegt. Dieser handlungstheoretisch-individualistische Ansatz wurde zu einem relativ frühen Zeitpunkt in die soziologische Diskussion der Bundesrepublik Deutschland eingeführt. Spätere Präzisierungen und Modifikationen dieses Modells haben dazu beigetragen, dass diesem der Charakter einer Referenzposition in der soziologischen Integrationsforschung zukommt, wenn es um ‚Assimilation' im deutschsprachigen Raum geht. Nach den Grundannahmen des Modells wird vom Handeln eines Individuums in einer bestimmten Umwelt (Gesellschaft, Institutionen, Gemeinschaften) ausgegangen. Dieses Handeln werde durch motivationale, kognitive und wertende Voraussetzungen und Eigenschaften sowie Kosten-Nutzen-Kalkulationen des Individuums bestimmt. Vor diesem Hintergrund würden Migranten auf gesellschaftliche Bedingungen und Verhältnisse treffen, die ihr mit bestimmten Opportunitäten, Barrieren oder Handlungsalternativen gegenüberstehen.

Zwei Haupthypothesen, die ‚Personen-Hypothese' und die ‚Umgebungs-Hypothese' bilden die Grundlage des Assimilations-Modells. Die *Personen-Hypothese* besagt: „Je intensiver die Motive des Wanderers in Bezug auf eine bestimmte Zielsituation, je stärker die subjektiven Erwartungen eines Wanderers sind, dass diese Zielsituation über assimilative Handlungen

Abb. 4: Grundmodell der Assimilation von Wanderern und ethnischen Minderheiten nach Esser (1980, 213)

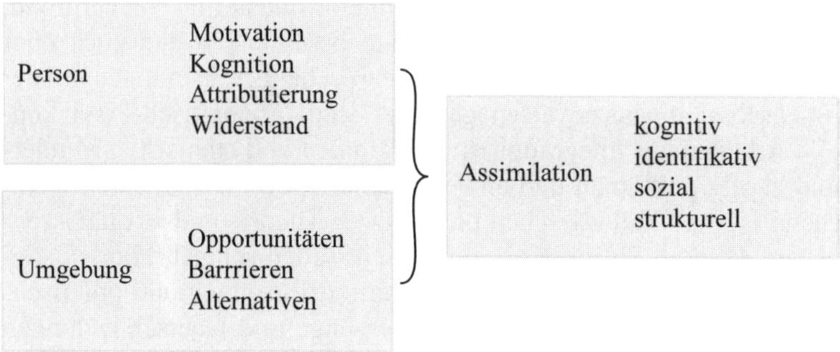

und/oder assimilative Situationen erreichbar ist, je höher die Handlungsattributierung für assimilative Handlungen ist und je geringer der Widerstand für assimilative Handlungen ist, umso eher führt der Wanderer – ceteris paribus – assimilative Handlungen aus“ (Esser 1980, 211). Diese abstrakt-allgemeine Hypothese ist verschiedentlich von ihrem Informationsgehalt gerade auch aufgrund der ceteris paribus-Klausel[2] als nicht sehr hoch eingeschätzt worden (vgl. Heckmann 1987, 56; Nauck 1988, 23). Die zweite Haupthypothese bezieht sich auf die *Umgebung der Migranten*: „Je mehr assimilative Handlungsopportunitäten dem Wanderer im Aufnahmesystem offenstehen, je geringer die Barrieren für assimilative Handlungen im Aufnahmesystem sind und je weniger Handlungsalternativen nicht-assimilativer Art verfügbar sind, umso eher führt der Wanderer – ceteris paribus – assimilative Handlungen aus“ (Esser 1980, 211). Kritisch ist gegenüber der Umgebungs-Hypothese eingewandt worden, wie denn entschieden werden soll, ob beispielsweise eigenethnische Läden, multikulturelle Begegnungsstätten, eine hohe Ausländerkonzentration u.a. nun eine Opportunität, eine Barriere oder eine Alternative für den Akteur darstellen (vgl. Nauck 1988, 23). Das vorgelegte Modell sieht sich insgesamt mit verschiedenen empirisch-methodischen Problemen konfrontiert, die den Verfasser selbst zum Ergebnis kommen lassen, dass eine unmittelbare Überprüfung des vorgestellten Ansatzes zur Erklärung von Assimilationsprozessen mit dem vorgelegten Modell nicht geleistet werden kann (vgl. Esser 1980, 234). Damit aber wird das Modell insgesamt nicht entwertet und behält zumindest eine heuristische Qualität.

Die zentrale Aussage des Assimilationsmodells lautet sinngemäß: Integration ist erfolgt, wenn Wanderer bzw. ethnische Minderheiten in kognitiver, struktureller, sozialer und identifikatorischer Hinsicht assimiliert sind (vgl. Esser 1980, 231). Um zu diesem Schluss zu gelangen, sind einige Voraus-

2 Die ceteris paribus-Klausel schränkt Aussagen in sozial- und wirtschaftswissenschaftlichen Modellen ein, indem die unterstellten Gesetzmäßigkeiten nur dann gelten, wenn alle nicht im Modell oder der Aussage enthaltenen Faktoren konstant bleiben.

setzungen und Annahmen des Esser'schen Modells zu erläutern. Die Aufnahme- wie auch die Herkunftsgesellschaft der Migranten erscheinen in den Ausführungen als weitgehend unverbundene und souveräne Nationalgesellschaften. Die Herkunftsgesellschaften der Migranten spielen im Rahmen des Integrationsmodells kaum eine Rolle – und wenn, dann in Form von ethnischen Gemeinschaften als Repräsentanten der Kultur des Herkunftslandes. Die Existenz dieser ethnischen Gemeinschaften wird als Integrationsproblem begriffen, da diese den Assimilationsprozess erschweren würden (vgl. Esser 1983, 34; 1986, 115). Integration erscheint im Rahmen des Modells quasi als eine Einbahnstraße, wobei Integration als ein Endzustand eines zuvor über verschiedene Phasen hinweg erfolgten Assimilationsprozesses begriffen wird. Eine gelungene Integration erfolgt ausschließlich über Assimilationsprozesse. Diese bedingen eine Abkehr der Migranten und ethnischen Minderheiten von ihrer Herkunftskultur.

In jüngeren Arbeiten hat Esser *Assimilation als Verschwinden systematischer Unterschiede zwischen verschiedenen Gruppen* definiert. Die systematischen Unterschiede sind dabei Merkmale wie beispielsweise Bildung, Einkommen, Branchenverteilung oder Heiratsverhalten (vgl. Esser 2001, 74). In diesem Sinne wären zielführende Indikatoren für die Integration alle aussagekräftigen Merkmale zur Verringerung und Angleichung systematischer Unterschiede zwischen ethnischen Gruppen. Eine besondere Bedeutung wird in diesem Zusammenhang dem *Spracherwerb* zugewiesen. „Der Schlüssel zur Sozialintegration in das Aufnahmeland ist die Sprache und die daran anschließende strukturelle Assimilation in das Bildungssystem und den Arbeitsmarkt. Der Spracherwerb ist seinerseits vor allem von der Existenz von Lernopportunitäten abhängig, wie sie sich eher nebenbei als Folge von Alltagskontakten ergeben. Alle anderen Formen der Sozialintegration folgen den Vorgaben des Spracherwerbs und der strukturellen Assimilation, auch die emotionale Hinwendung zum Aufnahmeland schließlich" (Esser 2001, 74). Das Assimilationskonzept strebt im Prinzip eine ethnisch-homogene Gesellschaft an. Eine Alternative zur Assimilation wird lediglich in der Segmentation ethnischer Gruppen, das heißt der dauerhaften Etablierung fremdethnischer Gruppen im System sozialer Ungleichheit gesehen (vgl. Esser 2001, 73). Damit unterscheidet sich der prominente Assimilationsansatz von Esser in Deutschland von der US-amerikanischen Integrationsforschung, wo Konzepte zur ‚segmentierten Assimilation' durchaus bekannt und verbreitet sind (vgl. Kurthen 2003, 92).

2.2 Ethnischer Pluralismus und Multikulturalismus

Unter der Bezeichnung *Ethnischer Pluralismus* und *Multikulturalismus* fassen wir verschiedene theoretische Konzepte und Ansätze zusammen, die paradigmatisch einen gemeinsamen Kern besitzen und nicht selten in der direkten Auseinandersetzung und Kritik zum Assimilationsmodell entstanden sind. Der Facetten- und Variantenreichtum dieser Ansätze korrespondiert mit der Vieldeutigkeit von Ethnizität und seiner begrifflich-kategorialen Unschärfe. Bereits Weber (1985 zuerst 1922, 240 u. 242) hat die geringe Eindeutigkeit der Bezeichnung ‚ethnisch' bemängelt und ihre soziologische Brauchbarkeit in Frage gestellt. Soziologische Kategorien und Begriffe wie *ethnische Gruppen*, *Volk* und *Nation* nahmen im Werk von Weber auch deshalb eine eher untergeordnete Rolle ein. Hierin unterschied sich Weber wenig von Marx. Ginge es nach den beiden Gründungsvätern der Sozialwissenschaft, so dürfte es in der Gegenwart eine Diskussion um ethnische Gruppen und Kulturen gar nicht geben. Denn sowohl Marx als auch Weber teilten die Auffassung, dass ethnisch-kulturelle Gemeinschaften und Grenzziehungen im Zuge des gesellschaftlichen Modernisierungs- und Rationalisierungsprozesses an Bedeutung verlieren, wenn nicht ganz verschwinden würden. Diese Auffassung war bis in die 1980er Jahre auch in der bundesdeutschen Soziologie verbreitet.

Den soziologischen Theorien aber widersprachen realgesellschaftliche und politische Entwicklungen, die in den USA als erstes zu beobachten waren. Im Anschluss an die amerikanische Bürgerrechtsbewegung und dem neuen programmatischen Selbstbewusstsein der Schwarzen kam es in den 1970er Jahren zu einem *ethnischen revival* der hispanischen Minderheiten und klassischen Einwanderergruppen. Die Betonung eigener Traditionen und ‚ethnischer Wurzeln' war verbunden mit einer Kritik an der Dominanz des weißen puritanischen Amerikas und der unerfüllten Versprechen des ‚american dream' (vgl. Elschenbroich 1986, 17 f.). Das ethnische revival stand in Kontrast zu den Vorstellungen der klassischen Assimilationstheorie, nach der sich ethnische und religiöse Gruppen über Generationen schrittweise zu einem homogenen Endprodukt (melting pot) der amerikanischen Gesellschaft entwickeln würden. Empirisch aber bot die US-amerikanische Gesellschaft vielmehr ein ethnisch-plurales Bild. In diesem ethnisch-pluralen Kontext stellte die dominante weiße anglo-protestantische Kultur der Mittelschicht lediglich eine ethnische Kultur unter anderen dar (vgl. Glazer/ Moynihan 1963, 13 ff.).

Die Auseinandersetzung mit ethnischem Pluralismus setzte in der Bundesrepublik Deutschland Anfang der 1980er Jahre ein. Dabei ist offensichtlich, dass die historischen und politisch-rechtlichen Bedingungen in der Bundesrepublik deutlich andere waren als in den USA. Der Zivilisationsbruch der Moderne, der Faschismus und die Vernichtung der europäischen Juden lagen für die relativ junge Demokratie erst wenige Jahrzehnte zurück. In der Bundesrepublik bildete der vieldeutige und nicht selten missverständliche Topos der *multikulturellen Gesellschaft* den zentralen Kristallisationspunkt für diverse politische und sozialwissenschaftliche Diskurse (vgl. Schulte 1993).[3] Die sozialwissenschaftlichen und philosophischen Auseinanderset-

3 Zudem stellt die ‚multikulturelle Gesellschaft' bis in die Gegenwart auch ein Referenzmodell gesellschaftlicher Entwicklung dar, aus dem pädagogische und sozialar-

zungen um den Ethnischen Pluralismus/Multikulturalismus werden bis in die Gegenwart intensiv in vielen westlichen Einwanderungsländern geführt. Dabei sind integrationstheoretisch vor allem zwei Diskursfelder von Bedeutung: Zum einen handelt es sich um *empirisch-analytische Fragestellungen* nach der Bedeutung der Existenz ethnischer Gemeinschaften, Netzwerke und Selbstorganisationen für den Integrationsprozess der Migranten- und Minderheitenbevölkerung. Zweitens wird der Diskurs um Integration allgemeiner auf der *sozial- und rechtsphilosophischen Ebene* geführt. Hier stehen insbesondere die Verständigung und Bewertung der Voraussetzungen, Bedingungen und Folgen gesellschaftlicher *Anerkennung* von kulturellen Eigenarten und Identitäten im Verhältnis zur allgemeinen Rechtsgleichheit im Vordergrund. Damit sind Fragen der gesellschaftlichen Organisation von Privatheit und Öffentlichkeit angesprochen. Welche Formen der Lebensführung und sozio-kultureller Praxen von Gruppen sind öffentliche Angelegenheiten und welche gehören begründet der Privatsphäre an? Wir wenden uns diesen beiden Diskursfeldern nacheinander zu.

Die Rolle und Bedeutung ethnischer Gemeinschaften und Selbstorganisationen

Der Begriff der ‚multikulturellen Gesellschaft' sagt seinem Wortsinn nach zunächst aus, dass in einer Gesellschaft eine Vielzahl von Kulturen nebeneinander existieren. Damit ist der Zusammenhang zu Migrations- und Integrationsprozessen jedoch noch nicht hinreichend spezifiziert, existieren doch in modernen westlichen Gesellschaften eine Vielzahl von Kulturen: Jugendkulturen, Subkulturen, Unternehmenskulturen, Armutskulturen, Popkulturen, etc. Ethnisch-nationale Minderheitenkulturen wären in diesem Zusammenhang lediglich eine von vielen kulturellen Äußerungsformen liberal-demokratischer Gesellschaften. Der Begriff der multikulturellen Gesellschaft aber stellt die ethnisch-kulturelle Vielfalt in der bundesdeutschen Gesellschaft zentral heraus. Für die integrationstheoretische Dimension sind in diesem Zusammenhang wenigstens drei Fragen relevant: In welchem Umfang und Ausmaß existieren ethnisch-nationale Gemeinschaften und Kulturen? Welche Funktionen kommen ihnen bei der Integration von Migranten und Einwanderern in die Aufnahmegesellschaft zu? Behindern sie Integrationsprozesse oder ermöglichen sie diese eher? Um diese Fragen zu klären, wurde Ende der 1970er bzw. Anfang der 1980er Jahre auf Konzepte und Ergebnisse der US-amerikanischen Minderheiten- und Migrationssoziologie zurückgegriffen. Dies galt vor allem in Hinblick auf die Arbeiten der Chicagoer Schule der Soziologie und empirische Untersuchungen, die in Chicago bei Einwanderergruppen durchgeführt wurden. Hierbei kam dem Konzept der *Einwandererkolonie* eine herausgehobene Bedeutung zu (vgl. Heckmann 1982; 1992, 96-116).

---

beiterische Konzepte und Handlungsstrategien abgeleitet werden. Hierzu Näheres in Kapitel VI.

Einwandererkolonien

Zu den klassischen Studien der Minderheiten- und Migrationssoziologie gehört die Untersuchung der polnischen Einwandererkolonien in Chicago nach dem Ersten Weltkrieg durch Thomas und Znaniecki (1958, zuerst 1918 und 1921). Zu dieser Zeit siedelten rund 360.000 polnische Einwanderer in Chicago. Es war nach Warschau und Lodz die drittgrößte Siedlung von Polen weltweit (ebenda, Bd. 2, S. 1511). In der polnischen Einwandererkolonie existierten ökonomische, sozio-kulturelle und religiöse Selbstorganisationen und Vereine. Mehrere Tageszeitungen wurden in polnischer Sprache veröffentlicht. Die Selbstorganisationen hatten Selbsthilfecharakter und waren der ethnischen Solidarität verpflichtet. Diese Eigenorganisationen und ethnischen Netzwerke waren umso bedeutsamer, als die marktradikale Gesellschaftsorganisation der USA kaum wohlfahrtsstaatliche Sicherungssysteme kannte (und kennt). Ähnlich wie die polnische Kolonie in Chicago entstanden in allen größeren amerikanischen Städten ethnische Viertel und Kolonien von Einwanderergruppen, die bezeichnenderweise Namen wie Little Italy, Chinatown, Kleindeutschland etc. trugen.

In Folge der Arbeitsmigration aus dem Mittelmeerraum wurde für die bundesdeutschen Städte ein ethnisch-segregiertes Siedlungsverhalten prognostiziert, wie es bereits seit längerem in den USA zu beobachten war. So führte beispielsweise Heckmann (1982, 162) aus: „Zusammenfassend lässt sich feststellen, dass in der Bundesrepublik segregierte Wohnviertel der ausländischen Bevölkerung entstanden sind und sich weiter konsolidieren, die der residentialen Segregation von Einwanderungsbevölkerungen in den klassischen Einwanderungsländern ähnlich sind.“ Vor dem Hintergrund dieser auch von anderen Sozialwissenschaftlern geteilten Einschätzung wurde die weitere Diskussion in der Bundesrepublik allgemein und grundsätzlich geführt, ob ethnischen Kolonien ein integrationsfördernder oder -hemmender Charakter zu Eigen sei. In diesem Zusammenhang kam der These von der so genannten *Binnenintegration* eine zentrale Rolle zu. Diese These geht von der Annahme aus, dass eine Integration von Migranten in ethnische Gemeinschaften, Selbstorganisationen und Netzwerke eine wesentliche Voraussetzung für die allgemeine Integration in die Aufnahmegesellschaft darstellen würde. Ethnische Kolonien entsprächen sozio-kulturellen Bedürfnislagen von Migrantinnen und Migranten hinsichtlich der Entwicklung von Sozialbeziehungen, zur Stabilisierung der Persönlichkeit oder bei der Bewältigung migrationsbedingter Familienprobleme. Auch gäbe es Hinweise, dass diejenigen, die in ethnischen Kolonien leben würden, weniger an psychosozialen und psychosomatischen Erkrankungen leiden als andere Einwanderer (vgl. Heckmann 1982, 177f.). Ethnische Kolonien seien zudem geeignet, Einwanderern gesellschaftliche Güter und Gebrauchswerte wie Vertrauen, Solidarität, Hilfe usw. zu vermitteln und ihren Anspruch auf gesellschaftliche Teilhabe zu unterstreichen (vgl. Elwert 1982, 720). Demgegenüber befürchten Kritiker der These von der Binnenintegration wie Esser (1986, 115) eine gesellschaftliche Isolation von Migranten durch ethnische Kolonien in Folge ihrer „kulturellen und sozialen Abschottung“.

Offensichtlich und empirisch unstrittig sind in den größeren Städten Westdeutschlands in den vergangenen Jahrzehnten *ethnisch segregierte Viertel* entstanden. Allerdings ist der Grad der ethnischen Segregation in bundesdeutschen Städten in Vergleich zu den USA und anderen Einwanderungsländern eher als gering zu bezeichnen. Ethnische Kolonien in der Größenordnung und mit den Funktionen wie beispielsweise der polnischen Einwandererkolonie in Chicago zu Beginn des 20. Jahrhunderts existieren in Deutschland bislang nicht. Auch sind ethnisch-segregierte Viertel hier zumeist multiethnisch geprägt. Dabei sind die lebensweltlichen Milieus der Migrantenbevölkerung und ihrer Nachkommen nicht ohne weiteres identisch mit den nationalen Herkunftskulturen der Eltern und Großeltern. Zudem erscheint es sinnvoll und notwendig, die Selbstorganisationen der Einwanderer nach ihren Funktionen zu differenzieren, um zu integrationstheoretisch begründeten Einschätzungen zu gelangen. Die Untersuchung von Fijalkowski und Gillmeister (1997) zu Ausländervereinen in Berlin unterscheidet bei den Eigenorganisationen zwischen *ethnosolidarischen, ethnokulturellen und -religiösen* sowie *politischen Funktionen.* Das Ergebnis ihrer Studie lautet: „Die Funktion der Eigenorganisationen für die Integration von heterogenen Zuwanderern in die Aufnahmegesellschaft kann nicht mit der einfachen Alternative zwischen Schleuse und Falle bestimmt werden. Sie kann, abhängig von weiteren Bedingungen, beides sein: sie ist ambivalent." (Fijalkowski 1998, 51) Erst in der jüngeren Vergangenheit sind einige empirisch orientierte Studien veröffentlicht worden, welche die jeweiligen Selbstorganisationen der Einwanderer und ihre Funktionen nach gesellschaftlichen Teilsystemen stärker differenzieren. Diese Studien stellen jedoch weniger die ethno-kulturelle Bedeutung der Selbstorganisationen in den Vordergrund als vielmehr das damit verbundene ‚soziale Kapital' (Bourdieu) der Migranten (vgl. Weiss/Thränhardt 2005).

Der Multikulturalismus im sozial- und rechtsphilosophischen Diskurs

Die jüngere Debatte um den Multikulturalismus ist facettenreich und umfasst nicht wenige theoretische Zugänge und Positionen (vgl. Neubert/Roth/Yildiz 2008, 20 ff.). Von allgemeiner und grundlegender Bedeutung auch für anwendungsbezogene Disziplinen sind die Auseinandersetzungen mit dem Ethnischen Pluralismus/Multikulturalismus in der Sozial- und Rechtsphilosophie. Als ungewöhnlich erfolgreich und für die neuere Diskussion wirkungsträchtig kann hier das philosophisch-essayistische Werk von Taylor (1992) mit dem Titel „Multiculturalism and ‚The Politics of Recognition'" bezeichnet werden, welches ein Jahr später auch in deutscher Sprache veröffentlicht wurde. Ausgangspunkt für Taylor und andere *Kommunitaristen*[4] war die Unzufriedenheit mit liberalistischen Gerechtigkeitskonzepti-

4 Unter Kommunitarismus kann seit Mitte der 1980er Jahre eine Theorieströmung in den Sozialwissenschaften und der Philosophie bezeichnet werden, die sich gegen einen so wahrgenommenen verabsolutierenden Individualismus und verselbständigten

onen, wie diese prominent von Rawls (1975) ausgearbeitet und vertreten wurde. Im Kern dieser ‚Theorie der Gerechtigkeit' steht das Gebot strikter Neutralität des Staates gegenüber allen partikularen Identitäten und Wertvorstellungen ihrer Bürger. Gerechtigkeitsansprüche gegenüber dem Staat könnten sich nur auf individuelle und zugleich verallgemeinerbare Bedürfnisse beziehen; also auf Bedürfnisse, die im Prinzip allen Menschen zu Eigen sind und die der Versorgung mit ‚primären Gütern' wie beispielsweise Einkommen, Gesundheit, Erziehung, Rechtssicherheit und allgemeines Wahlrecht bedürften. Dagegen wenden Taylor und Gutmann (1993, 119f.) ein, dass Menschen auch eines gesicherten kulturellen Zusammenhangs bedürften, die ihrer Lebensplanung Sinn und Richtung zu geben ermögliche. Ein solcher Zusammenhang bilde die Voraussetzung dafür, dass Menschen überhaupt ein ‚gutes Leben' verwirklichen können. Dementsprechend könne gefolgert werden, dass ein solcher Zusammenhang ebenfalls als ein primäres Gut zu behandeln sei, welches liberal-demokratische Staaten zu respektieren und zu schützen hätten. Ethnisch-kulturelle Identitäten in multikulturellen Gesellschaften sind staatlich-rechtlich schützenswert, denn, so die zentrale These von Taylor (1993, 13f.): „(...) unsere Identität werde teilweise von der Anerkennung oder Nicht-Anerkennung, oft auch von der *Ver*kennung durch die anderen geprägt, so dass ein Mensch oder eine Gruppe von Menschen wirklich Schaden nehmen, eine wirkliche Deformation erleiden kann, wenn die Umgebung oder die Gesellschaft ein einschränkendes, herabwürdigendes oder verächtliches Bild ihrer selbst zurückspiegelt. Nichtanerkennung oder Verkennung kann Leiden verursachen, kann eine Form von Unterdrückung sein, kann den anderen in ein falsch, deformiertes Dasein einschließen."

Taylor und anderen Kommunitaristen geht es in ihrer Argumentation weder um die Konstituierung eines Gegenmodells, noch um eine Fundamentalkritik des liberal-demokratischen Staatsverständnisses. Beabsichtigt ist vielmehr eine *kritische Weiterentwicklung des politischen Liberalismus*. Kulturelle Zugehörigkeiten und Identitäten sollen weiterhin individuelle Freiheitsrechte sein. Zudem aber sollen auch die Vielfalt gemeinschaftlicher kultureller Lebensformen staatlich anerkannt und garantiert werden. Mit diesem Anliegen jedoch sind einige Implikationen verbunden, die die Grenzziehungen zwischen öffentlicher und privater Sphäre, zwischen Politik und Religion betreffen. Dem zur Folge aber sind möglicherweise die multikulturelle Gesellschaft und die liberal-pluralistische Gesellschaft nicht

---

Marktradikalismus wendet. Die Vertreter des Kommunitarismus wie z.B. Etzioni, Taylor, Walzer und Gutmann wirken hauptsächlich in den USA und Kanada. In ihren Arbeiten stehen vornehmlich Fragen nach den sozialen Grundlagen des Zusammenhalts von Gesellschaften im Spannungsfeld von Freiheit und Autonomie im Vordergrund. Kommunitaristen betonen hierbei die Bedeutung der Gemeinschaftsbildung und die Konsensbildung über Werte, ohne diese jedoch als einen Selbstzweck zu begreifen.

ohne weiteres miteinander vereinbar. Preuß (1998, 61) bringt dies pointiert zum Ausdruck: „Erstrebt die liberal-pluralistische Gesellschaft ihren Zusammenhalt auf der Grundlage der durch Recht garantierten Gleichheit ihrer Mitglieder, so besteht das Ideal der sozialen Integration einer multikulturellen Gesellschaft in der wechselseitigen Anerkennung ihrer Mitglieder in ihrer jeweiligen Besonderheit und Andersartigkeit. Werden in der liberalen Gesellschaft die besonderen Eigenschaften der Individuen, durch die sie sich voneinander unterscheiden – Geschlecht, Abstammung, Rasse, Sprache, Heimat, Herkunft, Glauben – von den öffentlichen Sphären des Rechts, der Politik und des Marktes ferngehalten und in die Bezirke der Familie und der unpolitischen Geselligkeit verbannt, so verneint die multikulturelle Gesellschaft diese Aufspaltung: In ihr definieren sich die Individuen auch in den öffentlichen Räumen des Rechts, der Politik und des Marktes durch ihre besonderen Merkmale des Geschlechts, der Abstammung etc. und verlangen nicht nur die Anerkennung dieser ihrer Identität als achtungswürdig, sondern darüber hinaus deren ‚angemessene' symbolische Repräsentation."

Nach Taylor könne der politische Liberalismus, entgegen seinem eigenen Selbstverständnis und liberalistischer Programmatik, keine vollständige kulturelle Neutralität beanspruchen. Er solle dies auch nicht. Auch der Liberalismus sei eine kämpferische Weltdeutung: „Der Liberalismus ist nicht die Stätte eines Austausches aller Kulturen, er ist vielmehr der politische Ausdruck eines bestimmten Spektrums von Kulturen (…) Außerdem ist der westliche Liberalismus, was vielen Muslimen durchaus bewusst ist, nicht so sehr Ausdruck der säkularen, post-religiösen Anschauungen (…) als vielmehr – zumindest aus der Perspektive des Islam – ein organisch aus dem Christentum hervorgegangenes Ideengebäude. Die Trennung zwischen Staat und Kirche reicht zurück bis in die frühesten Tage der christlichen Zivilisation. Die Formen dieser Trennung waren früher andere als heute, aber auf ihnen gründen sich die modernen Entwicklungen. Das Wort säkular selbst entstammt dem Wortschatz des Christentums." (Taylor 1993, 57) Demzufolge konfrontiert die faktische Multikulturalität die westlich-liberalen Gesellschaften mit den ethnozentrischen Grundlagen und Konstitutionsprinzipien des (National-)Staates und fordert sie heraus. Wenn liberalplurale Staaten so ethnisch-kulturell frei nicht sind und christliche Kulturen und Religionen privilegieren, so wird damit die Frage der Gleichbehandlung und -wertigkeit von ethnischen Kulturen und Religionen durch den Staat evident. Eine staatliche Ungleichbehandlung beispielsweise beim Religionsunterricht an deutschen Schulen, bei dem christlicher Religionsunterricht erteilt wird, jüdischer oder islamischer jedoch nicht, ist in der multikulturellen Gesellschaft schwierig plausibel theoretisch zu begründen, soll die Gleichwertigkeit von ethnischen Kulturen nicht geleugnet werden.

Taylor (1993, 63) geht von der Annahme aus, „dass alle Kulturen von gleichem Wert seien. (…) Als Annahme formuliert, besagt der Anspruch, dass alle menschlichen Kulturen, die ganze Gesellschaften über längere Zeiträume mit Leben erfüllt haben, allen Menschen etwas Wichtiges zu sagen haben". Dabei sieht auch Taylor durchaus die argumentativen Fallstricke eines solchen *allgemeinen Gleichheitspostulats*. Dennoch gelte es vor dem Hintergrund der gesellschaftlich-staatlichen Bedeutung für die Anerkennung von ethnischen Kulturen und kollektiven Identitäten in liberal-pluralen Gesellschaften zu kämpfen. Taylor (1993, 28 f.) und andere Vertreter des Multikulturalismus gehen zumeist implizit davon aus, dass die Auseinandersetzung um kulturelle Differenzen und kollektive Identitäten die zentralen Felder gegenwärtiger und zukünftiger gesellschaftlicher Konflikte sind bzw. sein werden. Obwohl viel von Gleichheitsgeboten und -forderungen auf kultureller Ebene zu lesen ist, werden bestehende sozialökonomische Ungleichheiten nicht thematisiert. Steinberg (1989, 5 f.) hat darauf hingewiesen, dass beispielsweise der ethnische Pluralismus in Amerika seinen Ursprung in der Eroberung, der Sklaverei und der Ausbeutung ausländischer Arbeitskräfte hatte. Auch heute sind in vielen westlichen Staaten gerade die Einwanderungsgruppen und ethnischen Minderheiten überdurchschnittlich häufig von Armut, Arbeitslosigkeit und anderen sozial benachteiligten Lebenslagen betroffen. Es ist deshalb nicht einsichtig, warum das Gleichheitspostulat bei Taylor ausschließlich kultureller, nicht aber auch sozialökonomischer, aufenthaltsrechtlicher und politisch-partizipativer Art sein soll. In Anschluss an Taylor und seinen Kampf um kulturelle Anerkennung geht Honneth noch einen Schritt weiter. In Anknüpfung an Hegel stellen für Honneth (2003, 177 ff.) sozialökonomische Auseinandersetzungen beispielsweise um gerechte Entlohnung, gleiche Chancen der Bildungsbeteiligung und Gesundheitsversorgung nur noch untergeordnete bzw. abgeleitete Formen der Auseinandersetzungen und Kämpfe um (moralische) Anerkennung dar (hierzu kritisch Fraser 2003 a/b). Die damit einhergehende *Vernachlässigung gesellschaftlicher Herrschaftsverhältnisse* findet somit in der *Kulturalisierung sozialer Problemlagen* ihre Entsprechung.

Die theoretische Argumentation bei Taylor zum Multikulturalismus birgt einige Probleme, welche mit dem hier zugrunde gelegten Kulturbegriff und -verständnis verbunden sind. So hat beispielsweise Hauck (2006, 417 ff.) darauf hingewiesen, dass Taylor ein *substanzielles Kulturkonzept* verfolgt, welches (ethnisch-nationale) Kultur quasi naturalisiert. Dementsprechend wird der sich verändernde Charakter von solchen Kulturen zu wenig berücksichtigt. Auch sind Migranten und ihre Nachkommen nicht ohne Weiters schicksalhaft als Mitglieder mit diesen (ethnischen) Nationalkulturen verbunden (vgl. Benhabib 1999, 52). Sie bewegen sich gerade in modernen westlichen Ländern in verschiedenen kulturellen, oftmals hybriden Kontexten. Das substanzielle Verständnis von ethnischen Kulturen setzt sich weiter fort, wenn nach Taylor letztlich der Staat Bestandsschutz für diese Kulturen übernehmen soll. Eine staatliche Überlebensgarantie für ethnisch-kulturelle Traditionen abzugeben aber ist nach Kymlicka (1999, 34) im Rahmen eines freiheitlichen Politikkonzeptes weder möglich noch wünschenswert. Kulturelle Traditionen seien kein Wert an sich, noch ein für Politik relevanter Selbstzweck. Die Bedeutung ethnischer Kulturen liege vielmehr dort, wo diese Kulturen Menschen eine freiheitliche Lebensgestaltung ermöglichen. Da dies jedoch nicht bei allen ethnisch-kulturellen Praktiken der Fall ist, wäre dies dann doch ein Problem für die theoretisch-konzeptionelle Weiterentwicklung des politischen Liberalismus.

2.3 Integration durch Konfliktbewältigung

Sozialen Konflikten kommt in der Assimilationstheorie kein eigenständig-systematischer Stellenwert zu. In der Assimilationstheorie stellen mögliche Konflikte Probleme im Integrationsverlauf dar, welche zu vermeiden sind oder gar nicht erst auftreten sollten. Die eindeutige und ausschließliche Ausrichtung auf Assimilation verspricht dem Modell nach die Vermeidung von Heterogenität als Ursache von Konflikten. Beim Ethnischen Pluralismus und Multikulturalismus hingegen wird kulturelle Heterogenität angestrebt und verteidigt. Mögliche Konfliktursachen werden jedoch auf die Nichtanerkennung von Minderheitenkulturen durch die Dominanzkultur reduziert. Dass ethnisch-kulturelle Systeme mit ihren Werten, Normen und Praktiken zueinander in Konflikt geraten können, wird insbesondere vom naiven Multikulturalismus, aber auch von Autoren wie Taylor (1993) weitgehend ausgeblendet. Empirisch kann jedoch gezeigt werden, dass seit den 1990er Jahren *ethno-soziale Konflikte in Europa* zugenommen haben. Hierzu zählen Konflikte in Folge von Migration und ethnisch-kultureller Heterogenität. Ethnischer Separatismus ist in mehreren europäischen Ländern verbreitet: so zum Beispiel in Nordirland (Iren), Frankreich (Bretonen), Spanien (Basken) sowie in der Türkei, ferner Irak und Iran (Kurden). Eskalierende Konflikte in Vielvölkerstaaten führen nicht selten zu blutigen Bürgerkriegen. Im ehemaligen Jugoslawien hatten diese in der ersten Hälfte der 1990er Jahre die gesellschaftlich-staatliche Teilung zur Folge.

Dass soziale Konflikte nicht nur eine Gefährdung und Bedrohung gesellschaftlicher Integration und Stabilität darstellen können, sondern ihre zivile Austragung und konstruktive Bearbeitung geradezu eine Voraussetzung und Bedingung für die erfolgreiche Integration von Migranten und ethnischen Minderheiten sind, kennzeichnet die zentrale Prämisse sowie den Analysefokus des konflikttheoretischen Deutungsmusters. Mit Konflikten können hier Spannungen, Auseinandersetzungen, Gegnerschaften, Streitereien und Kämpfe bezeichnet werden, die zwischen Individuen, Gruppen, Organisationen und Staaten ausgetragen werden (vgl. Schulte 1998, 15). Konflikte um die Geltung zentraler Werte und Normen sowie die gerechte Verteilung von materiellen Ressourcen sind in pluralistisch-komplexen und segmentierten Gesellschaften bereits angelegt und ergeben sich mehr oder weniger zwangsläufig. Denn westlich-liberale Gesellschaften lassen sich kaum durch allgemeine Harmonievorstellungen integrieren. Gerade den durch Migration und ethnisch-kulturelle Heterogenität geprägten Gesellschaften fällt eine einheitliche Antwort nach dem ‚guten Leben' und der ‚gerechten Ordnung' schwer (vgl. Dubiel 1999; 1997, 427). Die Integration von Migranten und ethnischen Minderheiten ist dementsprechend als ein Prozess zu verstehen, der notwendigerweise *mit* und *durch* Konflikte(n) erfolgt. Die entscheidende Herausforderung hierbei stellt sich in der Frage, wie und unter welchen Bedingungen soziale Konflikte über zentrale Werte und Normen so ausgetragen werden können, dass diese nicht eskalieren, sondern eine integrative Wirkung entfalten können.

Konfliktarten, -gegenstände und -parteien

Konflikte sind in der Arbeits- und Lebenswelt verbreitet. Sie sind Gegenstand öffentlicher und politischer Diskurse. Berichten Medien wie Zeitungen und Fernsehen über sie, sind diese Konflikte offensichtlich. Offen ausgetragene Konflikte werden auch als *manifeste Konflikte* bezeichnet. Hier können zumeist eindeutig Konfliktpartner identifiziert werden. Schwieriger sind Konflikte zu erkennen, die nichtöffentlich ausgetragen werden. Als *latente Konflikte* sind sie dementsprechend nicht selten schwer von außen zu erkennen. Dennoch sind ihre Brisanz und Dynamik nicht zu unterschätzen. Auch können latente Konflikte in manifeste Konflikte umschlagen. Nicht überall, wo es Auseinandersetzungen, Streit und Gegnerschaften gibt, sind Konflikte gleichermaßen zu vermuten. Hier ist eine Unterscheidung zwischen ‚echten' und ‚unechten Konflikten' sinnvoll. *Echte Konflikte* haben ihre Ursachen in ungelösten sozialen Problemen, unterschiedlichen Interessen, Wertvorstellungen, Ideologien, sozialen Ungleichheitsverhältnissen und Herrschaftsverhältnissen sowie kontroversen Lösungsstrategien. Konflikte fungieren hier als ein Mittel, ganz bestimmte Ergebnisse zu erzielen. „Wenn diese oder ein funktionales Äquivalent erreicht sind, sind Konflikte in der Regel beendet. Im Gegensatz dazu handelt es sich im zweiten Fall um eine Form des Konflikts, bei der dieser zumindest für einen der Kontrahenten Selbstzweck ist; der *unechte Konflikt* ist nicht durch gegensätzliche Ziele verursacht, sondern dient der Entladung von Spannungen und Aggressionen gegenüber einen im Prinzip austauschbaren ‚Partner' oder ‚Ersatzobjekt'. Werden auch die konfliktbedingten Aggressionen und Sozialängste kanalisiert, so kann es sich hierbei nur um Scheinlösungen handeln. Konfliktursachen werden somit nicht beseitigt, sondern bestehen fort." (Schulte 1998, 17)

Soziale Konflikte können in westlichen Gesellschaften ihrem Gegenstand nach idealtypisch einerseits in Verteilungs- und Interessenkonflikte, andererseits in ethnisch-kulturelle Konflikte unterschieden werden. Obwohl in sozialen Konflikten diese Gegenstände auch real Überlagerungen und Vermengungen erfahren können, gehen wir davon aus, dass Verteilungskonflikte und ethnisch-kulturelle Konflikte wesentlich eigenständigen Ursachenkonstellationen folgen und nicht ineinander aufgehen. *Verteilungs- und*

Interessenkonflikte beziehen sich primär auf den Zugang zu sowie die Verfügung über knappe Ressourcen. Hierzu können vor allem Einkommen, Vermögen, Macht, Status und Prestige gezählt werden. *Ethnisch-kulturelle Konflikte* hingegen beziehen sich in erster Linie auf spezifische kulturelle Werte und Normen sowie Sprache, Religion und kollektive Identitäten. In Deutschland stellen der islamische Religionsunterricht an bundesdeutschen Schulen, der Bau von Moscheen in Stadtteilen, die islamische Gerichtsbarkeit (Scharia), das Tragen von Kopftüchern im Schuldienst, der Umgang mit Zwangsheiraten sowie das Schächten von Tieren Beispiele für ethnisch-kulturelle Konflikte dar (vgl. Bielefeldt 2007, 99ff.). Die begrifflich-analytische Unterscheidung der verschiedenen Konfliktarten erscheint auch unter den Gesichtspunkten der möglichen Verlaufsdynamik sowie den Chancen der Befriedung von Konflikten sinnvoll. Verteilungskonflikte können als *teilbare Konflikte* bezeichnet werden. Hier geht es häufig um quantitative Größen und Zuordnungen. Ethnisch-kulturelle Konflikte können demgegenüber als *unteilbare Konflikte* bezeichnet werden, da diese zumeist die Identität oder das Wertesystem von Menschen insgesamt betreffen und in Frage stellen. Ein Mensch kann gläubiger Christ, Moslem oder Jude sein, aber nicht alles gleichzeitig. Hinsichtlich der Verlaufsdynamik von Konflikten kann davon ausgegangen werden, dass Verteilungskonflikte zumindest der Möglichkeit nach eher zu befrieden sind als ethnisch-kulturelle Konflikte. Letztere werden auch deshalb besonders unversöhnlich und nicht selten radikal geführt werden. Ähnliches kann auch in Hinblick auf zuvor unterdrückte Konflikte angenommen werden.

Die Austragung sozialer Konflikte setzt zunächst die Wahrnehmung dieser und ihrer zugrunde liegenden Ursachen voraus. Mögliche Verläufe von Konflikten und Chancen der integrativen Konfliktbegleitung sind wesentlich bedingt durch die Haltung von Individuen, Gruppen, Organisationen sowie staatlichen Einrichtungen zu diesen Konflikten. Bezüglich der Wahrnehmung bzw. Nichtwahrnehmung von Konflikten sowie der Einnahme verschiedener Haltungen zu Konflikten kann unter folgenden Optionen unterschieden werden: Anerkennung, Tolerierung, Ignorierung sowie Tabuisierung und Skandalisierung. Die idealtypische Darstellung von Wahrnehmungen von und Haltungen zu möglichen sozialen Konflikten legt nahe, dass ignorierende und konfliktvermeidende Wahrnehmungen, Haltungen und Reaktionen in Deutschland und anderen westlichen Ländern verbreitet sind.

Anerkennung: Eine wesentliche Voraussetzung für eine zivile Bearbeitung von ‚echten' Konflikten ist die Anerkennung der zugrunde liegenden Konfliktursachen. Fallweise kann es sich als schwierig erweisen, ‚echte' von ‚unechten' Konflikten sowie die Anerkennung der Konfliktursachen von der Anerkennung möglicher Ethnisierungsstrategien beteiligter Akteure zu unterscheiden. Auch steht ‚Anerkennung' in westlichen Gesellschaften immer im Spannungsverhältnis zu systemischen Zwängen und kulturellen Formen der Konkurrenz. (Zunehmende) Konkurrenz aber führt zu einer Verknappung von Anerkennung (Heitmeyer) und fördert entsolidarisierende Einstellungs- und Verhaltensweisen. Westliche Gesellschaften sind durch eine Vielzahl von partikularen kulturellen Wertvorstellungen und Deutungsmustern geprägt, die mehr oder weniger exklusiv Geltung beanspruchen. Anerkennungskonkurrenzen und -verweigerungen sind hier verbreitet und ‚normal'.

Tolerierung: Die Tolerierung von Konflikten kann in Abhängigkeit vom jeweiligen sozialen Status bedeuten, diese zu ‚dulden' oder zu ‚erdulden.' Tolerierungen können aus einer überlegenen Position stattfinden, in der Konflikte die eigenen Interessen nicht berühren oder diese Konflikte den eigenen Interessen sogar zuträglich sind. Gerade dann sind Tolerierungen im Sinne von ‚freizügig' oder ‚weitherzig' moralisierend-ideologisch aufgeladen. Tolerierungen aus der Perspektive von Betroffenen können sich dabei anders darstellen. Konflikte sind nicht immer für alle Beteiligten erwünscht, gegebenenfalls auch aufgezwungen. Konflikte können psycho-sozial belastend und gesundheitlich gefährdend sein. Ihr Sinn und Zweck erschließt sich nicht immer für alle Beteiligten gleichermaßen. In diesem Sinne müssen Konflikte erduldet werden. Tolerierung kann zudem bedeuten, Handlungen oder kulturelle Praktiken ‚geschehen zu lassen', obwohl diese in Widerspruch zu grundlegenden oder übergeordneten Werten, Sitten und Normen stehen (z. B. die Würde des Menschen). Eine solche Reaktion ist weniger Ausdruck und Folge einer liberalen, sondern vielmehr einer ignorierenden Haltung.

Ignorierung: Soziale Konflikte können existieren, ohne dass diese von Individuen, Gruppen oder staatlichen Institutionen beachtet werden. Dies kann zunächst ein Wahrnehmungs- oder Verdrängungsproblem sein. Soziale Konflikte können oder sollen nicht wahrgenommen werden, da beispielsweise ihre Existenz nicht in das Deutungs-, Werte- und Moralsystem einer Person oder Gruppe (widerspruchsfrei) integriert werden kann. Werden Konflikte und ihre Ursachen wahrgenommen, kann auf der Handlungs- und Verhaltensebene dennoch eine Nichtbeachtung erfolgen. Bei Personen oder Gruppen können Verhaltensunsicherheit oder die Furcht, in den Konflikt mit einbezogen zu werden, relevant sein. Oder es besteht die Hoffnung, dieser Konflikt werde sich schon von alleine lösen. Auf der staatlich-institutionellen Ebene wie bei Gerichten oder der Polizei können ungeklärte Zuständigkeiten oder eindeutig erkannte Nicht-Zuständigkeiten zur Ignorierung von Konflikten führen. Auch können Konflikte von Akteuren unterschätzt werden oder ihre Ignorierung folgt politischem oder ökonomischem Kalkül.

Tabuisierung und Skandalisierung: Tabuisierung und Skandalisierung sind in gewisser Hinsicht zwei Seiten ein und der gleichen Medaille. Bei der Tabuisierung handelt es sich um kulturelle oder/und rechtliche Verbote, die allgemein anerkannt sind und deren Verletzung öffentlich-staatlich sanktioniert wird (z. B. Inzest oder Mord). Wenn dies dennoch in westlich-liberalen Gesellschaften ausnahmsweise geschieht, dann unter Ausschluss der Öffentlichkeit. Bei der Skandalisierung wird hingegen ein vermeintlich privates Ereignis in die Öffentlichkeit getragen mit der Erwartung oder dem Ziel einer moralischen oder rechtlichen Verurteilung. Tabuisierung und Skandalisierung betreffen in erster Linie latente Konflikte oder kulturelle Praktiken, die in der Lebenswelt praktiziert werden, aber (noch) nicht Gegenstand des öffentlich-politischen Diskurses sind oder werden sollen (z. B. Ehrenmorde).

Dennoch existieren soziale Konflikte in westlichen Gesellschaften, die öffentlich ausgetragen werden. Damit dies möglich ist, sind zwei allgemeine Voraussetzungen notwendig: die *Organisationsfähigkeit* der Bedürfnisse und Interessen sowie die *Konfliktfähigkeit* der entsprechenden Parteien (vgl. Offe 1972, 145 ff.). Bezüglich der Organisations-, mehr aber noch bei der Konfliktfähigkeit waren Migranten und ihre Nachkommen in der Vergangenheit strukturell wie personell im Nachteil gegenüber der deutschen Mehrheitsbevölkerung (vgl. Albers 2000, 26). Die individuelle wie kollektive Konfliktfähigkeit von Menschen mit Migrationshintergrund ist wesentlich abhängig von ihrem rechtlichen, ökonomischen und sprachlich-kulturellen Status. Ein legaler aufenthalts- und arbeitserlaubnisrechtlicher Rechtsstatus, Kenntnisse der Sprache des Zuwanderungslandes, ein eigenes Erwerbseinkommen sowie die Einbindung in soziale Netzwerke sind wesentliche Voraussetzungen und Bedingungen für Konfliktfähigkeit. Dementsprechend gering ist diese insbesondere bei irregulären Migranten oder bei Asylbewerbern. Ihre geringe Konfliktfähigkeit wird teilweise kompensiert durch Menschenrechtsgruppen wie beispielsweise Pro Asyl, welche stellvertretend Interessen für diese Migranten geltend machen und somit auch in sozialen Konflikten involviert sind. Dennoch vollziehen sich Veränderungen im (potentiellen) Konfliktgefüge westlicher Gesellschaften. Die *Machtasymmetrien* der beteiligten Akteure geraten in Bewegung. Integrations- und konflikttheoretisch paradox wie folgenreich erscheint der Schluss, dass einerseits mit zunehmender Aufenthaltsdauer die Integration von Migranten und ethnischen Minderheiten in die bundesdeutsche Gesellschaft voranschreitet: Die deutschen Sprachkenntnisse verbessern sich, zunehmend mehr Menschen mit Migrationshintergrund erhalten einen gesicherten (legalen) Rechtsstatus, ihre Kenntnisse des sozio-kulturellen und politisch-demokratischen Systems des Aufnahmelandes erweitern sich. Zunehmend mehr Einwanderer erwerben die deutsche Staatsangehörigkeit und damit das allgemeine aktive und passive Wahlrecht. Damit können bestimmte Konfliktursachen und -konstellationen reduziert oder beseitigt werden. Andererseits aber werden soziale Konflikte in westlichen Gesellschaften dadurch nicht unbedingt weniger, sondern nehmen möglicherweise gerade vor dem Hintergrund dieser besseren Integration zu. Denn gerade die oben beschriebenen und als besonders bedeutsam für die Integration erachteten Eigenschaften und Fähigkeiten ermöglichen auch die Zunahme von Organisations- und Konfliktfähigkeit der Migranten und ihrer Nachkommen, – also die Bereitschaft, Konflikte einzugehen und die Fähigkeit, diese auch (erfolgreich) auszutragen.

Soziale Konflikte in politisch-demokratischen Systemen

Soziale Konflikte stellen in verschiedenen gesellschaftlichen Teilbereichen eine Herausforderung dar. Kaum ein sozialer Ort ist denkbar, wo nicht auf Konflikte reagiert wird bzw. werden muss. Dem entsprechend vielfältig sind auch die Arten und Formen der Konfliktbearbeitung. Der politischen Regulation sozialer Konflikte kommt gegenüber pädagogischen, sozialarbeiterischen oder polizeilichen Interventionsformen ein besonderer Stellenwert zu. Politik vermag die grundlegenden Verfahren und Regeln festzulegen, die die Entstehung und Austragung, aber auch die möglichen Verläufe von Konflikten entscheidend zu beeinflussen geeignet sind. Auch entscheidet Politik über die *verbindliche Geltung bestimmter ideeller Werte*. Zwar haben auch Kulturen ideelle Werte und Normen, die teilweise universell formuliert sind und zumindest ihrem Anspruch nach allgemeine Geltung beanspruchen. In multikulturellen Gesellschaften führt dies nicht selten zu konfligierenden Werten und Normen und damit in der Folge zu ethnisch-kulturellen Konflikten (beispielsweise Scharia versus Grundgesetz). Der politische Prozess allein aber setzt rechtliche Normen, die in westlichen Gesellschaften allgemein für die Bevölkerung mit oder ohne Migrationshintergrund Geltung beanspruchen. Geltung wird diesen Rechtsnormen dabei auch durch die Androhung oder den Vollzug staatlicher Zwangs- und Sanktionsmaßnahmen bei Missachtung oder Zuwiderhandeln verschafft. Westliche Gesellschaften sind zu Beginn des 21. Jahrhunderts zumeist politisch demokratisch verfasst. Bestehende soziale Konflikte in diesen Ländern werfen die integrations- und konflikttheoretisch bedeutsame Frage nach den Möglichkeiten und Grenzen der Konfliktbearbeitung durch demokratische Verfahren und Prinzipien auf. Sind politisch-demokratische Systeme grundsätzlich in der Lage und geeignet, soziale Konflikte integrativ und konstruktiv zu bearbeiten?

Demokratien sind grundsätzlich offene Systeme, die mögliche oder latente Konflikte über bestimmte Prinzipien, Werte und Ideale zu vermeiden, zu minimieren oder auch regulieren geeignet sind. Der Dissens ist in der Demokratie nicht nur erlaubt, sondern ausdrücklich vorgesehen. *Formale Prinzipen* der Volkssouveränität, das allgemeine und gleiche Wahlrecht, die Gleichgewichtigkeit einer jeden Stimme, das politische Freiheitsrecht, eine gewisse Auswahl an politischen Optionen zu haben und diese auch ohne Zwang wählen zu können sowie das Mehrheitsprinzip bei gleichzeitigem Minderheitenschutz sind konstitutiv wie charakteristisch für die Demokratie (vgl. Schulte 2003, 52 f.). Diese Prinzipien der Demokratie legitimieren den Prozess der Setzung von Rechtsnormen und schaffen Akzeptanz bei der entsprechenden Rechtsanwendung und -durchsetzung. Ein Legitimations- und Akzeptanzproblem stellt die Tatsache dar, dass ein relevanter Teil der Bevölkerung seit vielen Jahren in Deutschland lebt und somit auch die Gesetze und Rechtsnormen zu befolgen hat, als Bürger aber von der demokratischen Teilhabe und -nahme ausgeschlossen wird – oder sich selbst ausschließt. Eine solche Feststellung kritisiert nicht die Prinzipien der Demokratie, sondern weist auf die Differenz zwischen Anspruch und Wirklichkeit dieser gerade in Hinblick auf die politische Partizipation von Menschen mit Migrationshintergrund hin. Darüber hinaus ist nicht zu übersehen, dass westlich-liberale Gesellschaften in den vergangenen Jahren mit einer tendenziell sinkenden Wahlbeteiligung von teilweise deutlich unter 50% allgemeine Legitimations- und Akzeptanzprobleme mit dem demokratischen System zu verzeichnen hatten.

Demokratien basieren zum einen auf Verfahren und formalen Prinzipien, zum anderen auf bestimmten *Werten und Idealen* sowie deren Umsetzung und Verwirklichung im politischen Prozess. Grundlegend für diese Werte und Ideale ist, dass jeder Mensch als Person gleich an Würde und (Menschen-)Rechten geboren ist und diese dementsprechend auch nicht wieder verlieren kann und soll. Der Mensch ist Selbstzweck. Der Staat ist für das Individuum gemacht und nicht umgekehrt. Auf der ethisch-moralischen Grundlage der *Würde des Menschen* bilden Freiheit und Gleichheit die Basis der Demokratie. *Freiheit* konkretisiert sich einerseits in der Abwesenheit von Behinderungen und Zwängen, andererseits in der Möglichkeit bzw. der Fähigkeit zu selbstbestimmten Entscheidungen und Verhaltensweisen. Um diese Freiheit zu garantieren, müssen die bürgerrechtlichen und politischen Freiheitsrechte wie beispielsweise die Meinungs-, Presse- und Versammlungsfreiheit geschützt sein. Das Prinzip der *Gleichheit* kann verschiedene Bedeutungsinhalte annehmen. Von besonderer Bedeutung sind in diesem Zusammenhang die Gleichheit vor dem Gesetz, die politische Gleichheit, die Gleichheit der Chancen oder auch die faktische Gleichheit (vgl. Schulte 2003, 53).

Demokratische Prinzipien und Verfahren sind ebenso wie die Menschen- und Bürgerrechte von ihrem Entstehungszusammenhang her ‚Kinder' der *Aufklärung*. Dennoch bestehen bis heute bedeutende Unterschiede zwischen den Menschen- und den Bürgerrechten. Menschenrechte sind allgemein und universell formuliert und sollen dem Anspruch nach für alle Menschen, unabhängig von Nationalität, ethnisch-kultureller Zugehörigkeit und Aufenthaltsort, gelten. Der Menschenrechtsschutz und die faktische Durchsetzung der Menschenrechte aber sind – trotz Fortschritten in den vergangenen Jahrzehnten – nicht immer gewährleistet. Die Inhaber von Bürgerrechten hingegen können grundsätzlich in dem jeweiligen Nationalstaat einen exklusiven und privilegierten Status geltend machen. In westlichen Gesellschaften ist dies jedoch für bestimmte Bevölkerungsgruppen wie irregulären Migranten, politischen Flüchtlingen und Asylbewerbern sowie anderen Ausländern nicht möglich, weil sie nicht über die entsprechende Nationalität des Aufnahmelandes verfügen. Damit aber ist eine Integration über gleiche Rechte der verschiedenen Bevölkerungsgruppen nicht umfassend und nur eingeschränkt gegeben.

Integration und Konfliktregulierung über Werte; die Rolle der Menschenrechte

Die Integration von heterogenen Bevölkerungen in westlichen Gesellschaften über (einheitliche) Werte gestalten zu wollen, erscheint schwierig bis unrealistisch. Diese Schwierigkeiten sind zunächst in der Existenz und Vielzahl heterogener und konfligierender Werte begründet, die eben modernen und komplexen Gesellschaften zu Eigen sind. Eine soziale Integration über Werte gestaltet sich auch deshalb schwierig, weil häufig Interessen und das Verfolgen materieller Vorteile handlungsrelevanter sind als ideelle Werte. Ähnliches kann auch in Hinblick auf systemische Zwänge und gruppenspezifische Opportunitäten angenommen werden. Dennoch erscheint es für die soziale Integration heterogener Bevölkerungen in demokratischen Gesellschaften notwendig, einen *Basis- oder Minimalkonsens* zu haben. Dieser wäre auch für die Austragung und Regulierung sozialer Konflikte von wesentlicher Bedeutung. Dieser Basis- und Minimalkonsens könnte und sollte in den rechtsstaatlichen und demokratischen Verfahrensregeln sowie den Grundwerten wie Menschenwürde, Freiheit und Gleichheit begründet sein. Diese Prinzipien und Elemente sind deshalb geeignet, weil sie allgemein, das heißt für Angehörige der Minderheiten wie der Mehrheit in gleicher Weise gelten (vgl. Schulte 2009a, 138). Dies schließt den *Verzicht auf die Anwendung von Gewalt als Mittel der Konfliktaustragung* der Beteiligten mit ein.

Den Menschenrechten und den von ihnen repräsentierten Werten wird gerade bei ethnisch-kulturellen Konflikten eine integrative und regulierende Funktion zugemessen. Die allgemeine Anerkennung der Menschenrechte ist in westlich-liberalen Gesellschaften jedoch selbst Gegenstand von politischen Auseinandersetzungen. Sie betreffen im Kern die Frage nach der zeitlichen und kulturellen Relativität der durch die Menschenrechte repräsentierten ideellen Werte. Sind Menschenrechte ein universell geltender Maßstab oder eher als ein politisches Projekt zu begreifen, welches von Zeit zu Zeit aktualisiert und damit auch in Hinblick auf die Wertvorstellungen relativiert werden muss? Bielefeldt (2007, 196f.) betont die orientierende Funktion der Menschenrechte für die Gestaltung des Zusammenlebens in der irreversibel multikulturellen Gesellschaft. Diese Menschenrechte und der ihnen inhärente normative Universalismus müssten *gegen die Verwechslung oder Vermischung mit partikularen Wertvorstellungen* immer wieder neu zur Geltung gebracht werden. Allerdings zeige der historische Rückblick, dass menschenrechtliche Ansprüche faktisch stets mit handfesten ‚Menschenbildern' amalgamisiert und der menschenrechtliche Universalismus infolgedessen zum Beispiel androzentrisch oder eurozentrisch verkürzt worden sei. Menschenrechte seien eine Errungenschaft der Aufklärung, „die sich nur in der *Fortführung der Aufklärung* bewahren lässt."

Die Fortführung dieser Aufklärung bedarf in den multikulturellen Gesellschaften Europas der interkulturellen Kommunikation und Reflexion über eine mögliche Kulturgebundenheit auch der allgemeinen Menschenrechte. Allerdings ist angesichts der propagierten und tatsächlichen Kämpfe und Konflikte um kulturelle Werte und die Anerkennung des kulturell je Spezifischen ein Geltendmachen der Menschenrechte als allgemeines Wertesystem gerade in der Verteidigung einer fortgeführten Aufklärung unerlässlich. Dies aber geht notwendigerweise über das Signalisieren einer interkulturellen Dialogbereitschaft über Menschenrechte hinaus. Gerade in Konflikten um Werte können die Menschenrechte als allgemeines und verbindliches

Wertesystem orientierenden wie de-eskalierenden Charakter besitzen. Dies gilt insbesondere dann, wenn sich die jeweiligen Konfliktparteien auf das allgemeine Wertesystem der Menschenrechte verbindlich beziehen. In diesem Sinne können die Menschenrechte als Wertesystem grundsätzlich auch die Funktion einer ‚Leitkultur' für die Austragung und Befriedung sozialer Konflikte einnehmen.

2.4 Transnationalismus und Transnationale Soziale Räume

Anfang der 1990er Jahre wurden Anthropologen und Ethnologen in den USA auf ein Phänomen grenzüberschreitender Arbeitsmigrationen aufmerksam, welches den vorherrschenden Vorstellungen der Migrationsforschung nicht zu entsprechen schien. Im Mittelpunkt der Aufmerksamkeit standen mexikanische, karibische und philippinische Gruppen von Arbeitsmigranten mit ihren Biografien. Die sozialwissenschaftliche Diskussion um die Integration von Migranten hatte bislang in erster Linie die Aufnahmeländer im Blick. Dabei wurde davon ausgegangen, dass eine Integration jeweils nur in einem Land erfolgen würde, also dem Aufnahmeland der Migranten. Bei den Gruppen von mexikanischen, karibischen und philippinischen Arbeitsmigranten aber schien eine solche Vorstellung von Integration unzutreffend. Diese Gruppen hatten anscheinend ihre Arbeits- und Lebenswelt langfristig so organisiert, dass eine Integration in der Herkunfts- wie in der Aufnahmegesellschaft, hier der USA, erfolgte. Sie waren dementsprechend nicht treffend als Zu- oder Einwanderer noch als Ab- oder Auswanderer zu bezeichnen. Auch der Begriff des temporären Migranten schien unpassend. Vor diesem Hintergrund wurde dieser Typus als *Transmigrant*, die damit verbundenen Prozesse dementsprechend als *Transmigration* oder *Transnationale Migration* bezeichnet (vgl. Glick Schiller/Basch/Blanc Szanton 1992; Pries 1997).

Verschiedene Arbeiten zum Transnationalismus beschäftigen sich mit dem Entstehen so genannter Transnationaler Sozialer Räume. Zwar wird in transnationalen Migrationen nicht die einzige Ursache des Anwachsens *Transnationaler Sozialer Räume* gesehen. Diese aber hätten die umfangreichsten und nachhaltigsten neuen sozialen Verknüpfungen zur Folge, „unser Verständnis des Verhältnisses von Flächenraum und Sozialraum zu überdenken" (Pries 1997a, 35). Dem Konzept entsprechend würden Transmigranten soziale Felder erschließen, die ihr Herkunftsland mit dem Aufnahmeland verbinden und dadurch eine eigene und neue Qualität von Sozialraum begründen. Diese sozialen Felder überspannen nationalstaatliche Grenzen durch vielfältige Beziehungen familiärer, wirtschaftlicher, sozialer, religiöser, politischer und organisatorischer Art. Transmigranten würden als Akteure durch multilokale soziale Beziehungen Netzwerke bilden, die identitätsstiftend seien und zwei oder mehrere Gesellschaften auch langfristig miteinander zu verbinden in der Lage sind (vgl. Basch/Glick Schiller/Szanton Blanc 1994, 7f.). Transnationale Soziale Räume werden vor allem durch *transnationale Familien, transnationale soziale Netze, transnationale Lebensstile, transnationale (Religions-) Gemeinschaften, transnationale Identitäten* sowie *transnationale Organisationen und Konzerne* generiert, repräsentiert und reproduziert. Die Existenz transnationaler Migration und Transnationaler sozialer Räume ist dabei theoretisch-konzeptionell wie realgesellschaftlich abhängig von mindestens fünf strukturellen und institutionellen Voraussetzungen und Bedingungen (vgl. Han 2005, 71 ff.):

Ökonomische Globalisierung

Zu den im anglo-amerikanischen Sprachraum frühen und häufig rezipierten Arbeiten zum Transnationalismus gehören die Untersuchungen des Autorenteams Basch/Glick Schiller/Szanton Blanc. Die Autorinnen sehen transnationale Migrationen in einem engen Zusammenhang mit den Veränderungen des globalen Kapitalismus. Dabei orientieren sie sich an der marxistisch inspirierten Theorie des Weltsystems von Wallerstein (1974). Unter Kapitalismus wird eine historisch-spezifische Produktionsform verstanden, die durch Klassenbeziehungen gekennzeichnet ist. Dabei seien der Kapitalismus und die kapitalistische Klasse zunehmend global geworden. Die globale Ausweitung des Kapitalismus gehe einher mit der Zerstörung oder Integration anderer Formen der Ökonomie. Die globale Wirtschaft kenne kapitalistische Zentren und Peripherien mit weniger entwickelten ärmeren Ländern. Zwischen den kapitalistischen Zentren und den Ländern der Peripherie herrschen soziale Ungleichheiten und Bedingungen des ungleichen Tausches. Arbeitsmigrationen seien in diesem Zusammenhang Ausdruck und Folge der globalen Durchdringung des Kapitalismus und einer damit verbundenen Arbeitsteilung zwischen den Ländern. Diese Bedingungen seien maßgeblich für das Ansteigen der Arbeitsmigrationen aus weniger entwickelten Ländern in die kapitalistischen Zentren in den 1990er Jahren, hier den USA. Da sich die Arbeitsmigranten in den kapitalistischen Zentren jedoch keine sichere und ökonomische Existenz aufbauen konnten, mussten diese sich auf eine transnationale Existenz einstellen (vgl. Basch/Glick Schiller/Szanton Blanc 1994, 11–27). In dieser Perspektive erscheinen diese Arbeitsmigranten als von weltökonomischen Zwängen Getriebene, die ihre Arbeitskraft in den kapitalistischen Zentren verkaufen müssen.

Da die Transnationalismusforschung sich empirisch vor allem auf US-amerikanische Verhältnisse und hier wiederum auf bestimmte Arbeitsmigrationsprozesse bezieht, scheint die Übertragung von Forschungsergebnissen auf europäische und deutsche Verhältnisse nur bedingt möglich. Auch ist fraglich, inwieweit die theoretische Bezugnahme auf Wallerstein (1974) als Analyserahmen für Prozesse ökonomischer Globalisierung und transnationaler Arbeitsmigrationen Plausibilität und empirische Stimmigkeit beanspruchen kann. Dennoch sind einige Argumentationsfiguren bei Basch/Glick Schiller/Szanton Blanc (1994) für die Deutung grenzüberschreitender Arbeitsmigrationen in der Migrationsforschung relativ unbestritten. Hierzu gehören die Bedeutung der Existenz internationaler sozialer Ungleichheit zwischen Herkunfts- und Zuwanderungsländern der Arbeitsmigranten sowie die Durchsetzung kapitalistisch-marktwirtschaftlicher Vergesellschaftungsmuster und Verkehrsformen als auslösende oder fördernde Bedingungen für grenzüberschreitende Arbeitsmigration. Auch in Europa existieren Wohlstands- und Einkommensgefälle zwischen den Ländern. Prozesse der *Pendelmigration* von Arbeitskräften beispielsweise zwischen Polen und Deutschland ähneln der Transmigration oder sind mit ihr begrifflich-inhaltlich identisch. Der Europäische Binnenmarkt als ein Element der Globalisierung hat eine kapitalistisch-marktwirtschaftliche Ausrichtung und ist auf die Förderung und Intensivierung der Konkurrenzen grenzüberschreitender Arbeitsbevölkerungen angelegt. Es ist möglich, dass unter den Bedingungen einer weiteren Europäisierung der Arbeits- und Dienstleistermärkte transnationale Arbeitsmigration zunehmen könnte (vgl. Treichler 2002a, 130f.).

Transnationale Familien

Transmigranten sind Akteure der Globalisierung, deren Bedeutung jedoch nicht ausschließlich ökonomischer Art ist. Sie sind auch Handelnde in sozialer, kultureller und politischer Hinsicht. Ihre Bedeutung für das Erschließen Transnationaler sozialer Räume liegt gerade im sozialen Tatbestand begründet, dass sie Angehörige von sozialen Gemeinschaften sind, die über nationalstaatliche Grenzen hinweg bestehen. Transnationale Familien sind relativ dauerhafte und verbindliche Formen von Gemeinschaften, die durch spezifische Formen der Solidarität und Identität geprägt sind. Bereits die Entscheidung einer oder mehrerer Personen zur Aufnahme einer Arbeit in einem anderen Land wird im Rahmen der Familie getroffen. Damit verbunden ist häufig eine Verständigungen über die Ziele der Arbeitsmigration und die Verwendung des zukünftig zu erzielenden Einkommens (vgl. Stark 1991). Aber auch während des Aufenthaltes im Zuwanderungsland bleiben – in veränderter Form und Intensität – familiäre Beziehungen und Kontakte bestehen oder werden entsprechend ‚gepflegt'. Bei besonderen Familienfeiern und kulturell-religiösen Anlässen werden Familienmitglieder in den Herkunftsländern besucht oder diese kommen zu den Verwandten in die Zuwanderungsländer. Je nach Herkunftsland, sozial-ökonomischem Status und Sozialmilieu der Arbeitsmigranten spielen die finanziellen Unterstützungen der Familien im Herkunftsland eine mehr oder weniger große Rolle. Nicht wenige Familien sind in den Herkunftsländern der Arbeitsmigranten existenziell auf die finanziellen Unterstützungen angewiesen. Dabei überweisen weibliche und geringer verdienende Migranten oftmals einen höheren Anteil ihrer Einkommen als andere (vgl. Weltkommission für Internationale Migration 2005, 26). Da transnationale Arbeitsmigrationen kollektive Phänomene sind, kommen die Rücküberweisungen einer Vielzahl von Familien zugute. Dementsprechend summieren sich die Rücküberweisungen an die Herkunftsländer, deren Größenordnungen jedoch nicht einfach zu bestimmen sind. Viele Unterstützungsleistungen werden bei Besuchen bar übergeben oder über inoffizielle Kanäle transferiert. Weltweit wurden im Jahr 2004 auf offiziellem Wege etwa 150 Milliarden Dollar an Rücküberweisungen getätigt. Schätzungen besagen, dass etwa 300 Milliarden Dollar zusätzlich über inoffizielle Kanäle transferiert wurden (vgl. Weltkommission für Internationale Migration 2005, 84 f.).[5]

Politiken der Herkunftsländer der Arbeitsmigranten

Die vorherrschende Ausrichtung von Integrationstheorien an den Interessen der Aufnahmeländer, wie diese vor allem in der Assimilationstheorie deutlich wird, vernachlässigt oder verkennt, dass auch die Herkunftsländer kollektive Akteure sind, die auf Migrationsprozesse politisch Einfluss nehmen (können). Am Beispiel der Arbeitsmigration aus der Türkei kann gezeigt werden, dass die Türkei in den 1960er und 1970er Jahren Arbeitsmigration zwar nicht als ein systematisches Element ihrer Wirtschaftspolitik verstanden und genutzt hat. Dennoch wurden kurz- und mittelfristige Entlastungseffekte für den türkischen Arbeitsmarkt durch die Abwanderung von Erwerbspersonen erwartet. Auch bei der unterstellten Rückkehr der Arbeitsmigranten in die Türkei waren diese bereits wirtschafts- und sozialpolitisch eingeplant. Nach den Vorstellungen der türkischen Regierung und des Staatlichen Planungsamtes sollten die zurückkehrenden Migranten nach dem zweiten Fünfjahresplan (1968 bis 1973) eine modernisierungsfördernde Funktion für die weitere gesellschaftlich-ökonomische Entwicklung der Türkei einnehmen (vgl. Treichler 1998, 58 f.). Diese Erwartungen konnten die türkischen Remigranten in der frühen Phase der Arbeitsmigration jedoch kaum erfüllen. Mit zunehmenden Umfang und Dauer der Arbeitsemigration wurden jedoch die Rücküberweisungen für die Türkei wirtschafts- und finanzpolitisch zunehmend bedeutender. Betrugen die Rücküberweisungen der Arbeitsmigranten an die Türkei im Jahre 1969 noch 141 Mio. US $, so stieg tendenziell ihre Größenordnung auf über 3,2 Mrd. US $ im Jahre 1990 an. Damit wurden die Rücküberweisungen im genannten Zeitraum – und darüber hinaus – wesentlich zu einem balancierenden Faktor für eine fragile türkische Ökonomie. Die Devisentransfers ermöglichten der türkischen Regierung in der Vergangenheit die Reduzierung beziehungsweise den Ausgleich von Handelsbilanzdefiziten und stimulierten die Binnennachfrage der türkischen Volkswirtschaft (vgl. Treichler 1998, 61). Aufgrund der entwicklungs-, wirtschafts- und finanzpolitischen Bedeutung der Rücküberweisungen der Arbeitsemigranten haben die Regierungen der

5 Die Größenordnungen allein bei den offiziell statistisch erfassten Rücküberweisungen aus der Europäischen Union (EU 27) an Drittländer beliefen sich im Jahre 2005 auf insgesamt 23 Milliarden Euro; im Jahr 2006 waren dies 26 Milliarden Euro. Deutschland gehört neben Spanien, dem Vereinigten Königreich, Italien und Frankreich quantitativ mit zu den bedeutendsten Rücküberweisungsquell-Länder in der EU. Bezüglich der Zielregionen werden aus Deutschland Rücküberweisungen hauptsächlich an die Türkei als Drittstaatsland sowie Polen als EU-Mitgliedsland gesandt (vgl. Eurostat Pressemitteilung 152/2007; 13.11.07).

Herkunftsländer ein Interesse an der Verstetigung und Ausweitung dieser Devisentransfers. Voraussetzung hierfür ist, dass die Bindungen der Arbeitsemigranten zu den Herkunftsländern auch über Generationen hinweg bestehen bleiben. Vor diesem Hintergrund erfahren ethnisch-kulturelle Zugehörigkeiten und Identitäten der (ehemaligen) Arbeitsemigranten einer ‚Pflege' durch die Regierungen der Herkunftsländer und ihren administrativen Institutionen. Eine Assimilation der Arbeitsemigranten im Aufnahmeland ist deshalb aus der Sicht der Regierungen der Herkunftsländer, hier der Türkei, nicht erwünscht. Darüber hinaus wissen die Herkunftsländer in Zeiten der ökonomischen Globalisierung die Selbstorganisationen und Institutionen der (ehemaligen) Arbeitsmigranten in den Zuwanderungsländern auch für das Erschließen neuer Märkte und Dienstleistungen zu schätzen. So nutzen beispielsweise türkische Unternehmen, Wirtschaftsverbände wie auch die türkische Regierung ethnische Institutionen, Organisationen und Repräsentanten in den Zuwanderungsländern als Kontakt-, Vermittlungs-, Verhandlungs- und Geschäftspartner. Hieraus erwachsen nicht selten sich verstetigende transnationale Geschäftsbeziehungen zwischen den Herkunfts- und den Aufnahmeländern der Arbeitsmigranten.

Diskriminierung, Marginalisierung und Prekarisierung im Aufnahmeland

Aus der Perspektive der Transnationalismusforschung bestehen in den meisten Aufnahmeländern der Arbeitsmigranten Bedingungen, die eine Integration erschweren. Zu diesen Bedingungen gehören verschiedene Formen von Diskriminierung, Marginalisierung und Prekarisierung. Soziale Schließungsprozesse der Aufnahmegesellschaft sowie die Ausübung repressiver Politiken gegenüber bestimmten Gruppen von Arbeitsmigranten erschweren positive Identifikationen und stellen motivationale Barrieren für integrative und mögliche assimilative Prozesse dar (vgl. Faist 2004, 93 f.). Dies kann beispielsweise der Fall sein, wenn Arbeitsmigranten trotz langfristigem Aufenthalt im Aufnahmeland keine aufenthaltsrechtliche Sicherheit zuteil wird, sondern ihr Aufenthalt weiterhin rechtlich unter Genehmigungsvorbehalt gestellt bleibt. Ähnliches kann auch in Hinblick auf eingeschränkte politisch-demokratische Teilhaberechte gesagt werden. Prekäre Beschäftigung und unsichere Erwerbsperspektiven erschweren zusätzlich eine Integration in die Aufnahmegesellschaft. Vor diesem Hintergrund sei das Verhältnis der Transmigranten zur Aufnahmegesellschaft von *Ambivalenz* beziehungsweise einer *Gemengelage* geprägt. Ein solches ambivalentes Verhältnis bestehe bei den Transmigranten (inzwischen) jedoch auch gegenüber der Herkunftsgesellschaft. Rückkehrabsichten in das Herkunftsland erscheinen nicht selten erwerbswirtschaftlich wenig aussichtsreich. Zudem haben die Erfahrungen im Aufnahmeland die Migranten kulturell-mental verändert. Die Identitäten der Transmigranten seien dementsprechend hybrid, da ihnen nicht ein mehr oder weniger geschlossenes Referenzsystem (Herkunfts- oder Aufnahmegesellschaft) zugrunde liege, sondern weil sie

Elemente der Herkunfts- und der Aufnahmegesellschaft aufnehmen und zu etwas Eigenem und Neuen transformieren würden (vgl. Pries 2001 b, 17).

Verkehrs- und Transportwesen, moderne Informations- und Kommunikationstechnologien

In der zweiten Hälfte des 19. Jahrhunderts gehörte Deutschland zu einem der bedeutendsten Auswanderungsländer für die Überseemigration in die ‚Neue Welt'. Schiffspassagen waren teuer, gefährlich und dauerten nicht selten mehrere Wochen und Monate. Die Entscheidung zur Auswanderung war vor diesem Hintergrund in der Regel irreversibel. Die Entwicklung moderner Verkehrstechnologien wie Flugzeuge, Hochgeschwindigkeitszüge und Autos aber haben die Personen- und Gütermobilität erheblich vereinfacht und massenhaft möglich gemacht. Selbst weite Distanzen sind in immer kürzeren Zeiten relativ komfortabel zu erreichen. Mit dazu beigetragen haben die tendenziell gesunkenen Mobilitäts- und Energiekosten der vergangenen Jahrzehnte. Diese ökonomisch-technischen Entwicklungen begünstigen das Entstehen räumlich erweiterter und mobiler Lebensentwürfe, die tradierte Vorstellungen von Sesshaftigkeit in Frage stellen würden. Dementsprechend repräsentieren Transmigranten idealtypisch eine ‚gebunden-nomadische' Lebensweise (vgl. Pries 2001 a, 53). Die Organisation und Verstetigung sozial-kommunikativer Prozesse über nationalstaatliche Grenzen hinweg, die für die Bildung von (hybriden) Identitäten bedeutsam sind, wurden ebenfalls in den vergangenen Jahrzehnten vereinfacht und erleichtert. Zeitungen und Zeitschriften aus den Herkunftsländern der Arbeitsmigranten, die in der jeweiligen Muttersprache verfasst sind, können in fast allen Zuwanderungsländern problemlos bezogen werden. Die Entwicklung, Verbreitung und Nutzung moderner Informations- und Kommunikationstechnologien wie Satelliten-Fernsehen, Computer und Internet sowie Handys ermöglichen Informations- und Erfahrungsaustausch sowie die Pflege persönlicher Beziehungen zwischen Menschen relativ unabhängig von nationalstaatlichen Grenzen und sozialräumlichen Standorten.

Diese genannten fünf Voraussetzungen und Bedingungen können als konstitutiv für das Entstehen von Transmigration und Transnationalen Sozialen Räumen angesehen werden. Die Folgen von Transmigration werden in einem Auseinanderfallen von Sozialräumlichkeit und nationalstaatlicher Territorialität gesehen, welche letztlich zu einer De-Territorialisierung von Nationalstaaten führen könnte. Eine solche weitreichende Schlussfolgerung jedoch bedarf noch der empirischen Beweisführung. Arbeiten zur Transnationalismusforschung liegen Prämissen zugrunde, welche immer wieder auf ihre Plausibilität zu überprüfen sind: Ist Globalisierung wirklich ein allgemeiner und unumkehrbarer Prozess? Ist wachsende transnationale Mobilität auch unter den Bedingungen von Klimawandel und tendenziell steigenden Energiekosten zu erwarten? Können Satelliten-Fernsehen, Internet- und Handynutzung eine face-to-face Kommunikation langfristig tatsächlich ersetzen? Transmigranten stellen im Panorama des Gesamtphänomens lediglich eine Form grenzüberschreitender Migration dar. Unklarheit herrscht über die empirische Bedeutung und quantitative Verbreitung dieser Form von Migration. Auch ist zu fragen, ob Transmigranten in zwei oder mehr Nationalgesellschaften gleichzeitig integriert sein können oder ob eher von einer unvollständigen (Teil-)Integration in mehreren Ländern auszugehen ist. Esser (2001, 73) hält eine Integration in mehr als einer Nationalgesellschaft bestenfalls für eine Minderheit der Migranten für möglich.

Trotz dieser kritischen Einwände benennt der Transnationalismusansatz insbesondere in Hinblick auf die rechtliche Dimension von Integration ein gewichtiges Problem. Fijalkowski (1997a, 350) hat dies wie folgt zum Ausdruck gebracht: „Es besteht ein offenkundiger Widerspruch zwischen, auf der einen Seite, jenen neuen, transnationalen, sozialen Räumen, die sich im Wege der Ausdehnung der internationalen Netzwerke der Kommunikation, des Güter- und Leistungsaustausches und der Reichweite und Häufigkeit territorial-sozialer Ortsveränderungen der Menschen entwickeln, und, auf der anderen Seite, den tradierten Regeln der Staatsangehörigkeit, durch die Menschen als Bürger in organisierte Staatsgesellschaften einbezogen und instand gesetzt werden, im Status von Inhabern geschützter Menschen- und Bürgerrechte zusammenzuleben." Auf diesen konkreten Widerspruch muss integrationstheoretisch und -politisch reagiert werden. Die Herausforderungen transnationaler Lebensweisen aber müssen auch persönlich bewältigt und biografisch verarbeitet werden. Hierzu bedarf es individueller Kompetenzen wie beispielsweise einer ‚sozialräumlichen Ambiguitätstoleranz'[6]. Pries (2001b, 19) hat darauf hingewiesen, dass Migranten nicht nur als ‚Problemgruppen', sondern auch als mögliche *Problemlösungsgruppen* wahrzunehmen sind, da diese eben auch über Problemlösungskompetenzen für die transnationale Lebensgestaltung verfügen würden.

3. Zusammenfassung

Die Integration von Migranten und ethnischen Minderheiten sind für die Sozialwissenschaften und Philosophie ein komplexes Thema. Jede der vier vorgestellten Theorien und Deutungsmuster wäre für sich allein genommen unterkomplex, um die Thematik angemessen zu bearbeiten. Dabei stehen diese Theorien und Deutungsmuster teils in einem komplementären, teils in einem konträren Verhältnis zueinander. Die Antworten auf die theoretisch bedeutsamen Fragen nach den Voraussetzungen, Bedingungen und Zielen einer erfolgreichen Integration sind dabei wesentlich abhängig von der eingenommenen Analyseperspektive und dem zugrunde liegenden Erkenntnis-

6 Ambiguitätstoleranz bedeutet die individuelle Fähigkeit, Mehrdeutigkeiten und widersprüchliche Erwartungen zu bewältigen. Sie ist für die Entwicklung von Ich-Identität und einer biografischen Kontinuität von Bedeutung.

interesse. Der Assimilationsansatz kann in verschiedener Hinsicht als theoretischer Antipode zum Multikulturalismus, mehr jedoch noch zum Ansatz des Transnationalismus gesehen werden. Der Assimilationsansatz ist dabei der einzige unter den vieren, der vorherrschend die Perspektive der Aufnahmegesellschaft und der Mehrheitskultur vertritt. Im Gegensatz dazu stehen Migranten und ethnische Minderheiten beim Multikulturalismus sowie beim Ansatz des Transnationalismus und der Transnationalen Sozialen Räume im Vordergrund. Gegenüber dem Assimilationsansatz kann eingewandt werden, dass die hier vorgesehene normative Ausrichtung an einer ethnisch-homogenen Gesellschaft in der de facto multi-kulturellen Realität der Einwanderungsländer keine Entsprechung findet. Diese multikulturelle Realität wird empirisch und programmatisch-normativ in den dargestellten Ansätzen des Ethnischen Pluralismus und Multikulturalismus vorrangig behandelt. Dennoch werden hier die politisch-rechtlichen und sozioökonomischen Dimensionen der Integrationsthematik kaum beachtet. Sozialökonomische Ungleichheiten werden vom Multikulturalismus als mögliche Integrationsprobleme stark vernachlässigt oder ignoriert.

Tab. 7: Implikationen und Charakteristika der Integration von Migranten und ethnischen Minderheiten in ausgewählten Theorien und Deutungsmustern

Theorien und Deutungsmuster	Assimilation	Ethnischer Pluralismus und Multikulturalismus	Konfliktperspektive	Transnationalismus
Ziele und Kriterien für erfolgreiche Integration	Assimilation bzw. Angleichung relevanter Merkmale zwischen ethnischen Gruppen; Verhinderung ethnischer Segmentation	Ethnisch-kultureller Pluralismus; Ethnische Selbstbestimmung; Minderheitensolidarität u. -politik	Konstruktive Austragung von Konflikten; Bildung von personellen und institutionellen Voraussetzungen und Bedingungen einer friedlichen Konfliktbearbeitung	Respektierung und Anerkennung transnationaler Lebensweisen, sozialer Netzwerke und transnationaler Gemeinschaften
Perspektive auf Integration	Aufnahmegesellschaft	Migranten und ethnische Minderheiten	Aufnahmegesellschaft sowie Migranten und Minderheiten	Transmigranten
Sozialraum	national	lokal, regional, national, europäisch, global	lokal, regional, national, europäisch, global	plurilokal, global

Quelle: Treichler (2007, 95); eigene Darstellung

Soziale Konflikte in Folge von Migration und ethnisch-kultureller Heterogenität haben in der Assimilationstheorie keinen eigenen systematischen Stellenwert und sollen nach Möglichkeit gar nicht erst entstehen. Aber auch beim Multikulturalismus wird weitgehend ignoriert, dass ethnische Kulturen mit ihren verschiedenen Werten, Normen und Praktiken in Konflikt geraten können. Dennoch existieren soziale Konflikte in westlichen Gesellschaften. Der konfliktheoretische Ansatz ist gegenüber den anderen hier dargestellten Theorien und Deutungsmustern derjenige, welcher die Konfliktdimension zentral in den Vordergrund rückt. Er ist zugleich der einzige Ansatz, welcher die Perspektive der Aufnahmegesellschaft wie auch die Perspektive der Migranten und Minderheiten gleichermaßen einzunehmen geeignet ist.

Werden die vier Theorien und Deutungsmuster nach ihrer Sozialräumlichkeit differenziert, können verschiedene Integrationsebenen und -räume identifiziert werden. Obwohl die Assimilationstheorie von Esser ahistorisch-universell formuliert ist, legt diese dennoch implizit eher den nationalstaatlichen Rahmen für Integrationsprozesse zugrunde. In den anderen Theorien und Deutungsmustern ist der Sozialraum für Integrationsprozesse umfassender und differenzierter gefasst. Ihnen entsprechend können lokale, regionale, nationale, europäische sowie globale Integrationsräume unterschieden werden. Insbesondere Arbeitsmigranten erfahren eine grenzüberschreitende Integration über den Markt. Diese ökonomisch-marktwirtschaftliche Integration findet jedoch gerade in Deutschland selten bürgerrechtlich eine Entsprechung. Die rechtlich-egalitäre Integration bleibt vorrangig hier auf den Nationalstaat als Integrationsraum beschränkt und an die Staatsbürgerschaft der Aufnahmegesellschaft gebunden. Bei der systemischen Integration über Rechte und der sozialen Integration über Werte kommt den Menschenrechten eine besondere Bedeutung zu. Menschenrechte beanspruchen Geltung weltweit und weisen damit über den nationalstaatlichen Sozial- und Integrationsraum hinaus. Sie sind zudem geeignet, verbindliche wie entscheidende Werte und Kriterien bei der Austragung und Befriedung von sozialen Konflikten – relativ unabhängig von einem bestimmten Sozial- und Integrationsraum – benennen zu können.

IV. Integrationspolitik – Grundlagen, Ausprägungen und Perspektiven

Fragen der Integration und der Integrationspolitik sind in den letzten Jahren in Europa verstärkt in den Blickpunkt des öffentlichen Interesses und gesellschaftspolitischer Maßnahmen gerückt. Anzeichen sind hierfür in Deutschland die Aufnahme eines besonderen Abschnitts „Integration“ in das ‚Zuwanderungsgesetz‘, die Entwicklung und beginnende Umsetzung von Integrationsplänen auf Bundes-, Länder- und kommunaler Ebene, die Durchführung von Integrations- und Islamgipfeln sowie die Weiterentwicklung von entsprechenden Institutionen (vgl. Beauftragte der Bundesregierung 2007, 18 ff.). Diese aktuellen Entwicklungen haben einen strukturellen Hintergrund. Dessen Kern bilden gesellschaftliche Veränderungen, die mit Prozessen der internationalen Migration, der Einwanderung und der Entwicklung von Einwanderungsgesellschaften verbunden sind. Damit gehen besondere gesellschaftspolitische Herausforderungen einher, die zum einen die Regulierung von Zuwanderungen, zum anderen die Steuerung von Prozessen der Integration betreffen.

Die folgenden Überlegungen konzentrieren sich auf den Bereich der Integration und der Integrationspolitik.[1] Dabei geht es zunächst um die Eingliederung der Immigranten in die Aufnahmegesellschaft. Dieser Vorgang umfasst strukturelle und kulturelle Dimensionen sowie wechselseitige soziale Beziehungen. Von der Zielsetzung her ist Integration darauf gerichtet, „Zuwanderern eine gleichberechtigte Teilhabe am gesellschaftlichen, wirtschaftlichen, kulturellen und politischen Leben unter Respektierung kultureller Vielfalt zu ermöglichen“ (Unabhängige Kommission „Zuwanderung“ 2001, 200). In einem weiteren Sinne bezieht sich Integration auch auf die Aufrechterhaltung und Weiterentwicklung des gesellschaftlichen und politischen Zusammenhalts (vgl. Schulte 2006 a und 2009 a, 95 ff.).

Die Überlegungen setzen sich mit der Frage auseinander, welche Politiken zur Bewältigung und Gestaltung der mit ‚Integration‘ verbundenen Herausforderungen in europäischen Einwanderungsländern, vor allem in der Bundesrepublik Deutschland, bisher betrieben wurden und welche zukünftig entwickelt werden sollten. Zur Beantwortung dieser Frage werden zunächst Aspekte der politischen Steuerung von Integrationsprozessen erläutert. Danach werden Ausprägungen von Integrationspolitiken in wichtigen europäischen Einwanderungsgesellschaften dargestellt und darauf bezogene Ein-

1 Zum Begriff der Integration und dessen Verwendung siehe Kapitel III.

flussfaktoren sowie Wirkungen und Folgen thematisiert. Im Anschluss daran erfolgt eine Auseinandersetzung mit der Frage, unter welcher Perspektive Integrationskonzepte und -maßnahmen weiterentwickelt werden sollten.

1. Politische Steuerung von Integrationsprozessen

Die Integration von Zuwanderern vollzieht sich nicht von selbst; vielmehr stellt sie eine zentrale gesellschaftspolitische Herausforderung dar, deren Bewältigung besondere Aktivitäten und Maßnahmen erfordert. In dieser Hinsicht ist *Politik* zwar nicht das einzige und auch kein Allheilmittel, aufgrund ihres spezifischen Charakters kommt ihr aber eine wichtige Rolle zu. Ihrem Kern nach ist Politik ein Instrument, um gesellschaftliche Verhältnisse zu gestalten, Probleme zu bewältigen und Konflikte zu regulieren – und zwar vor allem mit Hilfe der Stabilisierung von Regeln und des Treffens von Entscheidungen, die für alle verbindlich sind (vgl. Bobbio 1988, 52; Meyer 2000, 52 ff.). Im Zentrum des Politischen stehen Fragen der *Macht*, die wiederum *,von oben'*, also aus der Perspektive der Herrschenden und deren Machtbefugnisse, und/oder *,von unten'*, aus der Sicht der Beherrschten und deren Freiheit, betrachtet werden können. Darüber hinaus lassen sich ein *Input-* und ein *Output-*Aspekt des Politischen sowie verschiedene *Dimensionen* unterscheiden, nämlich

- die *formale* Dimension (*polity*), die sich auf die normativen und institutionellen Aspekte des Politischen bezieht (Verfassung, Regeln, Institutionen und Rechtsordnung),
- die *prozessuale* Dimension (*politics*), die den politischen Willensbildungs- und Entscheidungsprozess, also Fragen der Austragung von Konflikten, der Konsensbildung und der Mehrheitsbeschaffung, umfasst und
- die *inhaltliche* Dimension (*policy*), die die Ziele und Aufgaben der Politik, also die Problemlösung und Gestaltung gesellschaftlicher Verhältnisse durch staatliche Politiken, betrifft.

Politik kann – vereinfacht formuliert – entweder als Barriere und Hindernis oder als Instrument der Förderung von Integration fungieren (vgl. Davy 2004 a).

Zur Rolle von politischen Maßnahmen zur Förderung von Integrationsprozessen

„Der Integrationsprozess hängt von den Bedürfnissen und Fähigkeiten jedes Einzelnen und der jeweiligen Gemeinschaft ab. Zwar sind politische Maßnahmen nur ein Faktor aus einer Reihe von Einflüssen, die den Integrationsprozess steuern, sie sind jedoch entscheidend, da sie den politischen und rechtlichen Rahmen festlegen, aus dem heraus andere Aspekte der Integration erfolgen können. Der Staat kann sich um die Beseitigung von Hindernissen sowie die Herstellung von Chancengleichheit bemühen, indem er in die aktive Partizipation aller Bürger, die Ausübung vergleichbarer Rechte und Verantwortlichkeiten und den Erwerb interkultureller Kompetenzen investiert." (MIPEX 2007, 4)

Politiken zur Förderung der Integration können zum einen *speziell* orientiert, d. h. unmittelbar und in erster Linie auf das besondere Politikfeld der Migration und Integration sowie die Immigranten gerichtet sein (z. B. durch Sprachkurse und Maßnahmen zur Erleichterung der Einbürgerung). Dies kann wiederum ‚nachholend' erfolgen und sich insofern auf lange anwesende Einwanderer beziehen und/oder auf die Eingliederung von Neuzuwanderern gerichtet sein. Bei *allgemeinen* Integrationspolitiken stehen demgegenüber eher die Probleme und Konflikte im Vordergrund, die, z. B. im Bereich der Wohnungsversorgung, die Gesamtheit der Bevölkerung betreffen und somit gesamtgesellschaftliche Dimensionen aufweisen (vgl. Heckmann 2004, 203). Von ihrem *Gegenstand* her können sich die politischen Maßnahmen zum einen auf strukturelle, zum andern auf kulturelle *Dimensionen* der Integration beziehen. Wie bei anderen Politikfeldern können im Rahmen von Integrationspolitiken unterschiedliche *Instrumente und Methoden* als Mittel der Steuerung und Regulierung eingesetzt werden. Dazu zählen vor allem rechtliche Normen, finanzielle Mittel, Modellprojekte sowie Aufklärung und Information. Schließlich ist zu berücksichtigen, dass für Integrationspolitik verschiedene *Ebenen*, *Bereiche* und *Akteure* relevant sind. Zu den ersteren gehören die Mikro-, Meso- und Makro-Ebene, also unter politischen und administrativen Gesichtspunkten die kommunale, regionale, staatliche und supranationale bzw. EU-Ebene. Wichtige Bereiche stellen der Arbeitsmarkt und das Beschäftigungssystem, das Schul- und Ausbildungssystem, der Wohnbereich und das Gesundheitssystem dar. Zu den Akteuren zählen „alle in einer Gesellschaft Lebenden" (Unabhängige Kommission „Zuwanderung" 2001, 200), also die Angehörigen der einheimischen und der zugewanderten Bevölkerung wie auch die gesellschaftlichen, politischen und kulturellen Initiativen, Gruppen, Organisationen und Institutionen.

Unter Anlehnung an Fragestellungen und Gesichtspunkten von (vergleichenden) Politikfeldanalysen werden Integrationspolitiken im Folgenden zum einen als *abhängige*, zum anderen als *unabhängige* Variable betrachtet (vgl. Schmidt 2006, 261 ff.; Faust/Lauth 2006, 289 ff.). Unter dem ersten Gesichtspunkt wird vor allem gefragt, durch welche Faktoren die jeweiligen Politiken beeinflusst werden, unter dem zweiten, wie leistungsfähig diese sind und welche Wirkungen sowie Folgen von ihnen ausgehen. Die Betrachtungsweise ist zum einen *ex-post* und beschreibend-analytisch orientiert, zum anderen wird einer *ex-ante* Perspektive nachgegangen, die auch normative und empfehlende Aussagen für die Weiterentwicklung von Politiken enthält.

2. Integrationspolitiken in Europa

In den europäischen Einwanderungsländern gab und gibt es nicht nur *eine*, sondern *unterschiedliche* Integrationspolitiken, zwischen denen sich in den letzten Jahren allerdings auch gewisse Tendenzen der *Angleichung* entwickelt haben (vgl. Heckmann 2004; Schulte 2009b). Dieser Sachverhalt ist durch verschiedene Faktoren beeinflusst.

2.1 Ausprägungen und Einflussfaktoren

Hinsichtlich der Unterschiedlichkeit von Integrationspolitiken spielen zunächst *politische Institutionen und Kulturen* eine Rolle. Diese umfassen zum einen *rechtliche Rahmenbedingungen*, vor allem in der Form des Völker- und Verfassungsrechts. Durch diese werden einerseits Grenzen für politische Maßnahmen gezogen, da damit bestimmte Politiktypen, wie z.B. solche der Zwangsassimilation oder der massenhaften Ausweisung, dem rechtlichen Grundsatz nach ausgeschlossen werden. Gleichzeitig werden aber auch Spielräume zur Konzipierung und Umsetzung unterschiedlicher Politiken eröffnet. Die in diesem Kontext zusätzlich relevanten *politischen Kulturen* sind in der Regel in den einzelnen europäischen Ländern jeweils spezifisch ausgeformt und begünstigen damit unterschiedliche Ausprägungen von Integrationspolitiken. Dies steht wiederum in Zusammenhang mit der besonderen historischen Entwicklung und dem jeweils vorherrschenden Verständnis von dem, was als ‚Nation', ‚Mitgliedschaft' und ‚Zugehörigkeit' aufgefasst wird. Unter diesem Gesichtspunkt können die überkommenen Ausprägungen bzw. ‚Modelle' der Integrationspolitik in den Haupteinwanderungsländern Europas in Anlehnung an Melotti (2004) in der folgenden Weise charakterisiert werden[2]:

- *Republikanische Assimilation (Frankreich)*: Kennzeichnend für die in Frankreich vorherrschende Integrationspolitik ist die „‚republikanische' Assimilation", d.h. eine Kombination von rechtlich-politischer Gleichstellung der Individuen und deren kultureller Angleichung (Melotti 2004, 16ff.). Vor dem Hintergrund einer langen Tradition als Einwanderungsland wird die Debatte über die Präsenz von ‚Fremden' unter dem Gesichtspunkt der Integration von Individuen, d.h. unter Abstraktion von deren ‚Rasse' oder ethnischer Herkunft geführt. Von daher fehlen besondere Rechte und spezielle Maßnahmen, die auf ethnisch-kulturelle Minderheiten(-gruppen) abstellen. Der Erwerb der Staatsbürgerschaft ist für die Zugewanderten aufgrund des seit langem geltenden Territorialprinzips (*ius soli)* und der Einbürgerungsbestimmungen vergleichsweise un-

2 Die Integrationskonzepte und -modelle werden von verschiedenen Autoren jeweils anders gekennzeichnet. So unterscheidet z.B. Bizeul (2004a, 173f.) zwischen einem multikulturellen, interkulturellen, republikanischen und zivilgesellschaftlichen Konzept. Die folgende Darstellung knüpft an die Analyse von Melotti (2004) an. Die Zitate aus seinem Buch wurden von mir aus dem Italienischen übersetzt, A.S.

kompliziert. Zugleich wird die Staatsbürgerschaft eher als eine Voraussetzung und ein Mittel der Förderung der Integration als ein Ergebnis dieses Prozesses angesehen. Allerdings ist daran die Bedingung geknüpft, dass die Zugewanderten die Kultur des Aufnahmestaates annehmen und die grundlegenden politischen Regeln akzeptieren. Maßgeblich beeinflusst ist dieses Konzept durch die stark verwurzelte politische Kultur und den Glauben an die Assimilationsfähigkeit der französischen Nation. Diese begreift sich als homogen und unteilbar, allerdings nicht als *ethnos*, sondern als *demos*, nämlich als Gesamtheit der *citoyens*. Eine zentrale Rolle spielt dabei der starke und zentralisierte Staat, der auf der Grundlage der Trennung von öffentlichem und privatem Bereich und des Prinzips der *laicité* weder nationale Minderheiten noch lokale ethnische Gruppen anerkennt, jeden Anspruch auf partikularistische Vermittlungen zwischen den Institutionen und den Bürgern behindert, diesen aber andererseits die gleichen Rechte gewährt. Der starke Ethnozentrismus, durch den sich die Integrationspolitik in Frankreich auszeichnet, hat insofern eine universalistische Form, die sich wiederum von den Idealen der Französischen Revolution herleitet, aber auch durch die Kolonialpolitik Frankreichs beeinflusst ist.

- *Ungleicher Pluralismus (Vereinigtes Königreich)*: Charakteristisch für die Integrationspolitik des Vereinigten Königreichs ist ein „ungleicher Pluralismus" (Melotti 2004, 22 ff.). Ähnlich wie Frankreich verfügt das Vereinigte Königreich über eine lange Tradition der Einwanderung. Im Unterschied zur französischen Integrationspolitik wird die Debatte über die Integration der Immigranten hier aber unter dem Gesichtspunkt von *race relations* geführt. Dementsprechend werden die einzelnen Immigranten als Angehörige bestimmter ‚Rassen' oder ‚ethnischer Minderheiten' verstanden. Dies geht mit der Vorstellung einher, dass kulturelle Differenzen innerhalb einer Gesellschaft grundsätzlich normal sind. Die Integrationspolitik zielt insofern nicht auf die kulturelle Assimilation, sondern auf die Gewährleistung von Möglichkeiten, die die Entfaltung und Institutionalisierung ‚anderer' Kulturen und Religionen erleichtern. Die ethnischen Gemeinschaften geben in der Praxis, vor allem auf der kommunalen Ebene, wichtige Bezugspunkte für die Interventionen der Institutionen ab. In sozialer Hinsicht werden zudem spezifische Antidiskriminierungs- und Integrationsmaßnahmen durchgeführt, die die Chancengleichheit für Angehörige dieser Gruppen verbessern sollen. Aufgrund relativ unkomplizierter Einbürgerungsverfahren und einer weitgehenden rechtlich-politischen Gleichstellung von ansässigen Immigranten, insbesondere von denjenigen aus dem Commonwealth, ist die Unterscheidung zwischen Staatsbürgern und Nicht-Staatsbürgern weniger scharf als in anderen europäischen Ländern ausgeprägt. Beeinflusst sind diese Maßnahmen durch „eine pragmatische Kultur, die die ethnischen und kulturellen Partikularismen anerkennt, die Autonomie und die Dezentralisierung fördert und die Rolle der intermediären sozialen Gebilde aufwertet. Was die Regulierung der sozialen Phänomene betrifft, misstraut diese Kultur abstrakten und allgemeinen Vorkehrungen und bevorzugt die Aktion der lokalen Verwaltungen, die wegen ihrer bedeutenden, wenn auch in den 80er Jahren reduzierten Machtbefugnisse die Gestalt einer effektiven ‚lokalen Regierung' haben" (Melotti 2004, 22f.). Gleichwohl zeichnet sich die Integrationspolitik e-benso wie in Frankreich durch einen starken Ethnozentrismus aus, der hier aber keine universalistische, sondern eine partikularistische Form aufweist. Die Immigranten werden als in ethnisch-kultureller Hinsicht ‚verschieden' akzeptiert. Das geht allerdings in der Regel nicht mit dem Wunsch oder der Hoffnung einher, dass diese jemals ‚gute Briten' werden sollen oder können. Zugleich sind damit Bestrebungen verbunden, die Hegemonie der Einheimischen zu sichern. So tendiert das ‚Modell' dazu, Konzepte wie ‚Gemeinschaft', ‚ethnische Minderheit' und ‚Rasse' allzu selbstverständlich zu verwenden und institutionell zu verankern, soziale Prozesse und Probleme zu ‚ethnisieren', die Zuordnung von Individuen zu Gruppen zu erzwingen und durch die Hervorhebung von ethnisch-kulturellen Besonderheiten Mechanismen der Segregation, der Segmentierung und der Stigmatisierung der Immigranten zu fördern. Ähnlich wie in Frankreich steht diese Politik auch in Beziehung zur Kolonialpolitik des Vereinigten Königreichs.

- *Institutionalisierte Unsicherheit (Deutschland)*: Die in Deutschland bis in die 90er Jahre vorherrschende Ausprägung der Integrationspolitik lässt sich unter dem Gesichtspunkt der „institutionalisierten Unsicherheit (*precarietà*)" charakterisieren (Melotti 2004, 28ff.). Obwohl Deutschland seit vielen Jahrzehnten eines der Haupteinwanderungsländer in Europa war und bis 1973 eine aktive Anwerbungspolitik betrieben hat, hat sich die Politik hier unter Berufung auf den Grundsatz „Deutschland ist kein Einwanderungsland" lange geweigert, den gesellschaftlichen Sachverhalt der dauerhaften Niederlassung eines großen Teils der Migranten politisch anzuerkennen. Diese „Vogel-Strauß-Politik" (Melotti) befreite die politische Klasse von der Aufgabe, ein wirkliches Projekt der Integration auszuarbeiten. Dementsprechend wurden die Immigranten entweder als ‚Gastarbeiter' oder als ‚Ausländer' aufgefasst und behandelt, d.h. als Personen, deren Anwesenheit sich unter ökonomischen Gründen rechtfertigen ließ, deren Aufenthalt aber grundsätzlich zeitlich begrenzt war, deren definitive Niederlassung nur ausnahmsweise zugelassen wurde und die von daher in dem unsicheren und ungleichen Status von ‚Ausländern' gehalten wurden. Dazu trug auch der restriktive Charakter des deutschen Staatsangehörigkeitsrechts bei. Integration und Einbürgerung wurden vor allem als Krönung eines individuellen Leistungsprozesses verstanden, bei dem vielfältige Anforderungen von Seiten der ‚Ausländer' zu bewältigen waren. Ziel der Politik war somit nicht so sehr – wie in Frankreich – die Assimilation, sondern die Institutionalisierung der Unterscheidung und Trennung zwischen Einheimischen und ‚Fremden'. Insbesondere die

> Aufrechterhaltung des auch und insbesondere in aufenthaltsrechtlicher Hinsicht prekären und ungleichen Status der Zugewanderten sollte als Mittel fungieren, die ‚Flexibilität' der ‚Ausländer' auf dem Arbeitsmarkt wie auch im Hinblick auf eine mögliche Rückkehr in das Herkunftsland zu erhalten. Auch diese Ausprägung ist nicht zufällig, sondern geprägt durch eine bestimmte politische Kultur, insbesondere durch das primär ethnisch verstandene Konzept der Nation. Dies steht wiederum in Zusammenhang mit der Tatsache, dass die Bildung der deutschen Nation der (späten) Konstituierung als Nationalstaat vorausging. Konstituierend für das ‚deutsche Volk' waren danach gemeinsame Wurzeln und ein gemeinsames Schicksal, was sich wiederum in der gleichen Sprache, der gleichen Kultur und der Zugehörigkeit zu derselben ethnischen Gemeinschaft widerspiegelt. Für zugewanderte ‚Fremde', also Personen mit anderen ethnisch-kulturellen Merkmalen und Wurzeln, war und ist es so schwierig, Vollmitglied zu werden.

Zu weiteren Faktoren, durch die Konzepte und Maßnahmen der Integration beeinflusst sind, gehören *gesellschaftspolitische Optionen, Akteure und Kräfteverhältnisse*. In dieser Hinsicht ist die Differenz zwischen *rechts* und *links* von Bedeutung, für die wiederum gegensätzliche Einstellungen zum Prinzip der Gleichheit ausschlaggebend sind. Vereinfacht kann diese Differenz bezeichnet werden als Gegensatz „zwischen horizontaler oder egalitärer Vision der Gesellschaft und vertikaler oder nicht-egalitärer Vision" (Bobbio 1994, 74). Von rechts her werden die zwischen den Menschen (also z.B. die zwischen den Einheimischen und den Zuwanderern) bestehenden Ungleichheiten eher betont und als ‚natürlich' bzw. als ‚Tradition' akzeptiert oder sogar als ‚Motor des Fortschritts' positiv gewertet. Demgegenüber messen linke Positionen eher dem größere Bedeutung bei, was die Menschen gleich macht. Sie lassen sich dabei von der Annahme leiten, dass die bestehenden Ungleichheiten ein soziales Problem darstellen und Phänomene sind, die historisch-sozialen Charakter haben und somit abbaubar sind und so weit wie möglich reduziert werden sollten. Diese grundlegenden Differenzen kommen in den unterschiedlichen Konzeptionen von Integration und Integrationspolitik zum Ausdruck, die nach Groenendijk (2004) nicht nur innerhalb der Nationalstaaten, sondern auch im Gemeinschaftsrecht ihren Niederschlag gefunden haben. Nach der ersten, eher links orientierten Auffassung, sind ein sicherer Rechtsstatus sowie die Gleichbehandlung wichtige Instrumente zur Förderung der Integration des Einwanderers in die Gesellschaft. Dementsprechend tendiert dieser „rechtebasierte Integrationsansatz" (Bendel 2009, 19) dazu, Genehmigungen zum Daueraufenthalt und den Erwerb der Staatsbürgerschaft bei Geburt und durch Einbürgerung zu erleichtern und Möglichkeiten der gesellschaftlichen und politischen Partizipation und des Familiennachzugs zu erweitern. Nach der zweiten Auffassung, die eher ‚rechts' einzustufen ist, werden demgegenüber ein sicherer Status und gleiche Teilhaberechte erst dann eingeräumt, wenn von Seiten der Immigranten selbst umfassende Integrationsleistungen erbracht und erfolgreich abgeschlossen wurden. Von daher werden Möglichkeiten zur Erlangung eines Daueraufenthalts und der Staatsangehörigkeit eher restriktiv gehandhabt. Maßgebend ist in dieser Hinsicht die Auffassung, „dass mit der Gewährung eines starken rechtlichen Status ein Verlust der Kontrolle der Behörden über den Einwanderer einhergeht“ (Groenendijk 2004, 123). Nach der dritten Konzeption, die sich in den letzten Jahren als „neue“ Integrationspolitik vor allem in Dänemark und in den Niederlanden entwickelt hat und ebenfalls eher rechts orientiert ist, sind „der Mangel an Integration oder die angenommene Unfähigkeit, sich zu integrieren, (...) Gründe für die Verweigerung des Aufenthalts“ (Groenendijk 2004, 124). Wie bei der zweiten Ausprägung sind auch hier ablehnende bzw. feindliche Einstellungen gegenüber ethnisch-kultureller Vielfalt im Allgemeinen und dem Islam im Besonderen ausgeprägt.[3] Zudem wird das ‚Ausländerproblem‘ von den beiden Positionen her nicht selten unter machtpolitischen Gesichtspunkten und mit Hilfe von kulturrassistischen Feindbildern in den Medien und im Rahmen von Wahlkämpfen instrumentalisiert (vgl. Meier-Braun 2008). Schließlich wird Integrationspolitik in der dritten Variante auch „als ein Instrument zur Reduzierung von Einwanderung genutzt“ (Groenendijk 2007, 323). So geht es in der Richtlinie zur Familienzusammenführung weniger um die Garantie der Rechte der bereits Eingewanderten auf einen Nachzug von Ehegatten und Kindern als vielmehr um eine Begrenzung und Kontrolle dieses Nachzugs (vgl. Bendel 2009, 19). Dies erfolgt z.B. durch Spielräume, die den Mitgliedsstaaten zur Senkung des Nachzugsalters eingeräumt werden, und durch die Verpflichtung von nachziehenden Familienangehörigen, Integrationsleistungen, insbesondere Sprachkenntnisse des Aufnahmelandes, bereits vor der Einreise nachzuweisen. Von Einfluss sind diese unterschiedlichen Optionen so insgesamt auch für die Interpretation und Konkretisierung des Prinzips des Förderns und Forderns, das für die Integrationspolitik in Deutschland wie auch in anderen europäischen Ländern in den vergangenen Jahren an Bedeutung gewonnen hat (vgl. Groß 2007).

Zu den gesellschaftspolitischen Optionen und Interessen, von denen Integrationspolitiken beeinflusst werden, zählen auch *Kosten-Nutzen-Gesichtspunkte*. Hier wird in erster Linie auf eine ‚optimale Nutzung von Humankapital‘ abgestellt. Zuwanderer werden nicht (mehr) in erster Linie als ‚Bedrohung‘ oder unter Gesichtspunkten ihrer ‚Defizite‘ betrachtet, sondern als *human resources* bzw. Potentiale, die zur Bewältigung bestehender ökonomischer, sozialer und demographischer Probleme der Aufnahmegesellschaften gebraucht werden (vgl. Unabhängige Kommission „Zuwanderung“ 2001, 67ff.). Eine optimale Anwerbung und ‚Nutzung‘ des ‚Humankapi-

3 Zu unterschiedlichen wissenschaftlichen wie auch gesellschaftspolitische Beurteilungen der ethnisch-kulturellen Vielfalt in Einwanderungsgesellschaften vgl. Mintzel 1997; Schulte 2000, 199ff. Je nachdem, ob darin eine Bedrohung, Chance oder Ideologie gesehen wird, wird eine Politik der Förderung, der Tolerierung oder der Reduzierung ethnisch-kultureller Vielfalt favorisiert.

tals‘ wird danach erschwert, wenn anwesende oder neu zuwandernde Personen nur unzureichend integriert werden. Dies verschärft wiederum die Probleme, die in den europäischen Ländern aufgrund des Geburtenrückgangs, der Alterung und des Fehlens von Arbeitskräften in bestimmten Sektoren des Arbeitsmarktes und unter bestimmten Qualifikationsgesichtspunkten bestehen. Zudem hat von dieser Sicht her die ‚Nichtintegration‘ ausländischer Zuwanderer zusätzliche finanzielle und soziale Kosten für die Aufnahmegesellschaften zur Folge (vgl. von Loeffelholz/Thränhardt 1996).

Zwischen den Integrationspolitiken in europäischen Einwanderungsländern bestehen allerdings nicht nur Unterschiede, sondern auch *Tendenzen der Angleichung*, die sich wiederum im vergangenen Jahrzehnt verstärkt haben. Dies ist zunächst dadurch beeinflusst, dass der Spielraum für Integrationspolitiken durch den Rahmen und die normative Basis, die durch das Völker- und Verfassungsrecht in westlichen Demokratien weitgehend vorgegeben sind, begrenzt ist. Zudem handelt es sich bei den jeweiligen ‚Modellen‘ und politischen Kulturen um historische und gesellschaftliche Phänomene, die gewisse Veränderungen auf der Ebene praktischer Politik zulassen. Konvergenztendenzen haben sich so daraus ergeben, dass jedes einzelne der genannten ‚Modelle‘ bisher mit besonderen Defiziten und Problemen einhergegangen ist und Bemühungen zu deren Korrektur eine Annäherung des jeweiligen Umgangs mit Fragen der Integration begünstigt haben (vgl. Melotti 2004, 128 ff.). So gab es in Frankreich, vor allem vor dem Hintergrund der Krise der überkommenen Sozialisations- und Assimilationsagenturen (Schule, Armee, Fabrik, Gewerkschaften, Parteien, Kirche) und den sozialen Konflikten, insbesondere in den *banlieues*, Tendenzen, das klassische republikanische Integrationsmodell für Elemente ethnisch-kultureller Vielfalt und für ‚partikularistische‘ Maßnahmen zur Befriedigung der besonderen Bedürfnisse der Migranten zu öffnen. Im Vereinigten Königreich wurden als Reaktion auf die sozialen Konflikte, die im Zusammenhang mit der ‚segregierten Ungleichheit‘ eines erheblichen Teils der Immigranten in verschiedenen ökonomischen und sozialen Bereichen auftraten, die integrationsfördernden Maßnahmen verstärkt. In Deutschland wurden seit Mitte der 90er Jahre ebenfalls Maßnahmen ergriffen, die zumindest partiell darauf abzielten, das widersprüchliche Konzept der ‚Integration auf Zeit‘ durch eine konsequentere Integrationspolitik abzulösen.

Zudem wurden in den 1990er Jahren als Reaktion auf das vermeintliche ‚Scheitern der Integration‘ von Migranten und der Integrationspolitik, aber auch im Kontext mit dem Umbau des Wohlfahrtsstaates in mehreren europäischen Ländern – darunter Dänemark, die Niederlande, Deutschland, Österreich und Frankreich – von staatlicher Seite in ähnlicher, wenn auch nicht gänzlich übereinstimmender Weise neue Integrationsprogramme, -verträge und -kurse entwickelt. Diese sind darauf gerichtet, insbesondere Neuzuwanderern die Sprache und Kultur des Aufnahmelandes, aber auch grundlegende Normen und Werte sowie das Alltagsleben näher zu bringen und so insbesondere die wirtschaftliche Integration von Zuwanderern durch Qualifizierungsmaßnahmen zu verbessern, die unmittelbar nach der Einreise einsetzen (vgl. Michalowski 2007, 35 ff.). Tendenzen der Angleichung zwischen den verschiedenen Integrationspolitiken wurden auch durch Faktoren begünstigt, die nicht in erster Linie in diesem Politikfeld selbst liegen, sondern eher *externen* Politikfeldern zuzurechnen sind. So haben die Maßnahmen, die seit den Anschlägen des 11. September 2001 im Rahmen des Kampfes gegen den internationalen Terrorismus und unter Berufung auf Wahrung sicherheitspolitischer Interessen ergriffen wurden, in den europäischen Ländern Tendenzen gefördert, einerseits die Eingliederung von Immigranten(-gruppen), z.B. durch Verschärfung der Erfordernisse für die Verfestigung des Aufenthalts oder die Einbürgerung, zu erschweren und andererseits Ausweisungen zu erleichtern (vgl. Weißflog 2005, 314 ff.; Bendel 2006, 115).

Angleichungstendenzen wurden auch durch grundlegende *strukturelle Faktoren und Mechanismen* gefördert. Dazu zählen zum einen Prozesse der *Modernisierung*, die darauf gerichtet sind, traditionelle Strukturen von Staat und Recht an eine veränderte gesellschaftliche Realität anzupassen. In Deutschland kam dies in positiver Weise bei der am 1. Januar 2000 in Kraft getretenen Reform des überkommenen, ethnisch orientierten Staatsangehörigkeitrechts zum Ausdruck. Weiterhin sind in diesem Kontext Prozesse der *Globalisierung* relevant. Deren Auswirkungen sowie die damit einhergehenden Veränderungen und Differenzierungen der nach Europa gelangenden internationalen Migrationsprozesse haben dazu beigetragen, die überkommenen, national oder kolonial geprägten Unterschiede der Politiken zu relativieren (vgl. Melotti 2004, 105 ff.). In eine ähnliche Richtung wirken Prozesse der *Europäisierung*. So haben sich auf der europäischen Ebene insbesondere seit dem Inkrafttreten des Amsterdamer Vertrages und der Tagung des Europäischen Rates in Tampere (1999) Tendenzen entwickelt, die zwar nicht direkt eine europäische Harmonisierung, wohl aber gewisse Festlegungen gemeinsamer Rahmenbedingungen und Mindestanforderungen wie auch eine Unterstützung von integrationspolitischen Bemühungen der Mitgliedsstaaten beinhalten. Von zentraler Bedeutung ist in dieser Hinsicht die angestrebte „Sicherstellung einer gerechten Behandlung von Drittstaatsangehörigen, die sich rechtmäßig im Hoheitsgebiet der Mitgliedsstaaten aufhalten, durch eine Integrationspolitik, die darauf gerichtet ist, ihnen vergleichbare Rechte und Pflichten wie EU-Bürgern zuzuerkennen." Die Länge des Aufenthalts soll dabei entscheidende Bedeutung für die jeweiligen Rechte der Betroffenen haben. Ergänzend sollen Maßnahmen durchgeführt werden, die darauf abzielen, soziale Ausgrenzungen abzubauen, einen wirksamen Schutz vor Diskriminierungen zu garantieren und die Achtung kultureller Vielfalt zu fördern (vgl. Kommission der Europäischen Gemeinschaften 2000, 9ff. und 2003, 18 ff.). Zu weiteren Elementen einer gewissen Harmonisierung gehören die 2004 vom Rat für Justiz und Inneres verabschiedeten „Gemeinsamen Grundprinzipien für die Politik der Integration von Einwanderern in der Europäischen Union", der von der Kommission geförderte Aufbau eines europäischen Netzwerkes zur Koordination der nationalen Kontaktstellen sowie die Förderung von Integrationsprojekten, Aktionsprogrammen und Integrationsindikatoren (vgl. Bendel 2009, 20).

Gemeinsame Grundprinzipien für die Politik der Integration von Einwanderern in der Europäischen Union

„1. Die Eingliederung ist ein dynamischer, in beide Richtungen gehender Prozess des gegenseitigen Entgegenkommens aller Einwanderer und aller in den Mitgliedsstaaten ansässigen Personen.
2. Die Eingliederung erfordert die Achtung der Grundwerte der Europäischen Union.
3. Die Beschäftigung ist eine wesentliche Komponente des Eingliederungsprozesses und ist für die Teilhabe von Einwanderern, für ihren Beitrag zur Gestaltung der Aufnahmegesellschaft und für die Verdeutlichung dieses Beitrags von zentraler Bedeutung.
4. Grundkenntnisse der Sprache, Geschichte und Institutionen der Aufnahmegesellschaft sind eine notwendige Voraussetzung für die Eingliederung; Einwanderer können nur dann erfolgreich integriert werden, wenn sie die Möglichkeit erhalten, diese Grundkenntnisse zu erwerben.
5. Im Bildungswesen müssen Anstrengungen unternommen werden, um Einwanderer und vor allem auch deren Nachkommen zu einer erfolgreicheren und aktiveren Teilhabe an der Gesellschaft zu befähigen.
6. Entscheidende Voraussetzung für eine bessere Integration ist, dass Einwanderer zu denselben Bedingungen wie Einheimische gleichberechtigt Zugang zu den Institutionen sowie zu öffentlichen und privaten Gütern und Dienstleistungen erhalten.
7. Ein wichtiger Integrationsmechanismus sind häufige Begegnungen zwischen Einwanderern und Bürgern der Mitgliedsstaaten. Diese können durch gemeinsame Foren, durch interkulturellen Dialog, durch Aufklärung über die Einwanderer und ihre Kultur sowie durch integrationsfreundliche Lebensbedingungen in den Städten gefördert werden.
8. Die Europäische Grundrechtecharta garantiert die Achtung der Vielfalt der Kulturen und das Recht auf freie Religionsausübung, sofern dem nicht andere unverletzliche europäische Rechte oder einzelstaatliches Recht entgegenstehen.
9. Durch die Beteiligung von Einwanderern am demokratischen Prozess und an der Konzipierung integrationspolitischer Maßnahmen, insbesondere auf lokaler Ebene, wird ihre Integration unterstützt.
10. Die Einbeziehung von Integrationsmaßnahmen in alle wichtigen politischen Ressorts und auf allen Ebenen der öffentlichen Verwaltung und der öffentlichen Dienste ist ein wichtiger Gesichtspunkt bei der Gestaltung und der Durchführung der jeweiligen Politik.
11. Es bedarf klarer Ziele, Indikatoren und Evaluierungsmechanismen, damit die Maßnahmen angepasst, die Integrationsfortschritte bewertet und die Informationsflüsse effizienter gestaltet werden können" (Kommission der Europäischen Gemeinschaften 2005).

Aufgrund der genannten Gesichtspunkte bestehen nach Melotti (2004, 106 und 128 ff.) – trotz durchaus existierender Differenzen – deutliche Tendenzen zur Angleichung der Integrationspolitiken in Europa. Diese folgten fast überall dem Grundsatz der ‚sozialen Integration' sowie dem in bestimmten Grenzen gewährten Prinzip des Schutzes bzw. der Wahrung der kulturellen Identität der Immigranten und der (alten und neuen) kulturellen Verschiedenheiten. Diese Einschätzung sollte allerdings aufgrund weiterer Gesichtspunkte relativiert werden. So haben sich – wie oben dargestellt – neben dieser eher auf Gleichbehandlung und Respektierung kultureller Vielfalt gerichteten Politik auch andere Integrationsauffassungen im neueren EG-Migrationsrecht niedergeschlagen, die sich davon erheblich unterscheiden oder dazu sogar in Widerspruch stehen. Zudem wird Fragen der Integration von Drittstaatsangehörigen auf europäischer Ebene im Vergleich zu anderen migrationspolitischen Zielen (Bekämpfung illegaler Einwanderung, Kontrolle der Außengrenzen, neue Datensammlungen, Einführung biometrischer Merkmale in Visums- und Aufenthaltsgenehmigungen und Ausweisung illegaler Einwanderer) weniger Aufmerksamkeit geschenkt (vgl. Groenendijk 2007, 320). Weiterhin wurden die auf europäischer Ebene ergriffenen Integrationsmaßnahmen, insbesondere die Richtlinien, die die Bereiche Familienzusammenführung, Daueraufenthalt und Antidiskriminierung betreffen und verbindlichen Charakter für die Mitgliedsstaaten haben, von einigen Staaten nur zurückhaltend umgesetzt. Schließlich verfügt die Europäische Union für den Bereich der Integrationspolitik nominell über keine Kompetenzen, so dass es sich bei vielen Maßnahmen auf europäischer Ebene eher um unverbindliche Vorschläge und Empfehlungen handelt. Dies gilt z. B. für die genannten Gemeinsamen Grundprinzipien sowie das Handbuch zum Thema ‚Integration', das gute Praktiken, ein Netzwerk von nationalen Anlaufstellen, die Eröffnung von Webseiten und andere Informationsaktivitäten enthält. Unter diesen Gesichtspunkten erscheinen Einschätzungen zutreffender, nach denen die integrationspolitischen Aktivitäten auf europäischer Ebene durch Ambivalenzen und widersprüchliche Trends gekennzeichnet sind (vgl. Groenendijk 2007, 323 ff.; Bendel 2006). Von daher sollten sowohl Unterschiede wie auch Angleichungen von Integrationspolitiken in Europa jeweils genauer daraufhin untersucht werden, um *welche* inhaltlichen Differenzen oder Konvergenzen es sich dabei jeweils handelt.

2.2 Wirksamkeit und Folgen

Die Frage, wie leistungsfähig Integrationspolitiken bisher gewesen und welche Wirkungen von ihnen ausgegangen sind, ist schwierig zu beantworten. In dieser Hinsicht sind vielfältige Faktoren zu berücksichtigen. Dazu gehören zunächst die jeweiligen Zielsetzungen, Instrumente und Vorkehrungen zur Umsetzung innerhalb des speziellen Politikfeldes. Zudem können die Wirkungen und Folgen im Integrationsbereich auch durch externe Faktoren, z. B. durch Orientierungen der Zuwanderungspolitik sowie Strukturen, Prozesse und Maßnahmen in anderen Politikfeldern und/oder gesellschaftlichen Bereichen beeinflusst sein.[4] Von Einfluss sind in dieser Hinsicht auch die Indikatoren, die bei den Beurteilungen und Bewertungen als Maßstab jeweils Verwendung finden. Weiterhin muss berücksichtigt werden, dass die jeweiligen Wirkungen einerseits intendiert, aber auch unbeabsichtigt, latent bzw. heimlich angestrebt oder sogar kontraproduktiv sein können. Die Komplexität der Frage und die Schwierigkeiten ihrer Beantwortung kommen beispielhaft in ganz unterschiedlichen Antworten auf die Frage zum Ausdruck, ob das niederländische Integrationsmodell, das in seiner überkommenen Ausprägung in der Regel als ‚multikulturell' oder als ‚Minderheitenpolitik' bezeichnet wird, ‚erfolgreich' war oder ‚gescheitert' ist (vgl. Michalowski 2005).

Insgesamt erscheint allerdings die Annahme berechtigt, dass die Integrationspolitiken in den europäischen Einwanderungsländern bislang nur beschränkt wirksam waren und unzureichende Erfolge aufweisen. Diese Einschätzung gilt grundsätzlich auch für die erwähnten ‚neuen' Integrationsprogramme und -kurse. Nach vorliegenden Untersuchungen ist deren Effektivität im Hinblick auf die Integrationsförderung begrenzt und mit einem erheblichen Gefälle zwischen Anspruch und Wirklichkeit verbunden (vgl. Michalowski 2007, 45 ff.). Allerdings erscheinen wiederum Auffassungen, die in pauschaler Weise das Scheitern oder den Erfolg einer bestimmten, in einem einzelnen Land vorherrschenden „Integrationsweise" (Heckmann 2004) behaupten, unangebracht. Vieles spricht vielmehr dafür, dass die unterschiedlichen Integrationspolitiken jeweils Vorzüge in bestimmten, aber auch Defizite und Probleme in anderen Bereichen aufweisen (vgl. MIPEX 2007; Melotti 2004, 15 ff. und 128 ff.; Schönwälder 2006). So kommt eine vergleichende Untersuchung zu Erfolgen und Misserfolgen der Integration in Deutschland und in den Niederlanden zu dem Schluss, dass die Verankerung der Einwanderer in Wirtschaft und Gesellschaft in Deutschland aufgrund der Konzeption der Politik der „‚sozialen und wirtschaftlichen Gleichberechtigung'" im Vergleich zu den Niederlanden weiter vorangeschritten sei. Demgegenüber seien dort Fortschritte vor allem im Bereich der Einbürgerung und der gleichberechtigten Teilnahme der Einwanderer an politischen Auseinandersetzungen vorhanden (vgl. Böcker/Thränhardt 2003, 11). Eine andere vergleichende Untersuchung kommt in ähnlicher Weise zu dem Ergebnis, dass im Bereich der strukturellen Integration von Migrantenjugendlichen in Frankreich das System der höheren Bildung vergleichsweise am stärksten geöffnet und ausgebaut wurde, während Deutschland hier deutliche Rückstände aufweise, andererseits aber im Berufsbildungssystem, beim Übergang zum Arbeitsmarkt und hinsichtlich der Er-

4 Dies zeigen z. B. die negativen Auswirkungen, die von der Städte- und Wohnungspolitik in Frankreich und dem Abbau wohlfahrtsstaatlicher Leistungen in verschiedenen europäischen Einwanderungsländern auf die Integration der Immigranten ausgegangen sind (vgl. Heckmann 2004, 208; Michalowski 2007).

werbslosigkeit erfolgreicher sei. Großbritannien nehme bei den Bildungsabschlüssen eine Mittelstellung zwischen Frankreich und Deutschland ein, während bei der Erwerbsbeteiligung erhebliche Rückstände existierten (vgl. Heckmann 2004, 215 f.). Daraus wird die Schlussfolgerung gezogen, „dass keines (der integrationspolitischen ‚Modelle', A. S.) durchgängig erfolgreicher als die anderen war, sondern dass jedes der untersuchten Länder spezifische Schwächen und Stärken aufwies. Keines der Länder könnte als ein nationales Integrationsmodell für Europa angesehen werden" (Heckmann 2004, 219). Von daher erscheint es sinnvoll, die positiven und negativen Aspekte der Integrationspolitiken in einzelnen europäischen Ländern jeweils bereichsspezifisch zu interpretieren und unter Gesichtspunkten ‚guter Praktiken' sowie des *benchmarking* und/oder mit Hilfe von Indikatoren und Mechanismen des Monitoring zu beurteilen. Diesem Ansatz folgte auch die MIPEX-Untersuchung, die von einer Arbeitsgemeinschaft verschiedener Organisationen und Institutionen durchgeführt wurde und eine vergleichende Analyse der Integrationspolitiken verschiedener europäischer Länder beinhaltet (vgl. MIPEX 2007; Entzinger/Biezeveld 2003). Nach den Befunden dieser Untersuchung befinden sich die Integrationspolitiken der EU-25-Länder sowohl insgesamt als auch in jedem einzelnen der sechs untersuchten Bereiche erst auf halbem Weg zur *best practice*. Im Vergleich der 28 Länder liegen die integrationspolitischen Maßnahmen Schwedens auf dem ersten Platz, während Deutschland bei diesem Vergleich nur eine durchschnittliche Wertung erreichte.[5]

Benchmarking – die Definition in der MIPEX-Untersuchung

„Benchmarking ist ein Werkzeug für die Verbesserung politischer Ansätze und Maßnahmen. Es basiert auf der Identifizierung von Schlüsselbereichen für Verbesserungen, der Festlegung von Standards und Indikatoren, der Suche nach besten Praktiken, die diese Standards erfüllen und auf der Anpassung von Maßnahmen, bei denen man aus früheren Erkenntnissen gelernt hat, um diese Standards zu erfüllen oder zu übertreffen." (MIPEX 2007, 6)

3. Integrationspolitik in menschenrechtlicher Perspektive

Wie bereits erwähnt, haben sich in den Integrationspolitiken der europäischen Einwanderungsländer und auf europäischer Ebene insbesondere im vergangenen Jahrzehnt verschiedene Veränderungen vollzogen. In dieser Hinsicht wird die Frage diskutiert, ob dies einen Paradigmenwechsel, also

5 Zu den integrationspolitischen Maßnahmen in Deutschland heißt es: „Deutschland erreicht eine einheitlich durchschnittliche Wertung, wobei die sechs Bereiche der Integrationspolitik entweder tendenziell günstig (*Familienzusammenführung* und *politische Partizipation*) oder auf halbem Wege zur Best Practice (*Zugang zum Arbeitsmarkt*, *Antidiskriminierung*, *Zugang zur Staatsbürgerschaft* und *langfristiger Aufenthalt*) abschneiden" (MIPEX 2007, 74).

einen grundlegenden Perspektivwechsel, beinhaltet.[6] Zu den Anzeichen, die für die These eines grundlegenden Wandels sprechen, sprechen verschiedene Faktoren, die in der Einleitung dieses Kapitels aufgeführt wurden. Allerdings gibt es auch Gesichtspunkte, die gegen diese These sprechen. Verwiesen wird in diesem Zusammenhang z. B. darauf, dass die bisherigen integrationspolitischen Maßnahmen unter dem Gesichtspunkt der Chancengleichheit unzureichend waren und von einer „Politik der aktiven Verhinderung von Integration" begleitet wurden (Schönwälder 2007, 382; vgl. auch Geißler 2006, 241 ff.). Zudem seien im Zuwanderungsgesetz neben Maßnahmen der Integrationsförderung auch solche der Verschärfung von Ausweisungen verankert worden (vgl. Weißflog 2005, 308 ff.). Schließlich werden problematische Elemente in herrschenden Integrationskonzepten und -diskursen thematisiert. Dazu wird z. B. die Tatsache gezählt, dass das erweiterte Engagement in der Integrationspolitik „zumindest bislang nicht eindeutig Teil einer breiten gesellschaftlichen Bereitschaft zur gemeinsamen Gestaltung einer ethnisch pluralen Gesellschaft" sei (Schönwälder 2006, 18). Auch werde ‚Integration' in Kontinuität mit der Leitkultur-Debatte der 1990er Jahre in einem engen Sinne, nämlich vor allem als kulturelle Integration (Sprache, Kultur, Geschichte) sowie als von Migranten zu erbringende Anpassungs- und Sonderleistung, verstanden und demgegenüber die umfassendere Bedeutung dieses Begriffs, nämlich Chancengleichheit und Partizipation in zentralen gesellschaftlichen Bereichen, nur noch marginal wahrgenommen. Aus diesem Blickwinkel werden auch Perspektiven und Vorstellungen erörtert, die unter dem Stichwort „No integration?!" (Hess/Binder/Moser 2009) über herrschende Integrationskonzepte hinausweisen und diese überwinden sollen (vgl. Wieviorka 2004, 10 f.).

In den folgenden Überlegungen wird von der Annahme ausgegangen, dass die politischen Maßnahmen, die bisher zur Bewältigung der gesellschaftspolitischen Herausforderung der Integration konzipiert und durchgeführt wurden, einen begrenzten, unvollständigen und ambivalenten Charakter haben. Von daher wird gefragt, wann in dieser Hinsicht von einem grundlegenden Wandel gesprochen werden kann und wie die Integrationspolitik perspektivisch weiterentwickelt werden sollte. Hierfür erscheint es erforderlich, das menschenrechtliche Ideal der gleichen Freiheit in diesem Politikfeld sehr viel konsequenter als bisher als „Polarstern" (Bobbio 1994, 87) zu konzipieren, zu konkretisieren und umzusetzen (vgl. auch Bielefeldt 2007, 11 ff.). Dies soll im Folgenden anhand einer Analyse der bisherigen wie auch der zukünftig zu entwickelnden Integrationspolitik in der Bundesrepublik verdeutlicht werden.

---

6 Vgl. Davy/Weber 2006; Barwig/Beichel-Bendetti/Brinkmann 2007; Schönwälder 2006.

3.1 Menschenrechte und Menschenrechtsorientierung

Ausgangspunkt ist die Auffassung, dass eine (Weiter-)Entwicklung von integrationspolitischen Konzepten und Maßnahmen nicht ohne eine reflektierte Einbeziehung und Klärung normativer Bezüge und Ideale auskommen kann. Die Integration von Einwanderern sollte sich prinzipiell an denselben Gesichtspunkten orientieren wie die der Gesellschaft bzw. des politischen Gemeinwesens insgesamt (vgl. Bielefeldt 2007; Schulte 2009 a, 95 ff.). Formale und materiale Grundlage sind hierbei die Prinzipien und Ideale, die in den Menschenrechten und dem Prinzip der rechts- und sozialstaatlichen sowie föderalen Demokratie völker-, europa- und verfassungsrechtlich verbindlich verankert und in Art. 79 GG mit einer ‚Ewigkeits-Garantie' versehen sind.

Menschenrechte sind „unveräußerliche, angeborene und vorstaatliche Ansprüche und Anrechte des einzelnen (...). Sie kommen den Individuen unabhängig von ihrer Zugehörigkeit zu Staaten ‚von Natur aus' zu und müssen von jedermann gegenüber jedermann zu jeder Zeit eingelöst werden können" (Thunert 1995, 334; vgl. auch Bobbio 1998; Bielefeldt 2007). Nach der Präambel der Allgemeinen Erklärung der Menschenrechte (AEMR) vom 10.12.1948 enthalten die menschenrechtlichen Normen „das von allen Völkern und Nationen zu erreichende gemeinsame Ideal". Danach sind alle Menschen „frei und gleich an Würde und Rechten geboren"; sie werden als „mit Vernunft und Gewissen begabt" angesehen und „sollen einander im Geiste der Brüderlichkeit begegnen" (Art. 1 S. 1 AEMR).[7] Im Rahmen dieses als universell angesehenen Leitbildes haben die Werte der *Freiheit* und *Gleichheit* einen zentralen Stellenwert; sie konkretisieren die Menschenwürde, die ihrerseits das Fundament der Menschenrechte darstellt (vgl. Bobbio 1995; Bielefeldt 2007, 25 ff.). Diese Aussage hat wiederum einen doppelten Sinn: „Die Menschen haben ein gleiches Recht auf Freiheit und ein Recht auf gleiche Freiheit" (Bobbio 1998, 67). Diese Sichtweise ist an der Priorität des Individuums orientiert und geht mit der Auffassung einher, „dass der einzelne Mensch Vorrang hat vor allen gesellschaftlichen Gruppierungen, denen die Menschen durch natürliche oder geschichtliche Umstände angehören; auf der Überzeugung, dass das Individuum einen Eigenwert besitzt und dass der Staat für das Individuum gemacht ist und nicht das Individuum für den Staat" (Bobbio 1997, 104).

---

7 Dagegen kann zwar der Einwand vorgetragen werden, dass die Menschenrechte relativ allgemein und abstrakt formuliert und insofern offen für unterschiedliche politische Konkretisierungen sind (vgl. Preuß 2001). Dieser Einwand ist nicht gänzlich unberechtigt, dennoch bieten die Menschenrechte – wie im Folgenden näher dargelegt werden soll – gewisse Orientierungen für integrationspolitische Entscheidungen und Maßnahmen. Die menschenrechtlichen Normen werden zitiert nach der Textsammlung: Menschenrechte 2004.

Die Menschenrechte und die mit ihnen verbundenen Ideale sind kein Phänomen der Natur oder abstrakter Individuen. Vielmehr sind sie aus historisch-sozialen Problemsituationen und den Kämpfen der Menschen und gesellschaftlicher Gruppen um ihre Emanzipation hervorgegangen. Dabei ging und geht es im Kern darum, entweder Gefährdungen und Bedrohungen, die von bestehenden Mächten ausgehen, abzuwehren, oder aber von den jeweiligen Machthabern Maßnahmen zu fordern, von denen positive Wirkungen erhofft werden. Als Produkt der Geschichte unterliegen die Menschenrechte dem Wandel. Sie können verändert, also entweder beeinträchtigt oder erweitert werden. Im Verlauf der historischen Entwicklung und unter dem Einfluss unterschiedlicher historisch-sozialer Bewegungen haben die Menschenrechte unterschiedliche und zum Teil heterogene Elemente, Dimensionen und Funktionen erhalten. Dazu gehören

- zivile Freiheitsrechte, die insbesondere den Charakter von Abwehrrechten gegenüber staatlichen Machtansprüchen haben,
- politische Freiheitsrechte und Rechte auf Teilnahme- und Teilhabe der Individuen an der politischen Herrschaft sowie
- wirtschaftliche, soziale und kulturelle Rechte, die den Charakter sowohl von Abwehrrechten als auch von Ansprüchen auf staatliche Leistungen haben (können) (vgl. Bobbio 1998, 15 ff.).

Die Bedeutung der Prinzipien von Freiheit und Gleichheit variiert so nach dem jeweiligen Bereich bzw. der jeweiligen Funktion, also danach, ob es um den rechtsstaatlichen Schutz, die demokratische Partizipation, die soziale Teilhabe oder die kulturelle Entfaltung geht. Zugleich gelten diese verschiedenen Dimensionen als unteilbar und von gleicher Bedeutung (vgl. Guggenberger 1995; Fritzsche 2005, 84 f.).

Um idealistische Sichtweisen zu vermeiden, sollten die *menschenrechtlichen Ideale* im Zusammenhang mit der *gesellschaftlichen Wirklichkeit* und den hier existierenden Problemen und Konflikten betrachtet werden.[8] Auf diese Weise können einerseits die bisher erreichten Fortschritte, andererseits aber auch die (noch) bestehenden Differenzen zwischen den „grandiosen Versprechen“ der Menschenrechte und „dem Elend der praktischen Anwendung“ andererseits aufgezeigt werden (Bobbio 1998, 55 ff.). Da das Ausmaß dieser Diskrepanzen und der Grad der Annäherung an das Leitbild im Allgemeinen unterschiedlich ausgeprägt sind, bieten die normativen Prinzipien auch einen Maßstab zur Messung und Bewertung der Qualität und des Entwicklungsstands einzelner gesellschaftlicher und politischer Systeme bzw. Politiken (vgl. Bobbio 1999, 375 ff.; Davy 2001 c, 953 ff.). Vor dem Hintergrund dieser Spannungen handelt es sich bei dem in den Menschenrechten verankerten Grundsatz der gleichen Freiheit um ein bis-

8 Vgl. Präambel des Internationalen Pakts über bürgerliche und politische Rechte sowie des Internationalen Pakts über wirtschaftliche, soziale und kulturelle Rechte vom 19.12.1966 und Art. 28 AEMR; Fritzsche 2005, 84.

her nur partiell verwirklichtes und von daher noch zu realisierendes *Projekt*. Als historisch-dynamische Phänomene beinhalten die Menschenrechte so zum einen „eine Kritik an all den Verhältnissen, in denen Menschenrechte verletzt, verweigert oder verschwiegen werden“ (Fritzsche 2005, 85 f.). Sie sind zudem konstruktiv auf Veränderung dieser Verhältnisse gerichtet, und zwar insbesondere dadurch, dass die Spannungen und Diskrepanzen, die zwischen ihrem Ideal und der Realität bestehen, aufgedeckt und vermindert und so die Möglichkeiten einer freien und gleichen Entfaltung für Individuen und Gruppen erweitert werden.

Diese Orientierung setzt sich allerdings nicht von selbst durch. Vielmehr sind dazu vielfältige Aktivitäten verschiedener Akteure auf unterschiedlichen Ebenen und in unterschiedlichen Bereichen erforderlich. Die Bezugnahme auf die Menschenrechte ist insofern kein Ersatz für politisches und zivilgesellschaftliches Handeln. Sie macht dieses vielmehr in besonderer Weise erforderlich. In dieser Hinsicht besteht vor allem eine „*Verpflichtung aller staatlichen Gewalt*“ (Art. 1 Abs. 1 S. 2 GG; Hervorhebung von mir, A. S.). Dabei können drei Aspekte unterschieden werden:

- die *Achtung* der Menschenrechte durch den Staat; dies impliziert die Verpflichtung, die Individuen nicht an der Ausübung ihrer Rechte zu hindern,
- der staatliche *Schutz* vor Eingriffen Dritter in die Menschenrechte, womit die Verpflichtung einhergeht, den einzelnen Menschen vor Eingriffen Dritter in seine Rechte wirksam zu schützen, sowie
- die *Gewährleistung* der Menschenrechte durch staatliche Leistungen, wodurch der Staat verpflichtet wird, die Ausübung der Menschenrechte durch positive Leistungen (einschl. rechtsstaatlicher und demokratischer Verfahren) zu ermöglichen (vgl. Krennerich 2007, 14 ff.).[9]

In einem weiter gefassten Verständnis richten sich die menschenrechtlichen Ansprüche auch an die in der Gesellschaft zusammenlebenden Individuen und deren Zusammenschlüsse. Dementsprechend muss die staatliche durch eine *zivilgesellschaftliche* Menschenrechtsorientierung ergänzt werden. Danach ist nicht nur der Staat, sondern „ein jeder einzelne aufgerufen (…), die Menschenrechte aller anderen zu achten und zu respektieren. Nur wenn sich staatliche und zivilgesellschaftliche Menschenrechtsorientierung ergänzen und stützen, wird es zur nachhaltigen Entwicklung einer Menschenrechtskultur kommen, einer Verankerung der Menschenrechte, die mehr ist als deren Präsenz in Texten und Dokumenten“ (Fritzsche 2005, 85 f.).

---

9 Die Rolle der staatlichen Gewalt beim Umgang mit den Menschenrechten ist in der gesellschaftlichen Wirklichkeit allerdings ambivalent: Sie soll einerseits als deren Beschützer fungieren, stellt für diese aber zugleich auch eine Bedrohung dar (vgl. Denninger 1990, 63).

Für integrationspolitische Konzeptionen und Maßnahmen haben die menschenrechtlichen Normen so eine erhebliche Bedeutung. Sie enthalten zunächst ein *Leitbild*, das verpflichtenden Charakter hat. Unter *formalen* Gesichtspunkten werden damit grundlegende rechtsstaatliche und demokratische Verfahrensregeln und so ein verbindlicher Rahmen für politisches Handeln festgelegt. Unter *materialen* Aspekten stellen die in den Menschenrechten verankerten Werte der Würde sowie der Freiheit und Gleichheit der Individuen den Kern und ein zu verfolgendes Ideal dar (vgl. Bobbio 1999, 217 ff.). Darüber hinaus bieten die menschenrechtlichen Prinzipien einen *Maßstab* zur Messung, Bewertung und Beurteilung von Integrationspolitiken. Die zwischen den normativen Ansprüchen und der gesellschaftlichen Wirklichkeit bestehenden Diskrepanzen sind im Allgemeinen unterschiedlich ausgeprägt. Von daher lassen sich die Qualität und der Entwicklungsstand einzelner gesellschaftlicher und politischer Systeme messen und etwaige Defizite aufzeigen (vgl. Bobbio 1999, 375 ff.; Davy 2001 c, 953 ff.). Die Bezugnahme auf die Prinzipien der Freiheit und Gleichheit ist zudem von *praktischer* Relevanz. Die Gegenüberstellung von einem Begriff und der Sache, die mit diesem Begriff bezeichnet wird, ermöglicht es nämlich, nicht nur Kenntnisse über die Realität zu vertiefen, sondern auch Orientierungen für die Weiterentwicklung und Verbesserung von (Integrations-) Politiken zu entwickeln (vgl. Bobbio 1995, 15). Weiterhin ermöglicht und erfordert eine derartige Orientierung, historische, gesellschaftliche und politische Prozesse nicht nur aus der steuerungspolitischen Perspektive ‚*von oben*', sondern auch ‚*von unten*', also von den Problemen, Bedürfnissen und Rechten der betroffenen Individuen, zu betrachten. Schließlich können aufgrund der unterschiedlichen Bedeutungen, die die Prinzipien der Freiheit und Gleichheit jeweils haben, die *bereichsspezifischen* Ausprägungen der Integration verdeutlicht werden (vgl. Davy 2001 c, 926 f.; Bobbio 1998 und 1999, 445 ff.). Insgesamt kann Integrationspolitik so aufgefasst werden als Ausdruck und Indikator für den jeweiligen Stand der Menschenrechte in der Einwanderungsgesellschaft einerseits sowie als potentieller Beitrag zu deren Schutz, Weiterentwicklung und Vertiefung andererseits (vgl. Bielefeldt 2007; Davy 2001 c, 926 f.).

3.2 Zentrale Aufgaben und Elemente einer menschenrechtsorientierten Integrationspolitik

Von diesen Überlegungen her wird im Folgenden dargelegt, welche zentralen Aufgaben und Elemente sich aus dem menschenrechtlichen Ideal der gleichen Freiheit für Integrationspolitik(en) im Einwanderungskontinent Europa, vor allem aber in der Bundesrepublik Deutschland, ergeben. Für eine so orientierte Politik ist es zunächst erforderlich, Integration als gesellschaftspolitische Herausforderung explizit anzuerkennen und zu gestalten. In der Bundesrepublik erfolgte dies auf der Ebene des Aufenthaltsrechts erstmals in § 43 Abs. 1 des Gesetzes über den Aufenthalt, die Erwerbstätigkeit und die Integration von Ausländern im Bundesgebiet (Aufenthaltsgesetz – AufenthG) vom 30. Juli 2004.[10] Zudem wurden in dem im Sommer 2007 verabschiedeten Nationalen Integrationsplan jeweils Bestandsaufnahmen, Zielbestimmungen und Vereinbarungen von Maßnahmen sowie Selbstverpflichtungen im Hinblick auf verschiedene Themenfelder formuliert (vgl. Bundesregierung 2007). Darüber hinaus ist es notwendig, integrationspolitische Maßnahmen umfassend zu konzipieren und umzusetzen, die Bedeutung(en) des menschenrechtlichen Maßstabs bereichsspezifisch zu klären und Hindernisse, die unter menschenrechtlichen Gesichtspunkten auf den „Integrationspfaden" (Davy 2004b) bestehen, aufzudecken sowie konstruktiv zu deren Abbau beizutragen.

Rechtsstaatlicher Schutz

Der Rechtsstaat ist darauf gerichtet, die politische Macht zu beschränken und zu kontrollieren und auf diese Weise die Freiheit und Autonomie der Individuen zu sichern. Dies soll vor allem dadurch erreicht werden, dass den Menschen „unveräußerliche" und „unverletzliche" Rechte verfassungsmäßig garantiert werden, die „als Grundlage jeder menschlichen Gemeinschaft" angesehen werden und staatliche Herrschaft prinzipiell begrenzen und dieser rechtliche Schranken setzen (vgl. Art. 3 ff. AEMR; Art. 1 Abs. 2 GG; Denninger 1990, 54). Dieser „Freiheit *vom* Staat" (Bobbio) (*status negativus)* entspricht der Grundsatz der rechtlichen Gleichheit. Danach werden alle Menschen als „gleich an Würde und Rechten" und im Hinblick auf den Genuss der Freiheit aufgefasst (Art. 1 AEMR). Dementsprechend ist der *Schutz vor Diskriminierung* „ein Strukturprinzip der Menschenrechte" (Bielefeldt/Follmar-Otto 2005, 5 ff.; Art. 2 AEMR). Bei Diskriminierung handelt es sich um Ungleichbehandlungen, die wegen oder aufgrund von bestimmten Kriterien erfolgen und Gleichheits- und Gleichbehandlungsgrundsätzen widersprechen. Zu unterscheiden ist zwischen einer institutionellen oder staatlichen Diskriminierung, der rechtliche Normen und/oder Aktivitäten staatlicher Einrichtungen zugrunde liegen, und einer gesellschaftlichen bzw. privaten Diskriminierung, die von Einzelpersonen und/ oder sozialen Gruppen getragen wird. Diskriminierungsverbote verpflichten die staatlichen Institutionen zum einen dazu, alle Maßnahmen zu unterlassen, die eine ungerechtfertigte Ungleichbehandlung der Individuen beinhalten, und zum anderen dazu, in all den Fällen aktiv zu handeln und Schutz zu gewährleisten, in denen dies durch nicht-staatliche Akteure erfolgt (siehe Kapitel V).

Ein zentrales integrationspolitisches Problem stellt unter diesem Gesichtspunkt der *Ausländerstatus* dar, in dem sich ein erheblicher Teil der Immigranten in der Bundesrepublik bis heute befindet. Kennzeichnend für diesen

10 Die Normen des Ausländer- und Staatsangehörigkeitsrechts werden zitiert nach der Textsammlung: Deutsches Ausländerrecht 2008.

Status ist ein Nebeneinander von gleicher und ungleicher Freiheit (vgl. Rittstieg 2003; Dienelt 2008). Als Inländer mit fremder Staatsangehörigkeit verfügen die Migranten einerseits über gleiche Rechte, zu denen auf verfassungsrechtlicher Ebene insbesondere das Prinzip der Menschenwürde, die Menschenrechte und Ansprüche auf wirksamen Rechtsschutz gehören. Andererseits ist die Freiheit der Migranten ungleich. Als Ausländer verfügen sie nicht über die Bürgerrechte, und sie unterliegen zudem ausländerrechtlichen Sondernormen, d.h. einer besonderen staatlichen Dispositionsbefugnis, die staatlichen Institutionen erweiterte, allerdings nach verschiedenen ausländerrechtlichen Gesichtspunkten differenzierte Eingriffsmöglichkeiten in zentrale Lebensbereiche der Betroffenen vermittelt (vgl. Davy/Cinar 2001a, 335ff.). Dieses auf fremde Staatsangehörige bezogene Nebeneinander von gleicher und ungleicher Freiheit gilt völker- und verfassungsrechtlich zwar grundsätzlich als zulässig und als mit dem Gleichheitssatz vereinbar (vgl. Lambert 2006). Allerdings wird dieser Sachverhalt mit dauerhafter Niederlassung von Ausländern im Inland zunehmend problematisch. Die Bezeichnung und Institutionalisierung der Eingewanderten als Ausländer gerät nämlich in „Widerspruch zur gesellschaftlichen Situation der Inländer ohne deutsche Staatsangehörigkeit": „Für diese Inländer bedeutet der Ausländerstatus Ausgrenzung und Diskriminierung, so dass die rechtsstaatliche Grundfrage der Gleichbehandlung aufgeworfen ist." (Rittstieg 2003, XIf.)

Insofern ist für Integrationspolitiken die Frage von zentraler Bedeutung, in welchem Ausmaß dem Prozess und Tatbestand der Einwanderung in rechtlicher und politischer Hinsicht Rechnung getragen wird und inwieweit Fortschritte auf dem „Weg zur Rechtsgleichheit" (Barwig/Davy 2004) erzielt werden. Im Hinblick auf die Frage der *Aufenthaltsintegration und -sicherheit* von dauerhaft im Inland lebenden Migranten ist dies in der Bundesrepublik bisher in einer widersprüchlichen Weise erfolgt. Einerseits wurde zwar dem rechtsstaatlichen Grundsatz der zunehmenden Verfestigung des Aufenthaltsstatus mit fortschreitender Dauer des legalen Aufenthaltes im Inland partiell Rechnung getragen (vgl. Rittstieg 2003, XVIII; Robbers 1994, 410ff.). Gleichwohl wurde, insbesondere unter Berufung auf den Grundsatz, dass die Bundesrepublik kein Einwanderungsland sei und ihre Belange bzw. Interessen gegenüber den Zuwanderern vorrangig zu beachten seien, selbst bei den dauerhaft Niedergelassenen vor allem auf deren Ausländer-Status abgestellt. So bleibt der ausländerrechtliche Ernstfall, nämlich die Möglichkeit des Staates zur (Ist-, Regel- oder Ermessens-)Ausweisung von Ausländern, also auch von im Inland geborenen und aufgewachsenen Kindern und Jugendlichen mit nicht-deutscher Staatsangehörigkeit, grundsätzlich möglich (vgl. Davy 2004a, 91; vgl. §§ 42ff. AuslG und §§ 50ff. AufenthG). Insofern bleiben im Rahmen des Ausländerstatus das Versprechen auf Aufenthaltssicherheit nicht „verlässlich" (Davy 2007) und „Unsicherheit (*precarietà*)" institutionalisiert (Melotti 2004, 28ff.). Verschärft wird diese Problematik noch dadurch, „dass diskriminierende oder Diskriminierung ermöglichende gesetzliche Regelungen zugleich die Projizierung von Vorurteilen gegenüber der diskriminierten Gruppe in die Öffentlichkeit hinein begünstigen und damit öffentliche Stigmatisierung bis hin zur Gewalttätigkeit gegenüber der Gruppe befördern", was bei dieser wiederum Segmentierungsvorgänge fördert (Behlert 2002, 330). Die aus diesem Sachverhalt resultierenden Integrationshindernisse sollten durch Maßnahmen abgebaut werden, die auf die Förderung der *Aufenthaltsintegration* gerichtet sind (vgl. Bauböck 1997; Davy 2001 c, 931 f.). Beitragen können dazu neben Veränderungen von einzelnen ausländerrechtlichen Bestimmungen, die sich besonders nachteilig für Immigranten auswirken, Formen eines Niederlassungsrechts oder einer postnationalen Mitgliedschaft, vor allem aber konsequente Erleichterungen des Erwerbs der Staatsangehörigkeit. Darüber hinaus sind in dieser Hinsicht Vorkehrungen zum *Schutz vor gesellschaftlichen Diskriminierungen* erforderlich (siehe Kapitel V).

Demokratische Partizipation

Für die Demokratie ist das Prinzip der Freiheit als Autonomie, also der politischen Selbstbestimmung, kennzeichnend (vgl. Bobbio 1999, 40 ff.). Dieses kommt in dem Grundsatz der Volkssouveränität, nach dem alle staatliche Gewalt auf den Willen des Volkes, das aus der Gesamtheit der Bürger besteht, zurückgeführt wird, sowie dem Prinzip der Partizipation zum Ausdruck. Nach Art. 21 Abs. 1 AEMR ist jedem Menschen das Recht garantiert, aktiv – in direkter oder indirekter Form – an der politischen Willensbildung seines Landes teilzunehmen und politische Entscheidungen zu beeinflussen und zu kontrollieren (vgl. auch Art. 20 GG; Denninger 1990, 56). Integraler Bestandteil dieser „Freiheit *im* Staat" (Bobbio) ist die politische Gleichheit bzw. das Versprechen auf gleiche politische Freiheit, also das gleiche Recht, auf den politischen Willensbildungsprozess einwirken zu können.

Dieser *status activus* ist vom Anspruch der Demokratie her inklusiv und tendenziell universal. Der demokratischen Idee und dem damit einhergehenden politischen Freiheitsgedanken entspricht es somit, „eine Kongruenz zwischen den Inhabern demokratischer politischer Rechte und den dauerhaft einer bestimmten staatlichen Herrschaft Unterworfenen herzustellen" (Bundesverfassungsgericht 2007, 79). So verstanden, verweist die Demokratie als Prinzip und als Prozess auf die Notwendigkeit und Möglichkeit, auch die länger im Inland lebenden Migranten in die demokratischen Teilhaberechte in gleicher Weise einzubeziehen und damit sowohl deren Freiheit und Integration als auch die der Gesellschaft insgesamt zu fördern (vgl. Beauftragte der Bundesregierung 2005, 306ff.; Denninger 1990, 54 ff.).

Diese am Demokratiegrundsatz orientierte „Integration durch Partizipation" (Büttner/Meyer 2001) ist in der Bundesrepublik bisher allerdings nur unvollständig erfolgt. Sofern und solange die Migranten nämlich im rechtlichen Sinne Ausländer sind, unterliegen sie auch im Bereich der politischen

Partizipation besonderen Bedingungen und Bestimmungen. Die diesbezüglichen Restriktionen nehmen in dem Maße zu, wie sich diese Beteiligung staatlichen Entscheidungsprozessen nähert (vgl. Robbers 1994, 417ff. sowie § 37 AuslG bzw. § 47 AufenthG). Ausländern ist vor allem das aktive und passive Wahlrecht vorenthalten, das zwar nicht die einzige, wohl aber die wichtigste Form der Partizipation in westlichen Demokratien darstellt. Sie besitzen somit keinen Anteil an der deutschen Staatsgewalt. Diese rechtliche Ungleichbehandlung zwischen Staatsfremden und Staatsangehörigen gilt zwar völker- und verfassungsrechtlich grundsätzlich als zulässig, geht aber in der Einwanderungsgesellschaft mit einem erheblichen Demokratiedefizit und einer demokratiepolitischen Herausforderung einher. Sie impliziert nämlich den politischen Ausschluss und die politische Entmündigung des ausländischen Teils der einheimischen Bevölkerung, der von Einwanderern abstammt (vgl. Bauböck 1997, 185 f.; Davy 2001 c, 982 f.). Nicht zu Unrecht wird dies als „exklusive Demokratie" und als „Zweiklassengesellschaft beim Wahlrecht" bezeichnet.[11]

Soll dieser problematische Sachverhalt in menschenrechtlich adäquaterer Weise verändert werden, so sind Maßnahmen vor allem in zwei Bereichen notwendig. Dazu gehört zum einen die Einräumung des *Kommunalwahlrechts für eingewanderte ‚Ausländer'*. Bisher ist dies in der Bundesrepublik auf der Basis von Art. 28 Abs. 1 Satz 3 GG und aufgrund europarechtlicher Vorgaben nur für Unionsbürger, nicht aber für Drittstaatsangehörige erfolgt. Insofern geht dies mit einer Ungleichbehandlung von EU-Angehörigen und Drittstaatsangehörigen und einem Ausschluss der letzteren von politischen Teilhaberechten einher, was deren Desintegration noch stärker betont (vgl. Bauböck 1997, 183; Davy 2001 b, 173). Menschenrechtlich angemessener und verfassungsrechtlich möglich wäre in dieser Hinsicht eine Gleichstellung, die als Kriterium für unterschiedliche Partizipationsrechte nicht so sehr auf die deutsche Staatsangehörigkeit bzw. die eines EU-Mitgliedsstaates, sondern vielmehr auf die Niederlassung der Betroffenen abstellt. Damit würden auch einschlägigen Übereinkommen und Empfehlungen des Europarates (vgl. ECRI 2009, 13 f.) sowie weiteren Sachverhalten, insbesondere der Entwicklung neuer Formen transnationaler Zugehörigkeit und der angestrebten Annäherung der Rechtsposition von Drittstaatsangehörigen an die der Unionsbürger, Rechnung getragen. Es würde zudem verdeutlicht, „dass zwischen dem Innehaben einer bestimmten Staatsangehörigkeit und der Einräumung staatsbürgerlicher Rechte kein zwingender konzeptioneller, begrifflicher oder rechtlicher Zusammenhang besteht" (Hanschmann 2009, 168; vgl. auch Sieveking 2008).

---

11 „Knapp fünf Millionen ausländischen Staatsangehörigen, die dauerhaft – zumeist mit einem gesicherten Aufenthaltsstatus – in Deutschland leben, wird das Wahlrecht auf jeder politischen Ebene verwehrt. Nur Unionsbürgern wird wenigsten bei Kommunalwahlen aufgrund europarechtlicher Vorgaben das aktive und passive Wahlrecht zugestanden" (Hanschmann 2009, 165).

Einschätzung und Empfehlung von ECRI zur Beteiligung von Ausländern am kommunalen öffentlichen Leben in Deutschland

„Keinerlei Schritte wurden (in Deutschland, A. S.) unternommen, um das Übereinkommen über die Beteiligung von Ausländern am kommunalen öffentlichen Leben zu unterzeichnen. Den Angaben der Behörden zufolge ist auch nicht daran gedacht, dieses Übereinkommen in nächster Zeit zu unterzeichnen. (…) ECRI wiederholt die Aufforderung an Deutschland, das Übereinkommen über die Beteiligung von Ausländern am kommunalen öffentlichen Leben zu unterzeichnen und zu ratifizieren (…).“ (ECRI 2009, 13 f.)

Allerdings würde auch damit die Beschränkung der gleichen politischen Freiheit auf die kommunale Ebene nicht aufgehoben. Von daher sind Erleichterungen des Erwerbs der Staatsangehörigkeit von noch größerer Bedeutung, da den Migranten damit unter den gegebenen rechtlichen Rahmenbedingungen nicht nur ein sicherer Aufenthaltsstatus, sondern auch eine völlige Gleichstellung im rechtlich-politischen Bereich, also auch unter Gesichtspunkten der politischen Partizipation, vermittelt wird.[12] Auch diesem Gesichtspunkt wurde in der Bundesrepublik integrationspolitisch bisher nur in beschränkter und widersprüchlicher Weise Rechnung getragen. Bis zum Ende der 90er Jahre waren die Regelungen für den Erwerb der deutschen Staatsangehörigkeit bei Geburt und im Falle der Einbürgerung vergleichsweise restriktiv. So wurde bei dem Erwerb der Staatsangehörigkeit kraft Geburt ausschließlich auf das Prinzip der Abstammung von deutschen Staatsangehörigen abgestellt (*ius sanguinis*) (vgl. Rittstieg 2003, XI). Der Erwerb der Staatsangehörigkeit auf dem Wege der Einbürgerung war ebenfalls sehr schwierig. Von daher fungiert(e) das ethnische Staatsbürgerschaftsmodell insgesamt „als ein Mechanismus sozialer Schließung, der die Trennung zwischen Ausländern und Deutschen reproduziert und verfestigt“ (Koopmans 1999, 33).

Die weitestgehenden Änderungen sind in dieser Hinsicht durch die am 1. Januar 2000 in Kraft getretene Reform des Staatsangehörigkeitsrechts erfolgt. Mit der Novellierung des Reichs- und Staatsangehörigkeitsgesetz vom 22. Juli 1913 durch das Staatsangehörigkeitsgesetz (StAG) wurden erstmals Elemente des Territorialprinzips beim Erwerb der deutschen Staatsangehörigkeit qua Geburt sowie eine deutliche Verkürzung der Zeiten eingeführt, die als Voraussetzung für die Einbürgerung erfüllt sein müssen. Allerdings enthält auch diese Reform Elemente, die den exklusiven Charakter der deutschen Staatsangehörigkeit betonen. Dazu gehören insbesondere die folgenden:

- Bei der Einbürgerung bleibt „die Hinnahme von Mehrstaatigkeit eine Ausnahme; der Erwerb der Staatsangehörigkeit kraft Geburt im Inland

12 Vgl. Bundesverfassungsgericht 2007, 74 ff; Davy 2004 b; Unabhängige Kommission „Zuwanderung“ 2001, 14.

(…) an enge Voraussetzungen und daran gebunden, dass die Betroffenen spätestens mit Erreichen der Volljährigkeit auf eine andere Staatsangehörigkeit verzichten" (Davy 2004a, 92f.; vgl. §§ 29, 40b StAG).

Einschätzung und Empfehlung von ECRI zur Einbürgerung und zur Ermöglichung der Beibehaltung der Herkunftsnationalität

„ECRI ist beunruhigt, dass zahlreiche Ausländer, die an sich die Voraussetzungen für den Erwerb der deutschen Staatsangehörigkeit durch Einbürgerung erfüllen, durch das Erfordernis des Verzichts auf die bisherige Staatsangehörigkeit von einem Antrag abgehalten werden mit der Folge, dass ihnen die aktive Teilnahme am deutschen politischen Leben verwehrt bleibt. (…) ECRI empfiehlt Deutschland, allen schon länger in Deutschland lebenden Ausländern sowie in Deutschland geborenen Personen die Einbürgerung zu erleichtern, um die Integration von Ausländern, die Deutsche werden wollen, dabei aber die bisherige Staatsbürgerschaft behalten möchten, zu fördern." (ECRI 2009, 14f.)

- Die Regelungen zur Anspruchseinbürgerung gehen nicht nur mit einer Gebührenerhöhung, sondern auch mit erhöhten Anforderungen an die sog. Integrationsbereitschaft und -fähigkeit der Einbürgerungswilligen, insbesondere im Bereich der Sprachkenntnisse, der Kenntnisse der Rechts- und Gesellschaftsordnung sowie der Verfassungstreue, einher (vgl. Davy 2004a, 93f.; §§ 10ff. StAG).
- Die Bestimmungen enthalten erhebliche Spielräume, die den Behörden in den einzelnen Bundesländern sowohl großzügige als auch restriktive (Überprüfungs-)Praktiken erlauben (vgl. Ekardt/Radtke 2007; Thränhardt 2008).
- Weitere Erschwernisse resultieren aus den Tests, die seit September 2008 als Voraussetzung für die Einbürgerung erfolgreich bestanden werden müssen (vgl. Dienelt 2008, XXXVI; ECRI 2009, 48f.).

Unter menschenrechtlichen Gesichtspunkten erscheinen so in Zukunft wirksame Erleichterungen bei dem Erwerb der Staatsangehörigkeit, insbesondere in Form einer flexibleren Handhabung des Problems der doppelten Staatsbürgerschaft und einer liberaleren Anwendung der Einbürgerungskriterien, erforderlich (vgl. Davy 2004a, 93ff.; Unabhängige Kommission „Zuwanderung" 2001, 245ff.). Dazu gehört auch die Abschaffung der Optionspflicht, die in § 29 StAG verankert ist. Danach sind die Migranten, die aufgrund der Geburt im Inland die deutsche und aufgrund der nicht-deutschen ihrer Eltern eine zweite Staatsangehörigkeit erworben haben, gezwungen, sich bei Erreichen der Volljährigkeit für eine der beiden zu entscheiden. Nach dem derzeit geltenden Recht hat dies in der Regel zur Folge, dass die jeweils andere verloren geht, was wiederum in einem deutlichen Spannungsverhältnis zu zentralen menschenrechtlichen, demokratischen und integrationspolitischen Grundsätzen steht.

Wider den Optionszwang – Ein zivilgesellschaftlicher Aufruf

„Sie gehören zu uns! Aufruf wider den Optionszwang für Kinder unseres Landes

Alle Deutschen dürfen mit der Vollendung des 18. Lebensjahrs wählen – und manche werden zu einer Wahl gezwungen: Sie sind in Deutschland geboren und aufgewachsen. Sie leben als Deutsche in Deutschland. Doch im Unterschied zu ihren gleichaltrigen Landsleuten müssen sie sich für oder gegen die Staatsangehörigkeit ihres Landes entscheiden: Zehntausende junge Erwachsene fallen in den kommenden Jahren unter den Optionszwang des deutschen Staatsangehörigkeitsrechtes. Sie sind Deutsche auf Abruf – bis zum Widerruf.

Der Grund für diese unbefriedigende Situation ist der Optionszwang, der gemeinsam mit der Einführung des Geburtsortsrechtes vor zehn Jahren in das neue Staatsangehörigkeitsrecht aufgenommen wurde. Kernpunkt dieser Reform war, dass in Deutschland geborene Kinder ausländischer Eltern automatisch die deutsche Staatsangehörigkeit erwerben, wenn ein Elternteil ein Daueraufenthaltsrecht besitzt (‚Ius soli' oder auch ‚Geburtsortsrecht'). Seither erhalten über 40.000 Kinder jährlich neben der Staatsangehörigkeit ihrer Eltern von Geburt an auch die deutsche Staatsbürgerschaft.

Das Geburtsortsrecht verhilft dem urdemokratischen Anliegen einer weitgehenden Kongruenz zwischen Staatsvolk und dauerhaft ansässiger Bevölkerung zur Durchsetzung. Allein über die Einbürgerung wird dieses Ziel in der Praxis nicht zu erreichen sein.

Im politischen Ringen um eine Neuregelung des Staatsangehörigkeitsrechts wurde im Jahr 2000 der Optionszwang eingeführt: Kinder ausländischer Eltern sollten zwar nach dem Geburtsortsrecht die deutsche und die elterliche Staatsangehörigkeit erhalten, sich aber mit Volljährigkeit für eine Staatsbürgerschaft entscheiden. Das wichtige Geburtsortsrecht wurde damit eingeführt, der endgültige Erwerb der deutschen Staatsangehörigkeit wurde jedoch unter den Vorbehalt einer späteren Entscheidung gestellt.

In den kommenden Jahren werden Tausende, ab 2018 Zehntausende von jungen Menschen, die in Deutschland geboren, als Deutsche aufgewachsen sind und hier arbeiten, wählen und leben, von Amts wegen aufgefordert, sich für eine ihrer Staatsangehörigkeiten zu entscheiden. Die jungen Menschen empfinden diesen Vorgang nicht nur als Infragestellung ihrer Staatsangehörigkeit, sondern letztlich auch ihrer Zugehörigkeit zu unserer Gesellschaft.

Der bürokratische Aufwand ist enorm, komplizierte Rechtsstreitigkeiten und Gerichtsverfahren sind vorprogrammiert und das integrationspolitische Signal ist fatal: Ihr gehört nicht ganz, nicht auf Dauer und nicht so wie andere dazu, ihr seid Deutsche auf Abruf. Wir wollen und dürfen aber diese jungen Menschen mit ihren zahlreichen Talenten nicht verlieren. Weil sie zu uns gehören. Und wir zu ihnen.

Ein schneller Verzicht auf den Optionszwang würde eine ungerechte Behandlung dieser Jugendlichen beenden und ein negatives integrationspolitisches Signal verhindern. Sie sollten ebenso wie jene Jugendlichen mit doppelter Staatsangehörigkeit, die einen deutschen Elternteil haben, beide Staatsangehörigkeiten dauerhaft behalten können. Deshalb muss die Optionspflicht abgeschafft werden – und das Geburtsortsrecht bleiben." (Aufruf: Wider den Optionszwang! 2009)

Soziale Teilhabe

Unter sozialen Gesichtspunkten haben die Prinzipien der Freiheit und Gleichheit eine weitere Bedeutung, nämlich die von positiver Freiheit und sozialer Gleichheit (vgl. Bobbio 1998, 68f. und 1999, 445ff.). In dieser Ausprägung beinhaltet Freiheit die Fähigkeit, über die von den Freiheitsrechten eingeräumten formalen Möglichkeiten auch real verfügen und diese unter den jeweiligen gesellschaftlichen Bedingungen konkretisieren zu können (vgl. Weber 1968). Diesem Freiheitsverständnis entspricht der Grundsatz der sozialen Gleichheit. Danach wird den Menschen in gleicher, allerdings unter sachlichen Gesichtspunkten differenzierbarer Weise nicht nur die negative oder politische, sondern auch die positive Freiheit zuerkannt, die sich in der Anerkennung der sozialen Rechte konkretisiert, in deren Zentrum die Rechte auf soziale Sicherheit, Bildung, Arbeit und Gesundheit stehen (vgl. Art. 22 ff. AEMR).

Einen integralen Bestandteil und Ausdruck dieser Perspektive stellt der *Sozialstaatsgrundsatz* dar, der im Grundgesetz als ‚Verfassungsstrukturprinzip' verankert ist. Diesem liegt die Erkenntnis zugrunde, dass eine wirkliche gesellschaftliche und politische Integration ohne einen sozialen Ausgleich nicht gelingen kann. Das Sozialstaatsprinzip zielt darauf ab, „sich nicht mit einer formalen Gleichstellung der Betroffenen zu begnügen, sondern die jeweilige soziale Wirklichkeit zu berücksichtigen, sodass eine Gleichstellung in den materiellen Auswirkungen des Rechts erzielt wird" (Stein/Frank 2004, 169). Die verbindliche Verankerung dieses Grundsatzes sowie der damit verbundene *status positivus* sind insbesondere darauf gerichtet, die Freiheit und Würde der schwächeren Gesellschaftsmitglieder und deren Entfaltungs- und Partizipationsmöglichkeiten zu schützen und so dazu beizutragen, mehr „Gleichheit der realen Freiheit" (Stein/Frank) zu verwirklichen. Dementsprechend kann von einer „Freiheit *durch* oder *mit Hilfe* des Staates" gesprochen werden (Bobbio 1999, 458 ff.). Diese sozialstaatliche Verpflichtung und die damit verbundenen sozialen Rechte gelten in der Bundesrepublik grundsätzlich, wenn auch mit Einschränkungen, unabhängig von der Nationalität, also auch gegenüber den im Inland lebenden Ausländern (vgl. Robbers 1994, 416; Davy 2004 a, 90 f.). Von daher wird die Inklusion der Immigranten in den Sozialstaat und das soziale Sicherungssystem nicht zu Unrecht zu den positiven Seiten des für die Bundesrepublik charakteristischen Integrationsmodells gezählt (vgl. Davy 2004 a, 88 f.; Böcker/Thränhardt 2003, 10 f.).[13]

In der gesellschaftlichen Wirklichkeit ist die soziale Lage der Mehrheit der Migranten allerdings im Vergleich mit der der einheimischen Bevölkerung trotz Verbesserungen, die im Verlauf der jeweiligen Niederlassungsprozesse erfolgt sind, derzeit immer noch durch erhebliche *Ungleichheiten, Benachteiligungen und beeinträchtigte Lebenschancen in zentralen Bereichen*

13 Einschränkend muss allerdings berücksichtigt werden, dass die sozialen Rechte von ‚Ausländern' kontingenten Charakter haben: „Die Rechte bleiben eng an den Marktwert der Betroffenen gebunden, vor allem an die Erwerbstätigkeit. Gleichheit steht im Dienst der Mobilität, nicht im Dienste eines Mitgliedschaftsverhältnisses. Das Risiko, dass sich Einwanderung letztlich nicht rechnet, weil die Nicht-Staatsangehörigen am Arbeitsmarkt nicht unterkommen, liegt auf den Schultern der Betroffenen. Es liegt nicht auf den Schultern der Deutschen." (Davy 2004 a, 94 f.)

(Arbeitsmarkt, Einkommen, Bildungssystem usw.) gekennzeichnet. Dementsprechend wird in dieser Hinsicht von einer bloßen „Teilintegration“ gesprochen (Geißler 2006, 241 ff.; vgl. auch Beauftragte der Bundesregierung 2007, 41 ff. und 79 ff.).

Sollen diese sozialen Ungleichheiten abgebaut und soll so mehr gleiche Freiheit in sozialer Hinsicht hergestellt werden, sind zunächst *sozialstaatlich orientierte Integrationsmaßnahmen* erforderlich. Diese sollten zum einen darauf gerichtet sein, auf der Seite der Migranten bestehende Defizite der Information und der sprachlichen und beruflichen Qualifikation durch besondere und adressatenspezifische Beratungs- und Fördermaßnahmen sowie gezielte Ausgleichs- und Kompensationsangebote zu vermindern (vgl. Unabhängige Kommission „Zuwanderung“ 2001, 218 ff.). In diese Richtung weisen die im Aufenthaltsgesetz enthaltenen Bestimmungen zur Förderung der Integration, insbesondere durch die Übernahme staatlicher Verantwortung und Unterstützung des Erwerbs von deutschen Sprachkenntnissen (§§ 43 ff. AufenthG). Allerdings enthalten diese Maßnahmen auch Elemente, die bürokratischen sowie paternalistischen Charakter haben und auf „Deutschlernen als Ausdruck eines Assimilationszwangs“ verweisen (Groß 2006, 11; vgl. auch Bundesregierung 2007 sowie Michalowski 2007).

Hindernisse und Barrieren der Integration sind allerdings nicht nur durch Einstellungen und Verhaltensweisen der Betroffenen selbst verursacht. Bedeutsam und in verschiedener Hinsicht maßgebender sind auch Politiken und Mechanismen, die von den jeweiligen Aufnahmegesellschaften ausgehen und Ungleichheiten und Formen der Diskriminierung produzieren. Insofern sollten die sozialstaatlich orientierten Integrationsmaßnahmen Elemente enthalten, die den desintegrativen Wirkungen, die von diesen Mechanismen ausgehen, Rechnung tragen und diesen entgegenwirken. Schließlich sind in diesem Zusammenhang *positive Maßnahmen* von erheblicher Bedeutung. Dabei geht es darum, strukturelle soziale Ungleichheiten von benachteiligten Personen(-gruppen) zu vermindern und eine Realisierung der vollen Gleichstellung in der Praxis durchzusetzen (siehe Kapitel V). Die aufgeführten sozialstaatlichen Integrationsmaßnahmen, die in erster Linie von oben erfolgen, können und sollten durch Initiativen und Formen der *Selbsthilfe von unten* ergänzt werden. Dazu gehören insbesondere Formen und Strukturen der kollektiven Demokratie und des kollektiven Arbeitsrechts, vor allem die Koalitionsfreiheit, die Tarifautonomie und die Betriebsverfassung. Des Weiteren sind in diesem Kontext Selbstorganisationen von Migranten und Formen des zivilgesellschaftlichen Engagements im interkulturellen Bereich oder in Bereichen der Mehrheitsgesellschaft relevant.

Kulturelle Entfaltung

Bei der Eingliederung der Immigranten spielen nicht nur strukturelle, sondern auch kulturelle Dimensionen eine erhebliche Rolle. Eine besondere

Herausforderung resultiert in diesem Zusammenhang daraus, dass sich innerhalb der Einwanderungsgesellschaften, vor allem in den städtischen Ballungszentren, Phänomene und Tendenzen einer *Pluralisierung der Kultur bzw. der Multikulturalität und Multi-Ethnizität* entwickelt haben (vgl. Mintzel 1997; Schulte 2000, 199ff.). Von zentraler Bedeutung für die integrationspolitische Bewältigung der damit einhergehenden Herausforderungen sind die *kulturellen Grundrechte* und Elemente der *„kulturellen Demokratie“* (Häberle 1997, 314ff.; vgl. auch Kälin 2000; Grimm 2002). Diese Prinzipien basieren auf dem Grundsatz der Menschenwürde und dem gleichen Recht auf freie Entfaltung der Persönlichkeit. Sie umfassen insbesondere die Gedanken-, Gewissens- und Religionsfreiheit (Art. 18 AEMR), die Meinungs-, Informations- und Pressefreiheit (Art. 19 AEMR) sowie das Recht auf Bildung (Art. 26 AEMR) und auf Teilnahme und Teilhabe am kulturellen Leben (Art. 27 AEMR).

Menschenrechte, freiheitliche Integrationspolitik und aufgeklärter Multikulturalismus

„Für das Konzept eines aufgeklärten Multikulturalismus bilden die Menschenrechte den Schlüssel. Dies gilt in einem komplexen Sinne. Zum einen verlangt der in den Menschenrechten formulierte Anspruch auf freie und gleichberechtigte Selbstbestimmung Respekt für eine Vielfalt kultureller Ausdruck- und Lebensformen. Diese Vielfalt ist allerdings nicht als Selbstzweck zu achten; vielmehr geht es immer zuvörderst um die Freiheit und Gleichberechtigung der *Menschen*, die die eigentlichen Subjekte menschenrechtlicher Ansprüche sind. Zum anderen impliziert der Menschenrechtsansatz auch Grenzen dessen, was im Namen kultureller Vielfalt akzeptiert werden kann. Er schließt die Anerkennung autoritärer und diskriminierender Praktiken, selbst wenn diese im Namen von Religion oder Kultur propagiert werden sollten, kategorisch aus. Indem sie den legitimen kulturellen Pluralismus vom Anspruch auf freie und gleichberechtigte Selbstbestimmung der Menschen her *begründen*, ziehen die Menschenrechte dem Konzept einer multikulturellen Gesellschaft somit klarere normative Konturen und auch *Grenzen* ein. Von den Menschenrechten her lässt sich insofern ein Konzept von Multikulturalismus entwickeln, das das Gegenteil jener Beliebigkeit, die in der abwertenden Rede von ‚Multikulti‘ oft als Unterstellung mitschwingt (…). In der menschenrechtlichen Perspektive gehören eine freiheitliche Integrationspolitik und die recht verstandene Anerkennung der multikulturellen Gesellschaft inhaltlich zusammen.“ (Bielefeldt 2007, 20f.)

Die kulturellen Rechte stehen in erster Linie Individuen zu, sie enthalten aber auch kollektive Dimensionen, da die kulturelle Entfaltung in der Regel in sozialen Zusammenhängen und Netzwerken erfolgt. Ebenso wie die bürgerlichen, politischen, wirtschaftlichen und sozialen Rechte sind auch die kulturellen Grundrechte inhaltlich weitgehend offen (vgl. Davy 2004a, 86; Coussey 2000, 25ff.). Entscheidungen über die Art und Weise und die Richtung der kulturellen Entfaltung können somit von Individuen und Gruppen eigenständig getroffen und entwickelt werden. Dies impliziert, dass auch die sich daraus (potentiell) ergebende ethnisch-kulturelle Heterogenität als ‚legitim‘ betrachtet und grundsätzlich positiv beurteilt wird. Von daher stellt nicht die Differenz, sondern die Ungleichheit den Gegensatz zum demokratischen Prinzip der Gleichheit dar (vgl. Bobbio 1994, 157). Dies beinhaltet auch, dass für Migranten(-gruppen) unterschiedliche Möglichkeiten für kulturelle Orientierungen bestehen, z. B. solche, die eher auf ‚Differenz' oder solche, die eher auf ‚Assimilation' gerichtet sind.

Die Rechte auf kulturelle Entfaltung sind einerseits Abwehrrechte und beinhalten als solche den Anspruch auf Freiheit *von* Vorgaben, die von außen auferlegt werden, insbesondere also von staatlichen Assimilierungszwängen, sowie auf Freiheit *zu* eigenen Entscheidungen. Darüber hinaus beinhalten sie als Teilhaberechte den Anspruch auf gleichberechtigte Teilnahme und Teilhabe an den kulturellen Prozessen. Für das Verhältnis zwischen den Individuen wie auch zwischen den unterschiedlichen Gruppen ist grundsätzlich das Prinzip der *Toleranz* maßgebend; dieses „richtet sich nicht gegen die Authentizität und den Wahrheitsanspruch religiöser Bekenntnisse und Lebensformen, es soll allein deren gleichberechtigte Koexistenz innerhalb desselben politischen Gemeinwesens ermöglichen" (Habermas 1998, 190).

Unter diesen Voraussetzungen steht die staatliche Integrationspolitik im kulturellen Bereich vor einer schwierigen Aufgabe. Sie muss einerseits (im Sinne der Freiheit *von*) die kulturelle Entfaltung der Selbstbestimmung den Individuen und Gruppen überlassen, andererseits aber auch diese Entfaltung (im Sinne der Freiheit *zu*) „durch die Sicherstellung der grundlegenden Existenzbedingungen und Bildungsbedürfnisse im materiellen und immateriellen Sinn" mittragen und fördern (Buser 1998, 26). Im Zentrum dieser komplexen „Konstellation von staatlicher Abstinenz (negativer Grundrechtsaspekt) und staatlicher Leistung (positiver Grundrechtsaspekt)" (Buser) steht die Aufgabe, für Individuen und Gruppen (auf Seiten der Mehrheit und der Minderheiten) in möglichst gleicher Weise Möglichkeiten der kulturellen Selbstbestimmung, Entfaltung und Partizipation auf der Basis und im Rahmen der Menschenrechte und der Demokratie zu gewährleisten.

Dazu können Integrationskonzepte beitragen, die aus sozialwissenschaftlicher Sicht als „differenzsensibel" (Habermas 1993), „pluralistisch" (Bauböck 1997), „interkulturell" (Geißler 2005) oder als „aufgeklärter Multikulturalismus" (Bielefeldt 2007) bezeichnet werden. Gemeinsam ist diesen Sichtweisen die Stoßrichtung gegen eine (Zwangs-)Assimilation einerseits und eine soziokulturelle Segregation der Migranten andererseits. Zudem werden aus dieser Sicht Vorstellungen einer als Maßstab für Integration fungierenden ‚Leitkultur', sofern diese im ethnisch-kulturellen Sinne als ‚deutsch' und nicht menschenrechtlich verstanden wird, kritisch beurteilt. Die Konzepte sind zum einen in differenzsensibler Weise auf die *Wahrnehmung, Anerkennung und Respektierung von ‚anderen' Kulturen* auf dem jeweiligen Staatsgebiet gerichtet. Dies erfordert, den Migranten(-gruppen) Möglichkeiten autonomer Entscheidungen über die Aufrechterhaltung und

Weiterentwicklung ihrer jeweiligen kulturellen Lebensformen zu gewährleisten, sie vor einer Missachtung ihrer kulturellen und identitätsbildenden Lebensformen und Traditionen von Seiten der Mehrheitsgesellschaft zu schützen und ihnen den gleichen Respekt bzw. die gleiche Anerkennung wie der Mehrheitskultur zukommen zu lassen. Zusätzlich sollten in diesem Zusammenhang Prozesse des *kulturellen Austauschs und interkulturelle Orientierungen* gefördert werden (vgl. Nicklas/Müller/Kordes 2006). Dabei geht es unter inhaltlichen Gesichtspunkten im Kern um Begegnung, Dialog, Austausch und Verstehen, aber auch um Selbstreflexion sowie wechselseitige Kritik und Beurteilung. Diese Prozesse können wiederum dazu beitragen, ethnozentristische, fremdenfeindliche bzw. (kultur-)rassistische und fundamentalistische Einstellungen und Verhaltensweisen abzubauen oder diesen vorzubeugen. Unter Gesichtspunkten der *Teilhabe* erfordert dies, dass unterschiedliche Kulturen und somit auch die Kulturen der Einwanderungsminderheiten nicht nur in der ‚privaten' bzw. ‚persönlichen' Sphäre, sondern darüber hinaus auch in anderen gesellschaftlichen Bereichen und Institutionen zur Entfaltung kommen können.

Regulierung von Konflikten

Prozesse der Integration gehen in der Regel mit vielfältigen Konflikten und Spannungen einher, die wiederum den gesellschaftlichen Zusammenhalt insgesamt gefährden (können). Von daher sollten im Rahmen von Integrationspolitiken auch *Vorkehrungen zur Regulierung von Konflikten und zur Sicherung des gesellschaftlichen Zusammenhalts* entwickelt werden (siehe auch Kapitel III). Für die Austragung dieser Konflikte bieten die Menschenrechte, die allgemein, d.h. für Angehörige der Minderheiten wie der Mehrheit in der gleichen Weise, gelten, aufgrund ihres offenen Charakters einen erheblichen Spielraum. Dissens ist zugelassen und die „Freiheit zum Dissens" (Bobbio 1988, 60ff.) institutionalisiert. Gleichwohl sind Demokratien aber nicht nur durch Dissens, sondern auch durch ein gewisses Maß an Konsens charakterisiert, so dass auch Grenzen des Dissenses, also der freien Entfaltung, der Toleranz und der Konfliktaustragung, festgelegt werden müssen. Die Konkretisierung der damit einhergehenden Grenzziehungen stellt allerdings keine Selbstverständlichkeit, sondern eine „Feuerprobe für ein demokratisches System" (Bobbio 1988, 61) dar. So beinhaltet das in diesem Zusammenhang häufig genannte Prinzip „Keine Freiheit (Toleranz) für die Feinde der Freiheit (Toleranz)" zwar eine richtige Problemstellung, aber noch keine Lösung. Es kann nämlich entweder eher restriktiv oder eher großzügig ausgelegt werden (Bobbio 1998, 102ff.).

Unter Bezugnahme auf die Unterscheidung zwischen einem nicht-kontroversen Sektor, der auf politische Grundsatzfragen beschränkt ist und allgemein als verbindlich anerkannt wird, und einem kontroversen Sektor, der sich auf die vielfältigen umstrittenen Fragen der alltäglichen Politik bezieht (vgl. Fraenkel 1991, 246ff.), sollte zwischen extremen und alltäglichen

Konfliktfällen differenziert werden. Zu *extremen*, mit den menschenrechtlichen Prinzipien unvereinbaren Fällen gehören solche, bei denen von Seiten der Mehrheitsgesellschaft rassistische oder diskriminierende Übergriffe auf Angehörige der Minderheitenbevölkerung erfolgen (siehe Kapitel V). Übergriffe auf das Leben, die körperliche Unversehrtheit und die Freiheit von Angehörigen der Einwanderungsminderheiten erfolgen allerdings nicht nur von Seiten der Mehrheitsgesellschaft, sondern auch von Mitgliedern dieser Bevölkerungsgruppe selbst. Dazu gehören insbesondere Fälle, bei denen von (in der Regel männlichen) Immigranten unter Berufung auf (vermeintliche oder tatsächliche) kulturelle und religiöse Traditionen *Gewalt im familiären Bereich*, insbesondere gegenüber Mädchen und Frauen, in Form von ‚Ehrenmorden' oder ‚Zwangsverheiratungen' ausgeübt wird (vgl. u.a. Karakaşoğlu 2006; Schubert/Moebius 2006). Weiterhin gehören dazu ‚fundamentalistisch' oder terroristisch orientierte Bestrebungen, die eigene Position gewaltsam durchzusetzen und zu verabsolutieren. Gegenüber diesen Übergriffen sind unter Gesichtspunkten des rechtsstaatlichen Schutzes im Rahmen menschenrechtlich orientierter Integrationspolitiken geeignete Vorkehrungen präventiver, beratender und strafrechtlicher Art zu entwickeln. Zu *alltäglichen* Konflikten zählen im Hinblick auf muslimisch orientierte Angehörige der Einwanderungsminderheiten z.B. die Kontroversen über den Bau von Moscheen, das Tragen von Kopftüchern in Schulen und das Schächten von Tieren (vgl. Hufen 1994, 116; vgl. auch Grimm 2002; Kälin 2000). Diese Kontroversen resultieren in der Regel aus dem heterogenen Charakter der Menschenrechte, der unterschiedlichen inhaltlichen Nutzung dieser Rechte oder aus Grundrechtsbeschränkungen, die mit allgemeinen Gesetzen einhergehen. In dieser Hinsicht ergibt sich die Notwendigkeit eines Verfahrens, das rechtswissenschaftlich als „Herstellung praktischer Konkordanz" (Hesse 1995, 142, im Original Hervorhebungen) bezeichnet wird. Dies zielt darauf ab, unterschiedliche und miteinander konkurrierende Rechtsgüter einander zuzuordnen, gegeneinander abzuwiegen und ihre jeweiligen Schranken herauszuarbeiten.

Die in erster Linie von staatlichen Institutionen und rechtlichen Normen ausgehenden Maßnahmen der Konfliktregulierung sollten durch weitere Maßnahmen ergänzt werden. Dazu gehören zum einen *vorstaatliche Verfahren der Konfliktbearbeitung*, die auf die Zivilisierung von Konflikten und die Förderung von aktivem Bürgersinn gerichtet sind. Grundlegend ist hier die Annahme, „dass friedliche Konfliktregulierung (...) eine Kunst ist, die gelernt und gelehrt werden kann" (Eckert 1996, 214). Entstehung und Verlauf von Konflikten sind zudem von Einstellungen und Verhaltensweisen der Individuen abhängig. Diese können und sollten durch *Aufklärung, Formen der Kommunikation und pädagogische Prozesse* beeinflusst werden. So erfordert die Demokratie *Aufklärung* und *Öffentlichkeit*, da die Individuen nur unter dieser Voraussetzung wirksam auf gesellschaftspolitische Entscheidungen Einfluss nehmen und diese kontrollieren können (vgl.

Bobbio 1988, 21 ff.). Zudem besteht eine enge Wechselbeziehung zwischen der Demokratie und *dialogischen* Formen der Kommunikation. Diese ist vor allem dann vorhanden, wenn ‚Demokratie' nicht nur als ein Mittel der Interessenvertretung, sondern auch als ein Verfahren zur Schaffung eines öffentlichen Forums verstanden wird, in dem – zumindest dem Grundsatz nach – „durch Dialog statt durch Rückgriff auf Macht strittige Fragen – im Prinzip – gelöst oder zumindest beigelegt werden können" (Giddens 1997, 37; vgl. auch Bobbio 1997, 16 ff.). Dies gilt sowohl für im engeren Sinne politische, aber auch für soziale und kulturelle Probleme, nicht zuletzt für interkulturelle Diskurse über Fragen der Interpretation und Umsetzung der Menschenrechte sowie für interreligiöse Dialoge (vgl. Habermas 1998, 192; Avineri 1996, 195).

Zusätzlich sollten Integrationspolitiken, die sich an dem Ideal der gleichen Freiheit orientieren, individuelle und kollektive *Lernprozesse*, vor allem durch *Politische Bildung, Menschenrechtsbildung* und *Interkulturelles Lernen,* fördern (vgl. Schulte 2006 b). Dabei geht es um die Vermittlung von Qualifikationen und Kompetenzen, die für die Bewältigung des Zusammenlebens in einer von ihrem Anspruch her menschenrechtlich und demokratisch orientierten und verfassten (Einwanderungs-)Gesellschaft für Einheimische und Zugewanderte erforderlich sind. Dies beinhaltet, Kinder, Jugendliche und Erwachsene auf Seiten der Migranten wie der Mehrheitsgesellschaft im schulischen und außerschulischen Bereich

- zu politischer Urteilsbildung und Handlungskompetenz zu befähigen,
- bei der Bewältigung der vielfältigen An- und Herausforderungen zu unterstützen, die mit Migrations- und Einwanderungsprozessen einhergehen,
- zu einem Abbau von Vorurteilen sowie von diskriminierenden und rassistischen Einstellungen und Verhaltensweisen zu motivieren und zu qualifizieren,
- für bestehende soziale Ungleichheiten und Diskriminierungen und für Diskrepanzen, die zwischen den Idealen und der Wirklichkeit von Menschenrechten und Demokratie bestehen, und für Spannungen zwischen Dissens und Konsens zu sensibilisieren, und
- sowohl zu einem kompetenten Umgang mit ethnisch-kultureller Vielfalt wie auch zu einem gewaltfreien Umgang mit Konflikten zu befähigen und dabei dem Grundsatz der Toleranz Rechnung zu tragen (vgl. auch die didaktischen Materialien in: Schulte/Bayat 2007).

Für den Erfolg von Integrationsprozessen ist schließlich auch die Art und Weise von Bedeutung, wie der *öffentliche Diskurs* über Migration und Integration geführt wird. In dieser Hinsicht hat die Weltkommission für Internationale Migration wichtige und zutreffende Einschätzungen und Empfehlungen formuliert.

Anforderungen an den öffentlichen Diskurs über Migration und Integration – Die Sicht der Weltkommission für Internationale Migration

„Der öffentliche Diskurs über internationale Migration

Personen und Organisationen, die Einfluss auf die öffentliche Meinung haben, müssen das Thema der internationalen Migration auf eine objektive und verantwortungsvolle Art und Weise ansprechen.

51. In vielen Ländern der Welt ist die gesellschaftliche Position von Migranten durch Berichte in den Medien gefährdet worden, die die Mitglieder von Migranten- und Minderheitengruppen im schlechtest möglichen Licht darstellen: Als Kriminelle, Terroristen und, allgemeiner, als Personen, die eine Bedrohung für die gewohnte Lebensart sind. In manchen Fällen hat eine ignorante und fahrlässige Berichterstattung die objektive Realität verschleiert. In den schlimmsten Fällen waren Journalisten dafür verantwortlich, Mythen zu verbreiten und die Vorstellungen von populistischen Politikern und Interessengruppen zu unterstützen, die versuchten, Fremdenfeindlichkeit zu schüren, um Unterstützung in der Bevölkerung zu bekommen. Flüchtlinge, Asylbewerber und Migranten, die irregulär eingereist sind, waren häufig Ziel dieser Angriffe.
52. Die Kommission legt großen Wert auf eine freie Presse und ist sich der Gefahren, die der Versuch der Regulierung des öffentlichen Diskurses über die internationale Migration mit sich bringt, durchaus bewusst. Migranten können ebenso wie andere Mitglieder der Gesellschaft an Verbrechen beteiligt sein und sich unsozial verhalten. Über diese Vergehen sollte berichtet werden. Die Kommission plädiert jedoch ausdrücklich für eine verantwortungsvolle Debatte über Migration, bei der sichergestellt wird, dass der Ruf von Personen, die aus anderen Ländern stammen, nicht auf Grund ihrer nationalen Herkunft oder ihres rechtlichen Status beschädigt wird. Die Kommission bestätigt ebenfalls den Wert freiwilliger Verhaltensregeln und anderer selbst regulierender Mechanismen für die Medien sowie von Verfahren, die Individuen und Gruppen von Personen, die ungerechtfertigt verleumdet wurden, das Recht zur Stellungnahme geben.
53. Diese Ansätze müssen durch Maßnahmen ergänzt werden, die Integration und sozialen Zusammenhalt fördern und die Achtung der Rechte von Migranten unterstützen. Die Kommission würdigt diejenigen Rundfunk- und Fernsehsender, die sich zur sozialen Vielfalt bekennen, sowohl in der Art ihres Programms als auch in der Zusammensetzung ihrer Belegschaft.
    Auch Schulen, Migrantenverbänden, religiösen Institutionen, Gewerkschaften und anderen Institutionen der Zivilgesellschaft kommt eine wichtige Rolle zu in der Beeinflussung des öffentlichen Diskurses über Migration. Sie können auch sicherstellen, dass er in einer objektiven Weise geführt wird. (…)" (Weltkommission für Internationale Migration 2005, 51 f.)

Implementierung, Evaluierung und Weiterentwicklung

Sollen menschenrechtsorientierte Integrationspolitiken nachhaltig sein, so reicht es nicht aus, angemessene Ziele und rechtliche Normen zu formulieren. Ähnlich wie in anderen Rechts- und Politikbereichen müssen auch hier geeignete Vorkehrungen zur *Implementierung, Evaluierung und Weiterentwicklung* getroffen werden (vgl. Filsinger 2008). Vorgeschlagen werden in dieser Hinsicht vor allem die folgenden Elemente und Maßnahmen:

- Überprüfung und Weiterentwicklung bestehender sowie Entwicklung neuer Institutionen,
- Verankerung der Prinzipien des Mainstreaming und der interkulturellen Öffnung auf institutioneller Ebene,
- Verstärkung von Mechanismen des Monitoring und der Berichterstattung,
- Verbesserung der Datenlage, vor allem durch Intensivierung der wissenschaftlichen Forschung,
- Berücksichtigung und *benchmarking* von positiven Ansätzen und Erfahrungen in verschiedenen Ländern, Regionen und Kommunen (vgl. Entzinger/Biezeveld 2003; MIPEX 2007),
- Einbeziehung und Intensivierung der Kooperation von staatlichen und (zivil-)gesellschaftlichen Akteuren,
- Abstimmung zwischen der Integrations- und Zuwanderungspolitik auf der Ebene der politischen Steuerung sowie
- Einbettung der speziellen in allgemeine Integrationspolitiken und eine entsprechende Verknüpfung mit anderen Politikfeldern.

Es ist weitgehend anerkannt, dass derartige oder ähnliche Vorkehrungen für Integrationspolitiken notwendig sind, wenn diese erfolgreicher als bisher sein sollen. Gleichwohl gibt es in dieser Hinsicht aber auch verschiedene *Probleme, Einwände und Kontroversen.* Neben den Schwierigkeiten, die mit der Erhebung europaweit vergleichbarer Daten in Zusammenhang stehen, gibt es solche, die insbesondere das Was, Wie und Wozu der Integrationsmessung betreffen. So ist es zum einen schwierig festzustellen, welche Aussagekraft bestimmte Integrationsindikatoren haben und wie diese zu interpretieren sind. So kann eine unbefriedigende Integration von Zuwanderern in den Arbeitsmarkt „Zeichen von Diskriminierung, Zeichen von schlechter Integrationspolitik, Zeichen unzureichender Qualifizierung der Zuwanderer für den jeweiligen Arbeitsmarkt oder auch Zeichen einer schlechten gesamtwirtschaftlichen Lage sein (...)“ (Michalowski 2007, 54).

Zudem können die Messungen – je nach Orientierung an unterschiedlichen Integrationskonzeptionen – auf die Beurteilung entweder der Wirksamkeit der rechtlichen und politischen Maßnahmen zur Integrationsförderung oder des Standes der von den Migranten zu erbringenden Integrationsleistungen gerichtet sein. Die erste der beiden Orientierungen ist für die MIPEX-Untersuchung charakteristisch.

Gegenstand und Selbstverständnis der Messung in der MIPEX-Untersuchung

„Der MIPEX misst gesetzgeberische sowie sonstige Maßnahmen zur Integrationsförderung von Migranten in 25 EU-Mitgliedsstaaten und drei Staaten außerhalb der EU. Mit Hilfe von über 140 Indikatoren zeichnet der Index ein ausführliches, mehrdimensionales Bild der Partizipationschancen, die Migranten in europäischen Gesellschaften haben. Dabei deckt der MIPEX sechs politische Bereiche ab, die den Weg von Migranten zur vollen Staatsbürgerschaft bestimmen: Zugang zum Arbeitsmarkt, Familienzusammenführung, langfristiger Aufenthalt, politische Partizipation, Zugang zur Staatsbürgerschaft und Antidiskriminierung. Die Best Practice für jeden politischen Indikator ist der höchste europäische Standard, der in Übereinkommen des Europarats oder Richtlinien der Europäischen Gemeinschaft festgelegt ist (wenn es sich dabei nur um Mindeststandards handelt, werden europaweite Politikempfehlungen verwendet). Da gesetzgeberische sowie sonstige Maßnahmen in allen Mitgliedsstaaten gemäß denselben Standards verglichen werden, ist der MIPEX ein ‚Benchmarking'-Werkzeug, mit der die Leistungen der einzelnen Länder verglichen werden kann (…)." (MIPEX 2007, X)

Elemente der zweiten Orientierung sind nach Hamburger (2009) in dem Nationalen Integrationsplan und Ersten Integrationsindikatorenbericht enthalten (vgl. Bundesregierung 2007; Beauftragte der Bundesregierung 2009). Damit gehe ein „Vermessungswahn" einher, der auf die vollständige Erfassung der von der Migrantenbevölkerung zu erbringenden Integrationsleistungen abziele. Ausgehend von einer herrschenden und mit Hilfe von Wissenschaft und Statistik fundierten Definition von ‚erfolgreicher Integration' werde die Migrantenbevölkerung dabei vollständig erfasst, von der übrigen Bevölkerung separiert und dann mit der Gesamtbevölkerung verglichen. Dabei würden wiederum in erster Linie die (als unzureichend geltenden) Integrationsleistungen der Betroffenen, nicht so sehr unzureichende integrationspolitische Maßnahmen und problematische Einstellungen und Verhaltensweisen der Mehrheitsgesellschaft berücksichtigt. Schließlich sollten nach Doomernik grundsätzlich Verfahren des Monitoring vor allem von staatlicher Seite mit Vorsicht und Sensibilität praktiziert werden. Die Privatsphäre der Individuen sollte respektiert, die Bevölkerung über Sinn und Zweck der Datenerhebung aufgeklärt und schließlich Sensibilität dafür entwickelt werden, dass die erhobenen Daten für die betroffenen Individuen mit stigmatisierenden Folgen verbunden sein können (Doomernik 1998, 74 f.; vgl. auch ECRI 2009, 51 f.).

4. Zusammenfassung

‚Integration' – verstanden als Eingliederung von Immigranten in die Gesellschaft und als Aufrechterhaltung und Weiterentwicklung des gesellschaftlichen und politischen Zusammenhangs – stellt im Einwanderungskontinent Europa eine zentrale Herausforderung dar. In den Haupteinwanderungsländern wurde mit dieser Herausforderung bisher unterschiedlich umgegangen, wobei seit einigen Jahren auch Tendenzen der Angleichung existieren. Die jeweiligen Integrationspolitiken wurden durch verschiedene Faktoren geprägt. Sie weisen sowohl Defizite als auch positive Aspekte auf und waren insgesamt bisher nur unzureichend erfolgreich, wobei dies für die jeweiligen gesellschaftlichen Bereiche in unterschiedlicher Weise gilt.

Unter normativen Gesichtspunkten sollten sich Politiken der Integration von Immigranten grundsätzlich an den Prinzipien orientieren, die für die Integration der Gesellschaft bzw. des politischen Gemeinwesens insgesamt maßgebend sind. Von zentraler Bedeutung sind in dieser Hinsicht die Grundsätze der Freiheit und Gleichheit – und zwar sowohl unter formalen als auch materialen Gesichtspunkten. Sie enthalten zunächst ein verpflichtendes Leitbild für Integrationspolitiken, darüber hinaus einen Maßstab zur Beurteilung ihrer jeweiligen Reichweite und schließlich Gesichtspunkte für deren Weiterentwicklung. Sie verweisen insgesamt auf die Notwendigkeit von Maßnahmen, die das menschenrechtliche Prinzip der ‚gleichen Freiheit' im Hinblick auf die Integration der Immigranten unter Gesichtspunkten des rechtsstaatlichen Schutzes, der demokratischen Partizipation, der sozialen Teilhabe und der kulturellen Entfaltung konkretisieren und darauf gerichtet sind, Zuwanderern eine gleichberechtigte Teilhabe am gesellschaftlichen, wirtschaftlichen, kulturellen und politischen Leben unter Respektierung kultureller Vielfalt zu ermöglichen. Da Integrationsprozesse in der Regel keine idyllischen Vorgänge sind, müssen diesbezügliche Politiken auch darauf abzielen, auftretende Konflikte auf der Grundlage und im Rahmen eines Basiskonsenses bzw. nicht-kontroversen Sektors möglichst gewaltfrei zu regulieren und auf diesem Wege die Aufrechterhaltung und Weiterentwicklung des gesellschaftlichen Zusammenhalts zu fördern. Zudem sollten Vorkehrungen für die Umsetzung, Bewertung und Weiterentwicklung der jeweiligen politischen Programme und Maßnahmen getroffen werden. Integrationspolitiken, die sich konsequent an diesen Gesichtspunkten orientieren, können aller Voraussicht nach zu einer gewissen Annäherung an das in den Menschenrechten verankerte „ferne Ziel einer gerechten Gesellschaft von freien und gleichen Individuen" beitragen (Bobbio 1998, 55). Allerdings handelt es sich dabei nur um eine mögliche Entwicklung. Ob sich diese auch in der gesellschaftlichen Wirklichkeit durchsetzt, hängt nicht zuletzt von den Orientierungen, dem praktischen Verhalten und den Kräfteverhältnissen der beteiligten gesellschaftspolitischen Akteure ab. Ein positives Beispiel stellt in dieser Hinsicht das integrationspolitische Konzept dar, das von der Weltkommission für Internationale Integration in ihrem Bericht formuliert worden ist.

Elemente einer umfassenden und an den Menschenrechten orientierten Integrationspolitik – Die Sicht der Weltkommission für Internationale Migration

Im Rahmen von insgesamt sechs Handlungsprinzipien einer Migrations- und Integrationspolitik wird im Bericht der Weltkommission für Internationale Migration als vierter Grundsatz die „*Stärkung des sozialen Zusammenhalts durch Integration*" unter dem Gesichtspunkt „*Vielfalt und Kohäsion: Migranten in der Gesellschaft*" in der folgenden Weise thematisiert:
„Migranten und Bürger der Zielländer sollten ihre rechtlichen Verpflichtungen einhalten und von einem wechselseitigen Prozess der Annäherung und Integration profitieren, der zugleich kultureller Vielfalt Raum bietet und den gesellschaftlichen Zusammenhalt fördert. Dieser Prozess sollte von den lokalen und nationalen Behörden, Arbeitgebern und Mitgliedern der Zivilgesellschaft aktiv unterstützt werden und auf ei-

nem Bekenntnis der Nichtdiskriminierung und Geschlechtergleichheit basieren. Außerdem sollte er durch einen objektiven Diskurs in der Öffentlichkeit, Politik und in den Medien über internationale Migration geprägt werden."
Dieses grundlegende Handlungsprinzip wird dann so konkretisiert:

„*Staatliche Politik und praktische Umsetzung*
Während es anerkannt ist, dass Staaten das Recht haben, die eigene Politik bezüglich der Situation der Migranten in der Gesellschaft zu bestimmen, müssen allen Migranten ihre fundamentalen Menschenrechte garantiert und arbeitsrechtliche Mindeststandards zugestanden werden. (…)

Integration und Marginalisierung
Reguläre Migranten und solche mit langfristiger Aufenthaltsgenehmigung sollten vollständig in die Gesellschaft integriert werden. Mit dem Integrationsprozess sollten die Achtung der sozialen Vielfalt, die Förderung des gesellschaftlichen Zusammenhalts und die Vermeidung der Ausgrenzung von Migrantengemeinschaften einhergehen. (…)

Ein kohärenter Integrationsansatz
Lokale und nationale Behörden, Arbeitgeber und Mitglieder der Zivilgesellschaft sollten aktiv und gemeinsam mit den Migranten und ihren Verbänden daran arbeiten, den Integrationsprozess zu fördern. Migranten sollten dabei genau über ihre Rechte und Pflichten informiert und dazu ermutigt werden, aktive Bürger des Aufnahmelandes zu werden. (…)

Migrantinnen und Migrantenkinder
Besondere Aufmerksamkeit sollte dem Mitspracherecht und dem Schutz weiblicher Migranten geschenkt werden. Ebenso muss gewährleistet werden, dass sie aktiv an der Formulierung und Umsetzung der Integrationspolitiken und -programme beteiligt werden. Ferner sollten die Rechte sowie Wohlfahrts- und Bildungsbedürfnisse von Migrantenkindern uneingeschränkt berücksichtigt werden. (…)

Temporäre Migranten und Migranten mit irregulärem Status
Auch wenn temporären Migranten und Migranten mit irregulärem Status normalerweise nicht das Recht auf Integration in die Gesellschaft, in der sie leben, zugestanden wird, sollten sie vor Ausbeutung und Missbrauch geschützt und ihre Rechte vollständig respektiert werden. (…)

Der öffentliche Diskurs über internationale Migration
Personen und Organisationen, die Einfluss auf die öffentliche Meinung haben, müssen das Thema der internationalen Migration auf eine objektive und verantwortungsvolle Weise ansprechen. (…)" (Weltkommission für Internationale Integration 2005, 42 ff.; im Original weitere Hervorhebungen).

V. Antidiskriminierung – Grundlagen, Entwicklungen und Kontroversen

Multikulturelle Einwanderungsgesellschaften sind keine romantische Idylle, sondern durch eine Vielzahl von Problemen und Konflikten gekennzeichnet. Dazu gehören auch die sozialen Ungleichheiten und Benachteiligungen, die die Lebenssituation der Mehrheit der Migranten in zentralen gesellschaftlichen Bereichen trotz Verbesserungen und Binnendifferenzierungen, die im Verlauf der jeweiligen Niederlassungsprozesse erfolgt sind, bis heute prägen. In sozialwissenschaftlichen Untersuchungen wird in dieser Hinsicht von „struktureller Desintegration“ oder „unvollständiger“ bzw. „partieller Integration“ gesprochen (Schäfers 2002, 252 ff.; Geißler 2006, 241 ff.).

Obwohl über diesen Tatbestand selbst weitgehende Einigkeit besteht, wird die Frage, welche *Ursachen* diesem Sachverhalt zugrunde liegen, kontrovers beantwortet. Vereinfacht formuliert, gibt es zwei *Erklärungsansätze*. In der ersten Variante, der sogenannten *Defizitthese,* werden Merkmale, Eigenschaften und Verhaltensweisen bestimmter Subjekte und Gruppen als defizitär, problematisch und integrationshinderlich gewertet. Genannt werden in diesem Zusammenhang zum einen Mängel im Bereich der Information und der allgemeinen, sprachlichen und beruflichen Qualifikation (vgl. z. B. Beauftragte der Bundesregierung 2007, 57; Santel 2007, 30). Zum anderen werden unter diesem Gesichtspunkt bestimmte religiöse und kulturelle Orientierungen und Verhaltensweisen, wie ‚Abschottungen‘ in bestimmten Stadtteilen, kriminelles Verhalten bei Jugendlichen mit Migrationshintergrund, die Ausübung von Gewalt durch (in der Regel männliche) Immigranten im familiären Bereich sowie fundamentalistisch oder terroristisch orientierte Bestrebungen, thematisiert.

Die Defizitthese – Die Sicht politischer Akteure

„In Deutschland leben rund 15 Mio. Menschen mit Migrationshintergrund. Viele von ihnen haben längst ihren Platz in unserer Gesellschaft gefunden. Wir wissen jedoch auch um die Integrationsdefizite bei einer nach wie vor viel zu großen Zahl von Menschen. Große Teile sprechen unzureichend deutsch, schneiden in Bildung und Ausbildung wesentlich schwächer ab und sind häufig arbeitslos“ (Geschäftsführende Vorstände der CDU/CSU- Bundestagsfraktion und der SPD-Bundestagsfraktion 2008).
In einer Erklärung der Bundesregierung im Vorfeld des ersten Integrationsgipfels wurde zu den „deutlichen Integrationsdefiziten“, die gerade bei der zweiten und dritten Generation bestünden, neben den genannten Faktoren auch „die fehlende Akzeptanz von Grundregeln unseres Zusammenlebens bis hin zur Verletzung von Gesetzen, nicht zuletzt von Frauenrechten“, genannt (Bundesregierung 2006).

Diese Sichtweise ist im herrschenden Integrationsdiskurs weit verbreitet. Sie enthält einerseits zutreffende Aussagen, andererseits aber auch Ungereimtheiten, offene Fragen und Widersprüche, unzureichend belegte Behauptungen sowie gedankliche ‚Konstruktionen', die den Diskurs über Integration hegemonial prägen (sollen).[1] Werden ‚Integrationsprobleme' ausschließlich oder in erster Linie bei den Betroffenen und deren ‚Kulturen' gesucht oder diesen pauschal, z.B. in Form der Unterstellung der ‚Integrationsunwillig- bzw. -unfähigkeit', zugeschrieben, so werden damit verkürzte und verfälschte Wahrnehmungen sowie fragwürdige Konsequenzen, insbesondere eine Subjektivierung und Ethnisierung sozialer Probleme, gefördert.

Im Unterschied zu dem ersten sind nach dem zweiten Erklärungsansatz, der sogenannten *Diskriminierungsthese,* als Ursachen der sozialen Ungleichheiten und Integrationsprobleme der Einwanderungsminderheiten verschiedene, von den Aufnahmegesellschaften ausgehende Formen und Mechanismen der Diskriminierung zwar nicht von ausschließlicher, wohl aber von erheblicher Relevanz.

Die Diskriminierungsthese in sozialwissenschaftlichen Analysen

Nach einem soziologischen Standardwerk zur Sozialstruktur und zum sozialen Wandel in der Bundesrepublik ist der Sachverhalt „deutlich", dass die unzureichende Integration von Randgruppen einschließlich der Ausländer „nur zum Teil auf ökonomische Defizite und kulturelle sowie sonstige Differenzen zurückgeht. Ebenso wichtig sind die ausschließenden Wirkungen der *Vorurteile, Stigmatisierungen* und *Diskriminierungen*" (Schäfers 2002, 254, Hervorhebungen im Original).
In einer Studie zur Benachteiligung von Migrantenkindern im Bildungssystem wird die Auffassung vertreten, „dass die schlechten Bildungschancen der Migrantenkinder nur teilweise auf ihre Kompetenzdefizite zurückzuführen sind und auch mit unzureichender Förderung und Diskriminierungen in den Schulen zusammenhängen" (Geißler/Weber-Menges 2008, 14).

Dieser Sichtweise wird im Folgenden nachgegangen. Zunächst wird aufgezeigt, was unter dem Begriff der Diskriminierung – allgemein und bezogen

1 So ist z. B. die These von Qualifikationsdefiziten, die bei Jugendlichen mit Migrationshintergrund bestehen, einerseits empirisch fundiert. Dagegen lässt sich aber auch einwenden, dass
- ein Teil der Immigranten durchaus über Qualifikationen und Kompetenzen verfügt, die im Ausland erworben wurden, aber häufig in Deutschland nicht anerkannt werden (vgl. Beauftragte der Bundesregierung 2007, 77 ff.),
- tatsächlich vorhandene Kompetenz- und Sprachdefizite auch Resultat von unzureichenden Qualifizierungsmaßnahmen und Mechanismen der institutionellen Diskriminierung im Schulsystem sind (vgl. Gomolla/Radtke 2009) und
- Immigranten(-jugendliche) selbst bei gleichen oder sogar besseren Qualifikationen bei Einstellungen, Arbeitsplatzzuweisungen, Beförderungen und Entlassungen gegenüber Einheimischen in nicht wenigen Fällen benachteiligt werden.

auf Migranten – zu verstehen ist. Dabei wird auch dargestellt, welche Ausprägungen Diskriminierungen aufweisen, welche Faktoren dabei ursächlich eine Rolle spielen und mit welchen Folgen sie in der Regel einhergehen. Im Anschluss daran wird dargelegt, warum Maßnahmen zum Schutz vor Diskriminierung notwendig sind. Schließlich erfolgt eine Auseinandersetzung mit der Frage, wie gegen diskriminierende Ungleichbehandlungen in einzelnen europäischen Ländern und auf der europäischen Ebene bisher vorgegangen wurde und welche Weiterentwicklungen in dieser Hinsicht erforderlich sind. Die Thematik bezieht sich unmittelbar auf die soziale Lage und Integration der Angehörigen einer spezifischen Bevölkerungsgruppe. In umfassenderer Sicht geht es darüber hinaus auch um die Frage, welche Bedeutung das in den Menschenrechten und der Demokratie verankerte Ideal einer gerechten Gesellschaft von freien und gleichen Individuen hat, welche Diskrepanzen zwischen diesem Ideal und der gesellschaftlichen Wirklichkeit bestehen und wie die Realität so gestaltet werden kann, dass diese Diskrepanzen vermindert werden (vgl. Bobbio 1998).

1. Was bedeutet Diskriminierung?

Der Begriff der Diskriminierung hat eine zweifache Bedeutung. Zum einen kann er im Sinne einer neutralen Konstatierung von Unterschieden verstanden werden. Zum anderen ist damit eine besondere Art der Differenzierung gemeint, nämlich eine Ungleichbehandlung, die sachlich nicht begründet ist sowie Gleichheits- und Gleichbehandlungsgrundsätzen widerspricht und eine Benachteiligung zum Ziel oder zur Folge hat (vgl. Rittstieg/Rowe 1992, 60 ff.).[2]

In der zweiten Bedeutung, die im Folgenden im Mittelpunkt steht, werden soziale Beziehungen und Strukturen unter Gesichtspunkten der Gleichheit und Ungleichheit betrachtet. Nach dem Grundsatz der *Gleichheit* werden Menschen nicht in jeder Hinsicht, wohl aber unter bestimmten Gesichtspunkten als gleich, unter anderen wiederum als ungleich angesehen. Nach dem Gleichheits- bzw. Gerechtigkeitsprinzip sollen in der Regel die Gleichen in gleicher Weise und die Ungleichen in ungleicher Weise behandelt werden; dies impliziert wiederum, „dass es neben denen, die für gleich gehalten werden, solche gibt, die für ungleich oder verschieden gehalten werden" (Bobbio1994, 69). Bei Antworten auf die Frage, welche Ungleichbehandlungen als sachlich (noch) gerechtfertigt aufgefasst werden und welche nicht (mehr), spielen Wertungen eine Rolle, die historisch-gesellschaftlichen Charakter haben und von daher veränderlich sowie häufig umstritten sind. Auch das Konzept der *sozialen Ungleichheit* hat in diesem Zusam-

---

2 Diesen unterschiedlichen Bedeutungen wird im Englischen dadurch Rechnung getragen, dass einerseits von *discriminate of* oder *between* und andererseits von *discriminate against* gesprochen wird.

menhang eine spezifische Bedeutung (siehe Kapitel II). Zum einen ist damit nicht die bloß physisch bedingte *Verschiedenartigkeit* der Menschen, z. B. im Hinblick auf Geschlecht, Augenfarbe, Alter, Körpergröße usw., gemeint. Vielmehr wird hier „von gesellschaftlich verankerten Formen der Begünstigung und Bevorrechtigung einiger, der Benachteiligung und Diskriminierung anderer“ gesprochen (Kreckel 1992, 15). Zudem ist soziale Ungleichheit nicht gleichbedeutend mit *sozialer Differenzierung*, z. B. unter Gesichtspunkten der beruflichen Arbeitsteilung, kultureller Verschiedenheiten oder alters- und geschlechtsspezifischen Besonderheiten. Vielmehr ist damit ein gesellschaftlicher Zustand gemeint,

> „in dem die Zugangschancen zu wichtigen Sozialbereichen (z. B. Bildung und Ausbildung, Beruf) für einzelne Personen oder Sozialgruppen erschwert ist und die ungleiche Verteilung von ökonomischen und sonstigen Ressourcen, von sozialen Positionen und Rängen als ein soziales Problem angesehen wird. Mit den als ungleich bewerteten sozialen Positionen und Rängen sind unterschiedliche Möglichkeiten der Ausübung von Macht und Herrschaft und der Aneignung von Ressourcen verbunden“ (Schäfers/Lehmann 2006, 329; vgl. auch Kreckel 1992, 17).

Soziale Ungleichheiten werden aus dieser Sicht nicht als gottgewollt, naturgegeben oder funktionales Erfordernis moderner und differenzierter Gesellschaften angesehen, sondern als ein historisch-soziales Problem thematisiert, und zwar insbesondere „unter dem Gesichtspunkt ihrer *Veränderlichkeit* und, mehr noch, ihrer *Reduzierbarkeit*“ (Kreckel 1992, 15, Hervorhebungen im Original).

Diskriminierung beinhaltet im Kern eine *Verletzung von Menschenrechten*, insbesondere des menschenrechtlichen Grundsatzes der gleichen Freiheit. Nach Art. 2 Abs. 1 der *Allgemeinen Erklärung der Menschenrechte* (AEMR) gilt dies für Unterscheidungen, die an die Merkmale „Rasse, Farbe, Geschlecht, Sprache, Religion, politischer und sonstiger Überzeugung, nationaler oder sozialer Herkunft, nach Eigentum, Geburt oder sonstigen Umständen“ anknüpfen. In neueren menschenrechtlichen Normen werden weitere Merkmale, wie z. B. sexuelle Orientierung, Behinderung oder Alter, berücksichtigt.[3]

Zum Begriff der Rassendiskriminierung

Der Begriff der Rassendiskriminierung bezeichnet nach Art.1 Abs.1 des Internationalen Übereinkommens zur Beseitigung jeder Form von Rassendiskriminierung vom 7. März 1966 „jede auf der Rasse, der Hautfarbe, der Abstammung, dem nationalen Ursprung oder dem Volkstum beruhende Unterscheidung, Ausschließung, Beschränkung oder Bevorzugung, die zum Ziel oder zur Folge hat, dass dadurch ein gleichberechtig-

3 Die menschenrechtlichen Normen werden zitiert nach der Textsammlung: Menschenrechte 2004.

tes Anerkennen, Genießen oder Ausüben von Menschenrechten und Grundfreiheiten im politischen, wirtschaftlichen, sozialen, kulturellen oder jedem sonstigen Bereich des öffentlichen Lebens vereitelt oder beeinträchtigt wird".[4]

Wenn eine Ungleichbehandlung wegen oder aufgrund von mehr als einem der genannten Merkmale erfolgt, wird von *Mehrfachdiskriminierung* gesprochen. Grundsätzlich können Diskriminierungen unterschiedliche *Ausprägungen* aufweisen; sie können unmittelbarer und mittelbarer Art, beabsichtigt und unbeabsichtigt sowie mehr oder weniger intensiv sein. Zudem können sie auf verschiedenen Ebenen, nämlich der Mikro-, Meso- und Makro-Ebene, erfolgen.

Unmittelbare und mittelbare Diskriminierung

„*Unmittelbare* Diskriminierung liegt vor, wenn eine Person aufgrund ihrer ‚Rasse' (...) oder ethnischen Herkunft in einer vergleichbaren Situation eine Benachteiligung erfährt, erfahren hat oder erfahren würde. Die Benachteiligung geht dabei zumeist von Einzelpersonen oder sozialen Gruppen aus (individuelle Diskriminierung). *Mittelbare* Diskriminierung bedeutet, dass an sich neutrale Vorschriften, Kriterien oder Verfahren die Mitglieder einer Bevölkerungsgruppe in besonderer Weise benachteiligen, es sei denn, die Ungleichbehandlung ist sachlich begründbar (z. B. Auswahl eines Bewerbers aufgrund seiner Qualifikation). Mittelbare Diskriminierung ist also nicht auf das (bewusste) Handeln Einzelner zu reduzieren, sondern entsteht durch Regeln und Routinen institutionellen Handelns (institutionelle oder strukturelle Diskriminierung)" (Sachverständigenrat für Zuwanderung und Integration 2004, 385; Hervorhebungen nicht im Original).

Formen und Mechanismen der Diskriminierung werden grundsätzlich dadurch ermöglicht, dass zwischen deren Urheber und Objekt ein *Machtungleichgewicht* besteht. Dabei kann es sich um eine staatliche oder gesellschaftliche Machtposition handeln. Unter diesem Gesichtspunkt kann unterschieden werden zwischen einer *staatlichen* Diskriminierung, der rechtliche Normen oder Praktiken staatlicher Einrichtungen zugrunde liegen, und einer *gesellschaftlichen* Diskriminierung, die von Individuen oder sozialen Gruppen und Organisationen getragen wird. Von *institutioneller* oder *struktureller* Diskriminierung wird – wie oben erwähnt – dann gesprochen, wenn Benachteiligungen durch bestimmte Mechanismen, Strukturen und Prozesse im Rahmen von öffentlichen oder privaten Organisationen oder Einrichtungen quasi routinemäßig produziert werden (vgl. Gomolla/Radtke 2009; Laskowski 2007, 572 f.; Hormel 2007, 63 ff.).

4 Die Verwendung des Begriffs ‚Rasse' kann den falschen Eindruck erwecken, dass es menschliche ‚Rassen' gebe. Der Begriff wird daher im Folgenden in Anführungszeichen verwendet. Zutreffender ist in dieser Hinsicht der Begriff ‚rassistische' oder ‚rassistisch motivierte' Diskriminierung.

Von Diskriminierungen sind am ehesten Angehörige von Bevölkerungsgruppen *betroffen*, die sich in einer unter quantitativen und/oder qualitativen Gesichtspunkten sozial schwächeren Position befinden und sich zudem von der ‚Normal-' oder Mehrheitsbevölkerung unter biologischen und/oder soziokulturellen Gesichtspunkten unterscheiden. Zu solchen Gruppen, die in den Sozialwissenschaften auch als ‚Randgruppen' oder ‚Minderheiten' bezeichnet werden, zählen insbesondere Migranten, Sinti und Roma, Menschen jüdischen oder muslimischen Glaubens, Obdachlose, Menschen mit Behinderungen, Personen mit abweichenden sexuellen Orientierungen oder anderen Hautfarben, politisch Andersdenkende und – als Ausnahme unter quantitativen Gesichtspunkten – Frauen. Die nachteiligen *Folgen*, die in der Regel für die Betroffenen mit Diskriminierungen einhergehen, umfassen ein breites Spektrum. Dieses reicht von Verunsicherungen, Herabwürdigungen und materiellen Einbußen über verschiedene Formen der sozialen Marginalisierung und Beeinträchtigung von Lebenschancen bis hin zu institutioneller Benachteiligung, politischer Verfolgung und physischer Vernichtung.

Migranten sind für die verschiedenen Formen und Mechanismen der Diskriminierung besonders anfällig. Diese können zum einen vom *Staat* ausgehen und hier zunächst auf *rechtlichen Normen* beruhen. In der Bundesrepublik ist in dieser Hinsicht insbesondere der *Ausländerstatus* relevant, in dem sich ein erheblicher Teil der im Inland lebenden Migranten befindet. Für diese „bedeutet der Ausländerstatus Ausgrenzung und Diskriminierung, so dass die rechtsstaatliche Grundfrage der Gleichbehandlung aufgeworfen ist" (Rittstieg 2003, XI f.; siehe Kapitel IV). Formen und Probleme der Diskriminierung durch rechtliche Normen sind zudem dann vorhanden, wenn Menschenrechte, die auch den im Inland anwesenden Migranten unabhängig von deren Aufenthaltsdauer oder Aufenthaltsstatus zustehen, von staatlicher Seite nicht angemessen geachtet werden. Dies erfolgt dort, wo Grundstandards der Menschenrechte, z. B. die Rechte auf Arbeit, auf gesundheitliche Versorgung und auf schulische Bildung, insbesondere für Flüchtlinge und/oder Migranten mit prekärem Aufenthaltstatus, unangemessen eingeschränkt oder diesen gänzlich vorenthalten werden (vgl. Rausch 2006).[5] Diskriminierungen von Migranten durch Einrichtungen und Angehörige der öffentlichen Gewalt erfolgen auch im Rahmen des *Umgangs mit Institutionen und Behörden*[6] sowie des *übermäßigen Einsatzes von Polizei-*

5 Die Frage, ob rechtliche Unterscheidungen eine Diskriminierung darstellen, ist im Einzelfall nicht immer einfach zu beantworten, insbesondere dann nicht, wenn mehrere Grundrechte berücksichtigt und gegeneinander abgewogen werden müssen und zudem kontroverse wissenschaftliche oder gesellschaftspolitische Positionen aufeinandertreffen. Dies gilt z. B. für die Frage, ob und in welcher Form das sog. Kopftuch-Verbot eine Form von Diskriminierung darstellt (vgl. Laskowski 2007 und Böckenförde 2004).

6 Vgl. die Dokumentation von Beispielen in Forum gegen Rassismus 2002, 2 f.

gewalt.[7] Zur institutionellen Diskriminierung von Migranten gehören schließlich Mechanismen im Bereich des *Bildungswesens*, die eine ungleiche Verteilung von Schulerfolg entlang ethnischer Unterscheidungen produzieren und damit Lebenschancen für die Betroffenen vermindern oder blockieren (vgl. Gomolla/Radtke 2009; Berger/Kahlert 2008).

Die von der *Gesellschaft* ausgehenden Diskriminierungen von Migranten sind „auch in Deutschland Teil der Realität" (Sachverständigenrat für Zuwanderung und Integration 2004, 389) und umfassen hier ein breites Spektrum.

Ausprägungen der Diskriminierung von Migranten im Alltag in Deutschland – Die Einschätzung von ECRI

„Im Alltag haben Kinder mit Migrationshintergrund nach wie vor geringere Erfolgschancen im Schulsystem als andere Kinder. Es heißt sogar, dass manche Lehrer sich im Unterricht diskriminierend verhalten, besonders gegenüber türkischen und muslimischen Kindern. Dies ist besonders Besorgnis erregend, weil gerade die Lehrer in Deutschland eine wichtige Rolle spielen, wenn es darum geht, die Schüler auf die verschiedenen Schultypen im Sekundarschulwesen hinzuführen. Gleichzeitig finden Einwanderer wesentlich schwerer einen Arbeitsplatz als gebürtige Deutsche, und äußere Unterschiede gelten als bedeutsamer Faktor für Diskriminierung auf dem Arbeitsmarkt. Im Wohnungswesen ist viel die Rede von diskriminierendem Verhalten von Vermietern und Immobilienverwaltern. Untersuchungen belegen, dass Ausländer auf diesem Sektor benachteiligt werden und in manchen Fällen sozusagen in Ghettos abgedrängt werden.
Muslime, Türken, Schwarze und Roma und Sinti klagen über Benachteiligung im Alltag. Was die Ausübung des muslimischen Glaubens angeht, kommt es oft zum Streit um den Bau von Moscheen. Muslimische Frauen beklagen sich, dass es ihnen, wenn sie ein Kopftuch tragen wollen, auch im Privatsektor immer schwerer wird, Arbeit zu finden, seitdem einige Länder in allen oder in einigen Sparten des öffentlichen Sektors ein Kopftuchverbot erlassen haben. Seit den Anschlägen vom 11. September 2001 führen Muslime auch darüber Klage, dass sie vermehrt mit Kriminellen und ganz besonders mit Terroristen in einen Topf geworfen werden. Gleichzeitig werden Schwarze besonders oft zur Zielscheibe rassistischer Angriffe. Schwarze berichten von sogenannten ‚No-go-Gebieten' in einigen Ländern, in die sie ungern allein hingehen oder die sie überhaupt nicht zu betreten wagen." (ECRI 2009, 9)

Innerhalb dieses breiten Spektrums lassen sich zwei Hauptformen unterscheiden. Die erste umfasst Benachteiligungen, die von Personen oder Gruppen ausgehen, die über *gesellschaftliche Macht* verfügen, z. B. aufgrund der

7 „Exzessive Polizeigewalt und deren unzulängliche Ahndung sind leider immer noch ein Thema in Deutschland … Misshandlungen und exzessive Gewaltanwendung durch Polizeibeamte ereignen sich … zumeist bei Festnahmen oder in Polizeihaft. Einen signifikanten Anteil entsprechender Vorwürfe erheben dabei Ausländer oder deutsche Staatsbürger ausländischer Herkunft. Auch bei Abschiebungen kommt es immer wieder zu Misshandlungen durch Beamte des Bundesgrenzschutzes" (Baumann 2004, 326).

Verfügung über und des öffentlichen Angebots bzw. des Verkaufs von Waren, Dienstleistungen, Wohnungen und Beschäftigungsmöglichkeiten. Sowohl Ergebnisse wissenschaftlicher Untersuchungen wie auch Erfahrungsberichte weisen darauf hin, dass Immigranten von derartigen Diskriminierungen z.B. als Kunden von Banken oder Versicherungen, als Arbeitssuchende bei Bewerbungen oder Arbeitnehmer in Betrieben, als Wohnungssuchende bei Maklern und Vermietern sowie beim Zugang zu Gaststätten und Diskotheken, in besonderer Weise betroffen sind. Der Diskriminierung auf dem Arbeitsmarkt und in der Arbeitswelt kommt in diesem Zusammenhang unter Integrationsgesichtspunkten besondere Relevanz zu. Nach einem Bericht, der von der Internationalen Arbeitsorganisation auf der Basis von Analysen zu dieser Thematik in vier europäischen Ländern erstellt wurde, ist diese gesellschaftlich weit verbreitet und durchdringend (vgl. Zegers de Beijl 2000, 103). Auch in dem 7. Bericht der Beauftragten der Bundesregierung für Migration, Flüchtlinge und Integration wird eingeräumt, „dass sich Personen mit Migrationshintergrund auch bei *gleichem* Bildungsstand am Arbeitsmarkt *schwerer* tun", und insofern von „*diskriminierenden* Effekten" gesprochen (Beauftragte der Bundesregierung 2007, 73; Hervorhebungen von mir, A. S.).[8]

Eine weitere Form der Diskriminierung von Migranten stellen *fremdenfeindlich, rechtsextremistisch und rassistisch orientierte Propaganda, Aktivitäten und Gewaltanschläge* dar. Die damit verbundenen Übergriffe gefährden direkt oder indirekt Leben, Freiheit, Sicherheit und Einrichtungen der Betroffenen. Sie haben in den letzten Jahrzehnten in der Bundesrepublik, aber auch in anderen europäischen Ländern ein beträchtliches Ausmaß erreicht. Was die Bundesrepublik betrifft, so war hier zwischen 2005 und 2006 „im Bereich der politisch rechts motivierten Kriminalität ein sehr hoher Zuwachs festzustellen. Die Fallzahlen stiegen von 15.914 auf 18.142 um rund 14% an. Bei den politisch rechtsmotivierten Straftaten mit fremdenfeindlichem Hintergrund ist ein Anstieg von 32,1% zu verzeichnen (2006: 3.294; 2005, 2.493), bei den Gewaltstraftaten in diesem Bereich sogar um 37% (2006: 511; 2005: 373)" (Beauftragte der Bundesregierung für Migration, Flüchtlinge und Integration 2007, 109). Nach einem Bericht der Europäischen Stelle zur Beobachtung von Rassismus und Fremdenfeindlichkeit, der sich auf den Zeitraum 2001 bis 2004 bezieht, stellt „rassistisch motivierte Gewalt in ihren unterschiedlichen Formen, die von verbalen Angriffen, rassistischen Wandschmierereien und Belästigung bis hin zur

8 Zu einer ähnlichen Einschätzung kommt ein neuerer, von einer hochrangigen Expertengruppe verfasster Bericht zur Integration von ethnischen Minderheiten auf dem Arbeitsmarkt in europäischen Ländern (vgl. HLG 2007, 48). Vgl. auch die folgende Einschätzung: „Die Diskriminierung von Menschen aufgrund ihrer Rasse, ihrer ethnischen Herkunft, ihres Geschlechts oder ihrer Religion ist in vielen Bereichen der deutschen Wirtschaft immer noch Alltag, obgleich meist unterschwellig und selten explizit." (Wiarda 2007, 59)

Brandstiftung, körperlicher Gewalt und sogar Mord reichen, (…) bedauerlicherweise in den meisten Mitgliedsstaaten der Europäischen Union nach wie vor ein weit verbreitetes Problem" dar (EUMC o.J., 3; vgl. auch FRA 2007).[9]

Bei den unterschiedlichen Formen und Mechanismen der Diskriminierungen von Migranten spielen mehrere Faktoren eine Rolle. Dazu gehören

- die besondere staatliche Machtbefugnis, durch die herrschende ‚Belange' oder ‚Interessen' der Aufnahmegesellschaft gegenüber ‚Ausländern' durchgesetzt werden,
- Mechanismen der sozialen Schließung stärkerer gesellschaftlicher Gruppen (z.B. deutsche Facharbeiter) gegenüber schwächeren Gruppen (z.B. ‚Ausländer'),
- ethnische Vorurteile, die in der Regel von Angehörigen der Mehrheitsgesellschaft getragen werden und sich in negativer Weise gegen Minderheitengruppen richten,
- institutionelle Mechanismen, z.B. im Bereich des Bildungssystems,
- Verunsicherungen sowie Ohnmachts- und Bedrohungsgefühle, die durch Prozesse der Individualisierung und der gesellschaftlichen Desintegration begünstigt werden und in Teilen der Bevölkerung Tendenzen fördern, sich vermittels der Identifizierung von vermeintlich Schuldigen und durch Benachteiligungen, Herabwürdigungen und Ausübung von Gewalt gegenüber anderen zu entlasten und Selbstbewusstsein zu gewinnen, sowie
- Organisationen, Medien, Politiken und Ideologien, die in der Tradition *„rechter"* Orientierungen nicht die Gleichheit, sondern die Ungleichheit zwischen den Menschen betonen und zu stärken suchen (vgl. Bobbio 1994, 76ff.). Besondere Ausprägungen stellen in dieser Hinsicht Phänomene dar, die teilweise übereinstimmend, teilweise aber auch unterschiedlich sind und in den Sozialwissenschaften als *Fremdenfeindlichkeit*, *Rechtsextremismus*, *Menschenfeindlichkeit* und *Rassismus* bezeichnet werden.

Wichtige Begriffe zur Bezeichnung besonderer Ausprägungen ‚rechter' Orientierungen

Zum Begriff ‚Fremdenfeindlichkeit'

„Der Begriff Fremdenfeindlichkeit bezeichnet eine Verhaltensweise bzw. Einstellung anderen Menschen oder Gruppen von Menschen gegenüber, die in Deutschland angeblich ‚fremd' sind oder wegen ihrer Nationalität, ‚Rasse', Hautfarbe, Religion, Herkunft usw. ‚fremd' wirken. Zugeschriebenes Fremdsein ist stets als rechtliches und politisches wie auch als kulturelles und soziales Konstrukt aufzufassen. Den ‚Fremden'

9 Zu Übergriffen auf das Leben, die körperliche Unversehrtheit und die Freiheit von (in der Regel weiblichen) Angehörigen der Einwanderungsminderheiten durch (in der Regel männliche) Mitglieder dieser Bevölkerungsgruppe siehe auch Kapitel IV.

wird dabei oft auch zu Unrecht die Verantwortung für zahlreiche gesellschaftliche und soziale Probleme in Deutschland (Arbeitslosigkeit, Kriminalität, Belastung der Sozialsysteme, kulturelle Desintegration usw.) zugeschrieben. Fremdenfeindliche Verhaltensweisen und Einstellungen sind durch Geringschätzung, Ablehnung, Stigmatisierung, passive Gewaltakzeptanz, Gewaltbereitschaft und nicht selten auch durch direkte Gewaltanwendung gekennzeichnet." (Sachverständigenrat für Zuwanderung und Integration 2004, 390)

Zum Begriff ‚Rechtsextremismus'
„*Rechtsextrem* nennen wir Bestrebungen, Personen und Organisationen, die – meist unter Androhung von Gewalt – versuchen, demokratische Grundrechte einzuschränken bzw. abzuschaffen, in der Regel sozial benachteiligte, sich aufgrund phänotypischer Merkmale wie Hautfarbe, Körperbau oder Haarbeschaffenheit, der Herkunft, weltanschaulichen, religiösen oder sexuellen Orientierung nach unterscheidbare, von der ‚Standardnorm' abweichende Minderheiten auszugrenzen, auszuweisen oder – im Extremfall – auszurotten und jene Kräfte zu schwächen bzw. auszuschalten, die sich für deren Integration, das Ziel der gesellschaftlichen Emanzipation und Maßnahmen demokratischer Partizipation einsetzen." (Butterwegge 1996, 27)

Zum Begriff ‚Menschenfeindlichkeit'
„‚Menschenfeindlichkeit' wird (…) verstanden als Ausdruck und Folge von Einstellungen, Handlungen und Systemlogiken, die auf die Missachtung, Beschädigung oder Zerstörung menschlicher Würde gerichtet sind. Rechtsextremismus ist eine exemplarische Möglichkeit der Untersuchung von Menschenfeindlichkeit. Dabei wird Rechtsextremismus sowohl in Hinblick auf die Akteure und Täter wie auch in Hinblick auf die Adressaten und Opfer als ein Problem von Menschenfeindlichkeit angesehen." (Treichler 2008, 6)

Zum Begriff ‚Rassismus'
Kennzeichnend für den Rassismus sind nach Auffassung des französischen Philosophen Memmi vier Merkmale, nämlich
- die nachdrückliche Betonung von tatsächlichen oder fiktiven Unterschieden zwischen dem Rassisten und seinem Opfer,
- die Wertung dieser Unterschiede zum Nutzen des Rassisten und zum Schaden seines Opfers,
- die Verabsolutierung dieser Unterschiede, indem diese verallgemeinert und für endgültig erklärt werden, sowie
- die Legitimierung einer – tatsächlichen oder möglichen – Aggression oder eines – tatsächlichen oder möglichen – Privilegs (vgl. Memmi 1987, 164 f.).

2. Schutz vor Diskriminierung als rechtliche Verpflichtung und gesellschaftspolitischer Auftrag

Prävention und Abbau von Diskriminierungen erfolgen nicht von selbst, sondern erfordern bewusste Bemühungen und Anstrengungen (vgl. Bielefeldt/Follmar-Otto 2005, 8 f.; Schulte 2006 c). Spezifische Maßnahmen zum Schutz vor Diskriminierung sind vor allem deswegen erforderlich, weil Formen und Mechanismen der Diskriminierung eine Verletzung oder Gefährdung von Grundsätzen darstellen, die von zentraler Bedeutung für das Zusammenleben in den demokratischen und multikulturellen Einwanderungsgesellschaften Europas sind bzw. sein sollen. Dabei geht es zum einen um grundlegende rechtliche Normen, die besondere Verpflichtungen, und zum anderen um gesellschaftspolitische Prinzipien, die Aufträge zur Entwicklung und Durchführung von Antidiskriminierungsmaßnahmen, insbesondere für staatliche Institutionen, aber auch für gesellschaftliche Akteure, enthalten.[10]

Zu den grundlegenden *rechtlichen Normen*, die als Resultat von historisch-gesellschaftlichen Auseinandersetzungen in einer Vielzahl von internationalen Abkommen und Verträgen sowie auf verfassungsrechtlicher Ebene verankert sind und deren Kern das menschenrechtliche Ideal der gleichen Freiheit darstellt, zählen zunächst der Grundsatz der *Menschenwürde, die Menschenrechte* sowie die Prinzipien des *Rechtsstaats* und der *Demokratie*. Hierauf wurde bereits in Kapitel IV näher eingegangen. Weiterhin gehören dazu der *Gleichheitsgrundsatz*, *Diskriminierungsverbote* und das *Sozialstaatsprinzip*. Der Gleichheitsgrundsatz bedeutet allgemein, dass vergleichbare Sachverhalte nicht unterschiedlich behandelt werden dürfen, es sei denn, dass eine Differenzierung sachlich gerechtfertigt ist. Darüber hinaus erfordert dieser Grundsatz in bestimmten Bereichen eine formale (egalitäre) Gleichstellung. Dies gilt insbesondere für die Personenmerkmale, die einem Diskriminierungsverbot unterliegen. Ungleichbehandlungen, die direkt oder indirekt an die genannten Merkmale anknüpfen, werden durch Diskriminierungsverbote, die in den menschenrechtlichen Erklärungen sowie Konventionen und den entsprechenden Abschnitten der jeweiligen Länderverfassungen verankert sind, untersagt (vgl. Art. 3 Abs. 3 GG). Dies impliziert auch, dass die Gleichheit vor dem Gesetz und der Schutz aller Menschen vor Diskriminierung als „ein allgemeines Menschenrecht“ gelten. Dies kommt in der Verankerung dieser Prinzipien in vielen menschenrechtlichen Erklärungen, Pakten und Konventionen auf der globalen und europäischen Ebene zum Ausdruck. Zudem besteht nach Art. 2 Abs. 1 des Abkommens über die Beseitigung jeder Form von Rassendiskriminierung vom 7. März 1966 eine allgemeine Verpflichtung der Vertragsstaaten, „mit allen geeigneten Mitteln unverzüglich eine Politik der Beseitigung der Rassendiskriminierung in jeder Form und der Förderung des Verständnisses unter allen Rassen zu verfolgen.“ Diese Verpflichtung bezieht sich auf die Sicherstellung des Verbots der Rassendiskriminierung zum einen im Verhältnis der Staatsgewalt zum Bürger, zum anderen im Bereich der Privatrechtsbeziehungen und soll, falls es die Umstände erfordern, durch geeignete gesetzliche Vorschriften gewährleistet werden. Der Sozialstaatsgrundsatz verpflichtet die staatlichen Organe darüber hinaus dazu, sich nicht mit einer formalen Gleichstellung der Betroffenen zu begnügen, sondern durch ge-

10 Vgl. Addy 2003 sowie aus zivilgesellschaftlicher Sicht Förderverein PRO ASYL und Interkultureller Rat in Deutschland 2005.

eignete Maßnahmen zu mehr ‚Gleichheit der realen Freiheit' beizutragen (vgl. Follmar-Otto 2006, 195 ff.).

Spezifische Maßnahmen zum Schutz vor Diskriminierung und zur Gleichbehandlung sind zudem erforderlich, weil Formen und Mechanismen der Diskriminierung die Geltung und Verwirklichung grundlegender *gesellschaftspolitischer Zielsetzungen und Optionen* gefährden. Dazu zählen insbesondere die folgenden:

- *Gleichheit*: Im Gegensatz zu ‚rechten' gesellschaftlichen Visionen, nach denen die Menschen von Natur aus eher ungleich als gleich sind und die dementsprechend eine vertikale bzw. nicht-egalitäre Struktur der Gesellschaft befürworten, gehen ‚linke' Konzeptionen davon aus, dass die Menschen eher gleich als ungleich sind bzw. sein sollen und befürworten insofern eine horizontale bzw. egalitäre Gesellschaftsstruktur. Dabei geht es nicht darum, alle Individuen unter allen Gesichtspunkten gleich zu machen, wohl aber darum, „die Ungleichen etwas gleicher werden zu lassen" (Bobbio1994, 82 f.). Im Gegensatz dazu sichern und fördern Formen und Mechanismen der Diskriminierung soziale Strukturen und Prozesse, die durch Ungleichheiten gekennzeichnet sind.

- *Integration*: Der Grundsatz der Integration ist zunächst darauf gerichtet, eine Eingliederung der Immigranten in die Einwanderungsgesellschaften zu ermöglichen. Diese ‚Sozialintegration' erfordert die Anerkennung der Zugehörigkeit der Eingewanderten zu diesen Gesellschaften und Maßnahmen, die der sozialen Marginalisierung dieser Bevölkerungsgruppe entgegenwirken und deren gleichberechtigte Teilhabe fördern (siehe Kapitel IV; vgl. auch Follmar-Otto 2006, 190 ff.). So betont der Sachverständigenrat für Migration und Integration (2004, 386) „den zentralen Stellenwert, den die Bekämpfung von Ungleichbehandlung für Integration hat (…)" und fordert dementsprechend, dass diese „ein integraler Bestandteil von Integrationspolitik" werden müsse. Eine konsequente Umsetzung dieser Empfehlung wirkt sich in der Regel auch auf die ‚Systemintegration', also auf den Zusammenhalt der Gesellschaft und des politischen Gemeinwesens, positiv aus.

- *Nutzung menschlicher Ressourcen*: Unter funktionalen Gesichtspunkten stellen die Zuwanderer Ressourcen dar, die einen positiven Beitrag für die ökonomische, demographische, soziale und kulturelle Entwicklung der Aufnahmegesellschaften leisten (können). Werden bestehende soziale Ungleichheiten und Diskriminierungen nicht vermindert, so kann dieses humane Potenzial nicht oder nur unzureichend genutzt werden; zudem werden dadurch zusätzliche gesellschaftliche Kosten verursacht (siehe Kapitel IV).

- *Zivilisation*: ‚Zivilisation' ist ein historischer Prozess, in dessen Verlauf die Individuen sich zunehmend von Fremdzwängen lösen und lernen, ihre Triebe und Affekte selbst zu regulieren, Gewalttätigkeit und Gewaltbereitschaft abzubauen, die Sitten und Umgangsformen zu verfeinern und Mitgefühl mit anderen Menschen in relativer Unabhängigkeit von deren Gruppenzugehörigkeit zu empfinden (vgl. Elias 1992). Mechanismen der Diskriminierung stellen unter diesem Gesichtspunkt Formen der ‚Entzivilisierung', dagegen gerichtete Maßnahmen demgegenüber Beiträge zum historischen Zivilisationsprozess dar.

- *Toleranz*: Der Grundsatz der Toleranz meint in passiver Ausprägung das Gelten- und Gewährenlassen, in einem aktiven und kreativen Sinn die Achtung oder freie Anerkennung andersartiger Anschauungen und Handlungsweisen (vgl. Bobbio 1998: 85). In der pluralistischen Demokratie und multikulturellen Gesellschaft ist die Toleranz von zentraler Bedeutung: Zum einen wird so die Vielfalt rivalisierender Bekenntnisse, Weltanschauungen und politischer Programme als legitim respektiert; zum anderen schützt dieses Prinzip „die Minderheiten, Randgruppen, auch Einzelgänger vor Repressionen und Diskriminierungen eines unduldsamen Fanatismus, der, die eigenen Überzeugungen absolut setzend, sie anderen mit offener oder versteckter Gewalt aufzwingt" (Höffe 2002, 266 f.).
- *Diversity*: Im Zusammenhang mit Prozessen der Globalisierung, der Migration, des demographischen Wandels, des Wertewandels und sozialer Emanzipationsbewegungen hat sich in westlichen Einwanderungsgesellschaften unter verschiedenen Gesichtspunkten (Geschlecht, Alter, Nationalität, Ethnizität, Kultur, Religion, sexuelle Identität und Orientierung, familiäre bzw. persönliche Lebenssituation, Klasse, Ausbildung, Werte, Verhaltensmuster usw.) eine zunehmende Diversität an Identitäten, Lebensformen und Lebenslagen entwickelt. Darauf bezogene Diversity Studies und Strategien des Diversity Managements, die sowohl ökonomisch als auch ethisch begründet werden können, zielen darauf ab, „Ausgrenzungen und Diskriminierungen gegenzusteuern, die Qualifikationen und Potenziale der vielfältigen Menschen zu maximieren und ihre Zusammenarbeit und ihr Zusammenleben reibungsloser zu gestalten" (Krell u. a. 2007 a, 14; vgl. auch Schönwälder 2007 a sowie Heinrich-Böll-Stiftung 2008).

3. Antidiskriminierungsmaßnahmen in europäischen Ländern: Unterschiedliche Ausprägungen und Reichweiten

In Art. 2 Abs. 1 der Antirassismuskonvention werden die Staaten dazu verpflichtet, Diskriminierung „mit allen geeigneten Mitteln" zu bekämpfen. Auf die Frage, *wie* und durch *welche* Maßnahmen diese komplexe Aufgabe präventiv und nachhaltig bewältigt werden kann, gibt es jedoch keine einfache Antwort und kein Patentrezept. Allerdings existieren Ansätze, Erfahrungen, Konzeptionen und Problemlösungsstrategien, die bereits vor der Entwicklung von Antidiskriminierungsmaßnahmen auf der europäischen Ebene in einzelnen europäischen Ländern entwickelt wurden (vgl. Schönwälder 2007a, 167ff.). Ähnlich wie Integrationspolitiken weisen diese unterschiedliche *Ausprägungen* auf. Beeinflusst werden sie zum einen durch unterschiedliche historisch-politische Kulturen, die in der Regel länderspezifische Merkmale aufweisen, und zum anderen durch gesellschaftspolitische Optionen und Kräfteverhältnisse (siehe Kapitel IV). So folgen die entsprechenden Maßnahmen *unterschiedlichen politischen Logiken.* Von Bedeutung ist in dieser Hinsicht vor allem der Unterschied zwischen dem multikulturellen und dem republikanischen Ansatz der Integrationspolitik. Zentrales Kriterium für diese Differenz ist die divergierende Interpretation des Verhältnisses von ‚Individuum', ‚Ethnizität' und ‚Demokratie'. In der multikulturellen Ausprägung, die im Vereinigten Königreich und in den Niederlanden dominiert (hat), wird die Zugehörigkeit von Individuen zu unterschiedlichen ethnischen Gruppen betont, diese werden als jeweils besondere und sich voneinander unterscheidende ethnische Minderheiten bzw. ‚Rassen' anerkannt und deren Entfaltung sowohl rechtlich ermöglicht wie auch politisch gefördert. Diese positive Bewertung kultureller und ethnischer Vielfalt ist geprägt von traditionellen Rücksichtnahmen auf religiöse und sprachliche Minderheiten und durch die Orientierung an Ideen der Dezentralisierung, des gesellschaftlichen und kulturellen Pluralismus sowie der kommunalen Selbstverwaltung. Entwicklung und Durchführung von gesetzlichen Antidiskriminierungsmaßnahmen sind (vor allem in Großbritannien) auch beeinflusst durch die Bürgerrechtsbewegung und -gesetzgebung in den USA und die Gesetzgebung gegen die Diskriminierung von Frauen. Maßnahmen gegen Diskriminierung gehen so einher mit einer Politik der Minderheitenvertretung und -emanzipation und positiven Maßnahmen für Angehörige dieser Gruppen. Demgegenüber beinhaltet der in Frankreich vorherrschende republikanische Ansatz eine Politik der individuellen Gleichstellung von ‚Individuen' – unabhängig von deren Herkunft und Zugehörigkeit zu ethnischen Gruppen – und praktiziert dementsprechend Antidiskriminierungsmaßnahmen im Hinblick auf die Gleichstellung von Individuen, ohne ‚Minderheiten' institutionell anzuerkennen oder deren Entfaltung zu fördern. Geprägt ist dieses Konzept durch Orientierungen an Prinzipien der Aufklärung, des Zentralstaates und der Einheit der ‚Nation' als Gesamtheit der ‚Bürger' sowie durch den Grundsatz des Laizismus, in dem im Hinblick auf die religiöse Entfaltung auf eine strikte Trennung von öffentlicher und privater Sphäre abgestellt wird.

Ein weiterer Gesichtspunkt zur Unterscheidung von Antidiskriminierungsmaßnahmen ist die jeweilige *Reichweite.* So kann zwischen umfassenden Maßnahmen einerseits und lückenhaften bzw. Flickwerk-Maßnahmen andererseits unterschieden werden (vgl. Forbes 1995). Charakteristisch für einen *umfassenden* Ansatz ist eine Strategie, die auch als *kombiniert* bzw. *multidimensional* bezeichnet wird. Dabei geht es vor allem darum,

- *rechtliche Normen* zu verankern, die unterhalb des Völker-, Europa- und Verfassungsrechts die verschiedenen Formen der Diskriminierung erfassen und verbieten und wirksame Ansprüche auf Schutz vor diskriminierenden Handlungen gewährleisten,
- *institutionelle* und *organisatorische Strukturen* zu schaffen oder weiterzuentwickeln, die für Personen, die von Diskriminierung (potentiell) betroffen sind, Beratung, Schutz und Hilfe leisten. Diese sollen Lösungen in Fällen von Diskriminierung auf rechtlichem Wege, aber auch durch Vermittlung oder Schlichtung ermöglichen und für die Umsetzung, Evaluation und Weiterentwicklung der Antidiskriminierungsmaßnahmen sorgen. Dazu gehören auch die systematische Beobachtung dieses Politikfeldes das Sammeln, Auswerten und Veröffentlichen von relevanten Informationen,
- *‚positive' Fördermaßnahmen* durchzuführen, die darauf abzielen, bestehende Ungleichheiten und Benachteiligungen, z.B. durch Verbesserung der sprachlichen und beruflichen Qualifikation der Zuwanderer und deren stärkere Berücksichtigung bei Einstellungen und Beförderungen im öffentlichen Dienst, in Unternehmen, in den Medien, im Bildungssystem usw. abzubauen,
- verschiedene *Akteure* in die Antidiskriminierungsarbeit einzubeziehen, zu denen neben den staatlichen Institutionen und politischen Parteien insbesondere die Sozialpartner und zivilgesellschaftliche Organisationen zählen,
- die *Öffentlichkeit* für Fragen der ungerechtfertigten Ungleichbehandlung zu *sensibilisieren*, insbesondere durch Aufklärung und Information sowie im Rahmen der Berichterstattung der Massenmedien und von pädagogischen Prozessen im schulischen und außerschulischen Bereich, und
- Maßnahmen zum Schutz vor Diskriminierung mit *externen* Politikfeldern zu koordinieren und in *allgemeine* Politiken der gesellschaftlichen Integration einzubetten.

Beispielhaft für einen derartigen *umfassenden* Ansatz, der bereits vor Inkrafttreten entsprechender Maßnahmen auf europäischer Ebene konzipiert und umgesetzt wurde, sind die im *Vereinigten Königreich* entwickelten gesetzlichen Maßnahmen, rechtlichen Verfahren und institutionellen Strukturen: „Mit diesen Regeln wird den verschiedenen Einwanderergruppen im Vereinigten Königreich unter dem Blickwinkel des Gleichheitsrechts ungewöhnlich umfassend Schutz geboten. Der Schutz reicht weit in die privaten Rechtsverhältnisse hinein. Zudem ist – auch das ist im europäischen Vergleich bemerkenswert – der Weg zu spürbaren Sanktionen eröffnet." (Davy/Cinar 2001, 850; vgl. auch Schönwälder 2007, 167ff.)

Demgegenüber hatten die Antidiskriminierungsmaßnahmen, die in der *Bundesrepublik Deutschland* vor Inkrafttreten des Allgemeinen Gleichbehandlungsgesetzes (AGG) im Jahre 2006 konzipiert und umgesetzt wurden, eher *lückenhaften* Charakter.

Der lückenhafte Charakter der Vorkehrungen gegen Diskriminierung in der Bundesrepublik (Stand 2004)

„Im Gegensatz zu anderen europäischen Staaten, wie beispielsweise den Niederlanden oder dem Vereinigten Königreich, gibt es in Deutschland bislang keine umfassenden Regelungen gegen Diskriminierung. Zwar verbietet der Gleichbehandlungsgrundsatz des Grundgesetzes Diskriminierung und Ungleichbehandlung, und verschiedene Gesetze wie z. B. das Betriebsverfassungsgesetz bieten konkrete Möglichkeiten, gegen eine Schlechterstellung vorzugehen. Dieser Schutz ist jedoch nicht umfassend genug. Auch sind Antidiskriminierungs- bzw. Gleichstellungsstellen und spezifische Beratungsangebote zur Unterstützung der unmittelbar Betroffenen erst vereinzelt vorhanden." (Sachverständigenrat für Zuwanderung und Integration 2004, 385 f.; vgl. auch Nickel 1999, 93 ff.)

4. Antidiskriminierungsmaßnahmen auf der europäischen Ebene als Meilenstein

Die Maßnahmen zum Schutz vor Diskriminierung, die insbesondere seit Mitte der 90er Jahre auf europäischer Ebene initiiert und umgesetzt wurden, sind ein Beispiel für einen umfassenden Strategieansatz, der auf zentralen Werten der EU und der Mitgliedsstaaten basiert, und ein Meilenstein in diesem Politikfeld darstellt (vgl. Kürşat-Ahlers 2002; Treichler 2004 a, 76 ff.).

Zum normativen Fundament von Antidiskriminierungsmaßnahmen – Die Sicht der Europäischen Kommission

„Das Fundament der Europäischen Union bilden die gemeinsamen Grundsätze der Freiheit, der Demokratie, der Achtung der Menschenrechte und Grundfreiheiten. Allen europäischen Gesellschaften ist die grundsätzliche Annahme gemein, dass alle Menschen gleichwertig sind und faire Zugangsmöglichkeiten zu den Chancen im Leben haben sollten. Diskriminierung steht diesen gemeinsamen Werten entgegen." (Kommission der Europäischen Gemeinschaften 2008 a, 2)

Als „Quantensprung nach vorn" ist in dieser Hinsicht der *Artikel 13* anzusehen, der auch auf der Grundlage der Erfahrungen der EU bei den Auseinandersetzungen mit Diskriminierungen aufgrund des Geschlechts 1997 neu in den EG-Vertrag in der Fassung von Amsterdam aufgenommen wurde (EU-Vertrag 2008, 394). Damit erhielt die Gemeinschaft erstmals die Kompetenz, einstimmig geeignete Vorkehrungen zu treffen, um Diskriminierungen nicht nur aus Gründen des Geschlechts, sondern auch der Rasse, der ethnischen Herkunft, der Religion oder der Weltanschauung, einer Behinderung, des Alters oder der sexuellen Orientierung zu bekämpfen. Unter konzeptionellen Gesichtspunkten beruht die Verankerung von Artikel 13 nicht zuletzt auf der Erkenntnis, dass bei dem Kampf gegen Diskriminierungen eine *kohärente und integrierte Vorgehensweise* gefunden werden muss.

Das Konzept der kohärenten und integrierten Vorgehensweise – Die Sicht der Europäischen Kommission

„Diese Vorgehensweise besteht darin, dass in größtmöglichem Ausmaß gemeinsame Bemühungen zur Bekämpfung von Diskriminierungen und zur Nutzung des Austauschs von Erfahrungen und bewährten Verfahren bei den verschiedenen Diskriminierungsgründen stattfinden sollen. Auf diese Weise lässt sich eine wirksamere Grundlage finden, um *Mehrfachdiskriminierungen* in Angriff zu nehmen. Gemeinsame juristische und strategische Ansätze zur Abdeckung der verschiedenen Diskriminierungsgründe sind möglich, einschließlich von gemeinsamen Definitionen des Begriffes Diskriminierung. Wohl wird anerkannt, dass verschiedene Gruppen sich mit spezifischen Herausforderungen konfrontiert sehen, die integrierte Vorgehensweise beruht jedoch auf der Voraussetzung, dass Gleichbehandlung und Achtung vor der Vielfalt im Interesse der Gesellschaft insgesamt sind." (Kommission der Europäischen Gemeinschaften 2004, 7)

Auf dieser Basis und vor dem Hintergrund des Anwachsens und von Wahlerfolgen populistischer und rechtsextremer Parteien und Organisationen, vor allem in Österreich und in den neuen Bundesländern, wurden seit Anfang 2000 auf europäischer Ebene in relativ kurzer Zeit verschiedene Antidiskriminierungs- bzw. Gleichbehandlungsmaßnahmen entwickelt (vgl. Bendel 2006, 100 ff.).

Die Gleichbehandlungsrichtlinien der Europäischen Union

„Zwischen 2000 und 2004 beschloss der Rat der Europäischen Union vier Gleichbehandlungsrichtlinien, die das Allgemeine Gleichbehandlungsgesetz (AGG) in deutsches Recht umsetzt.
Die Richtlinien geben in ihrem jeweiligen Geltungsbereich Definitionen für die unterschiedlichen Arten von Diskriminierung vor und verpflichten u. a. zu wirksamen, verhältnismäßigen und abschreckenden Sanktionen bei Verstößen gegen das Gleichbehandlungsgebot sowie zur Beweiserleichterung für die Betroffenen. Die Richtlinien sollen die gesellschaftliche Wirklichkeit in den EU-Mitgliedsstaaten verändern, das heißt, sie sollen Diskriminierungen nicht nur verbieten, sondern wirksam beseitigen.
Im Einzelnen handelt es sich um

- die *Antirassismusrichtlinie* (2000/43/EG),
- die *Rahmenrichtlinie Beschäftigung* (2000/78/EG),
- die *‚Gender-Richtlinie'* (2002/73/EG) und
- die Richtlinie *zur Gleichstellung der Geschlechter auch außerhalb der Arbeitswelt* (2004/113/EG).

Zweck der sogenannten *Antirassismusrichtlinie* ist die Schaffung eines Rahmens zur Bekämpfung ‚rassistisch motivierter' Diskriminierungen oder jener, die wegen der ethnischen Herkunft erfolgt sind.
Mit der *Rahmenrichtlinie Beschäftigung* verfolgt die EU das Ziel, einen allgemeinen Rahmen zur Bekämpfung der Diskriminierung wegen der Religion oder der Weltanschauung, einer Behinderung, des Alters oder der sexuellen Ausrichtung in Beschäftigung und Beruf zu schaffen.
Die sogenannte *Gender-Richtlinie* bezieht sich auf die Verwirklichung des Grundsatzes der Gleichbehandlung von Männern und Frauen hinsichtlich des Zugangs zur Beschäftigung, zur Berufsbildung und zum beruflichen Aufstieg sowie in Bezug auf die Arbeitsbedingungen.

Der Schaffung eines Rahmens für die Bekämpfung geschlechtsspezifischer Diskriminierungen beim Zugang zu und der Versorgung mit Gütern und Dienstleistungen dient die *Richtlinie zur Gleichstellung der Geschlechter außerhalb der Arbeitswelt*" (Antidiskriminierungsstelle des Bundes 2007, Hervorhebungen nicht im Original).

Von besonderer Relevanz für den Schutz von Migranten vor Diskriminierung sind die sogenannte Antirassismusrichtlinie und die sogenannte Rahmenrichtlinie. Nach der *Antirassismusrichtlinie*[11] sind sowohl mittelbare als auch unmittelbare Diskriminierung sowie Belästigung, Viktimisierung und die Erteilung von Anweisungen zur Diskriminierung verboten.[12] Der sachliche Geltungsbereich umfasst den Zugang zur Erwerbstätigkeit, Beschäftigung und Arbeitsbedingungen (gleichgültig ob es sich dabei um öffentliche oder private Arbeitgeber handelt), jede Art von Berufsausbildung, Mitgliedschaft in Berufsorganisationen, Sozialschutz einschließlich Gesundheitsdiensten, soziale Vergünstigungen, Bildung sowie Zugang zu und die Versorgung mit Gütern und Dienstleistungen, die der Öffentlichkeit zur Verfügung stehen, einschließlich von Wohnraum. Im Hinblick auf den persönlichen Geltungsbereich gilt die Richtlinie für alle (natürlichen und juristischen) Personen in öffentlichen und privaten Bereichen, somit auch für Drittstaatsangehörige. Zur Verminderung der Schwierigkeiten, die insbesondere bei dem Nachweis mittelbarer ethnischer Diskriminierung auftreten, ist eine besondere Regelung vorgesehen, die die Beweislast gleichberechtigter zwischen dem Opfer von Diskriminierung und dem Beklagten aufteilt. ‚Positive' Maßnahmen, mit denen Benachteiligungen aufgrund der Rasse oder ethnischen Herkunft verhindert oder ausgeglichen werden, werden erlaubt. Die Mitgliedsstaaten werden zum Erlass von Rechts- und Verwaltungsvorschriften verpflichtet, die zur Durchsetzung der in der Richtlinie enthaltenen Bestimmungen erforderlich sind. Die Sanktionen können auch Schadensersatzleistungen umfassen; sie müssen wirksam, verhältnismäßig und abschreckend sein. Zudem wird nichtstaatlichen Akteuren gerichtliches Vorgehen in Fällen der Diskriminierung (Verbandsklage) gestattet. Von den Mitgliedsstaaten wird die Ernennung bzw. Einrichtung einer oder mehrerer mit der Förderung der Gleichbehandlung befasster Stellen verlangt; diese sollen Aufgaben des Opferschutzes, der Untersuchung, des Monitoring und der Evaluation wahrnehmen. Zudem wird den Sozialpartnern und Nichtregierungsorganisationen eine wichtige Rolle bei der Umsetzung der Richtlinie zugewiesen. Es werden nur Mindestbedingungen for-

11 Richtlinie 2000/43/EG des Rates vom 29.6.2000 zur Anwendung des Gleichbehandlungsgrundsatzes ohne Unterschied der Rasse oder der ethnischen Herkunft (ABl. L 180 vom 19.7.2000, S. 22).

12 Mit dem Begriff der Viktimisierung werden Benachteiligungen bezeichnet, die „als Reaktion auf eine Beschwerde oder auf die Einleitung eines Verfahrens zur Durchführung des Gleichbehandlungsgrundsatzes erfolgen." (Art. 9 Antirassismusrichtlinie; vgl. auch § 16 Allgemeines Gleichbehandlungsgesetz/AGG)

muliert; den einzelnen Mitgliedsstaaten ist es unbenommen, ein höheres Schutzniveau zu verankern.

Die *Rahmenrichtlinie*[13] hat im Vergleich mit der Antidiskriminierungsrichtlinie einerseits einen größeren Anwendungsbereich, was die Diskriminierungsgründe betrifft. Sie erfasst nicht nur Diskriminierungen wegen der Rasse oder der ethnischen Herkunft, sondern bezieht sich allgemein auf Diskriminierung wegen der Religion, der Weltanschauung, einer Behinderung, des Alters oder der sexuellen Ausrichtung. Zugleich ist die Richtlinie, was ihren sachlichen Anwendungsbereich betrifft, beschränkt auf die Arbeitsbedingungen, einschließlich der Auswahlkriterien und Einstellungsbedingungen, sowie den Zugang zu allen Formen und Ebenen der Berufsberatung und Berufsausbildung und schließlich die Mitgliedschaft und Mitwirkung in Arbeitnehmer- oder Arbeitgeberorganisationen. Auf religiös bedingte Diskriminierung ist sie unter bestimmten Voraussetzungen nicht oder nur eingeschränkt anwendbar. Beide Richtlinien mussten von den Mitgliedsstaaten der EU bis Mitte bzw. Ende des Jahres 2003 umgesetzt werden.

Ergänzt werden die genannten Richtlinien, die auch von den neuen Mitgliedsstaaten vor ihrem Beitritt zur Europäischen Union umgesetzt werden mussten, zum einen durch weitere Richtlinien, die vor allem auf die Durchsetzung des Grundsatzes der Gleichbehandlung von Männern und Frauen in zentralen Lebensbereichen gerichtet sind. Zum anderen gehören dazu Maßnahmen, die von der Auffassung bestimmt sind, dass die Verabschiedung von Rechtsvorschriften nur einen Teil der Aktivitäten zur Bekämpfung von Diskriminierungen darstellt und diese durch vielfältige weitere Maßnahmen unterstützt werden müssen.[14]

Die Verpflichtung der Europäischen Union auf den Grundsatz des Diskriminierungsverbots wurde durch die Proklamierung der *EU-Charta der Grundrechte* im Dezember 2000 bestätigt und bestärkt. In Art. 21 der Charta werden zusätzlich zu den bereits im EG-Vertrag aufgeführten Merkmalen sieben weitere Gründe (soziale Herkunft, genetische Merkmale, Sprache, politische oder sonstige Anschauung, Zugehörigkeit zu einer nationalen Minderheit, Vermögen und Geburt) aufgeführt.[15]

---

13 Richtlinie 2000/78/EG des Rates vom 27.11.2000 zur Festlegung eines allgemeinen Rahmens für die Verwirklichung der Gleichbehandlung in Beschäftigung und Beruf (ABl. L 303 vom 2.12.2000, S. 16).

14 Dazu zählt z. B. das Aktionsprogramm der Gemeinschaft zur Bekämpfung von Diskriminierungen (2001-2006) (vgl. Kommission der Europäischen Gemeinschaften 2004, 20f).

15 Gemäß Artikel 51 der Charta sollen deren Grundsätze dazu dienen, die Politikentwicklung in der EU und die Umsetzung der entsprechenden Strategien durch nationale Behörden zu lenken. Zudem ist die Charta zu einem wichtigen Bezugspunkt für den Europäischen Gerichtshof bei seiner Auslegung des Gemeinschaftsrechts geworden (vgl. Kommission der Europäischen Gemeinschaften 2004, 13).

5. Das Allgemeine Gleichbehandlungsgesetz (AGG): Beginn einer neuen Kultur der Antidiskriminierung in der Bundesrepublik?

Durch die Maßnahmen, die auf der europäischen Ebene konzipiert und durchgeführt wurden, entstand in der Bundesrepublik ebenso wie in den anderen Mitgliedsstaaten ein besonderer Handlungsbedarf. Die entsprechenden Richtlinien mussten im Verlauf des Jahres 2003 in nationales Recht umgesetzt werden. Ähnlich wie bereits vorher verschiedene zivilgesellschaftliche Organisationen wiesen sowohl die Unabhängige Kommission „Zuwanderung" (2001, 251 f.) wie auch der Sachverständigenrat für Zuwanderung und Integration (2004, 386 f.) auf die hohe integrationspolitische Bedeutung von Maßnahmen zur Bekämpfung von Diskriminierung und Rassismus hin und plädierten deshalb für eine rasche Umsetzung. Entgegen diesen Verpflichtungen und Empfehlungen wurden weder die Antirassismusrichtlinie noch die Rahmenrichtlinie in Deutschland fristgemäß umgesetzt. Dies führte dazu, dass die Bundesrepublik vom Europäischen Gerichtshof wegen Vertragsverletzung verurteilt wurde (vgl. Laskowski 2007, 568). Maßgebend für die verspätete Umsetzung waren erhebliche Widerstände von gesellschaftspolitischen Akteuren (Fraktionen der CDU/CSU und der FDP im Deutschen Bundestag, einzelne Bundesländer, Verbände der Arbeitgeber sowie der Versicherungs- und Wohnungswirtschaft und unter bestimmten Gesichtspunkten die Kirchen) sowie vielfältige Einwände von einzelnen Rechtswissenschaftlern gegen den von der rot-grünen Koalition entwickelten Entwurf eines Antidiskriminierungsgesetzes (ADG-E). Hinzu kam die vorzeitige Auflösung des Bundestages, durch die dieser Entwurf vom Verfahren her obsolet wurde.

Das Allgemeine Gleichbehandlungsgesetz *(AGG)*, dessen Entwurf von der Großen Koalition eingebracht wurde, ist am 18. August 2006 in Kraft getreten (BGBl. I S. 1897). Das Gesetz regelt vor allem die folgenden vier Aspekte:

„1. Diskriminierungen in Beschäftigung und Beruf, einschließlich der Auswahl von Bewerberinnen und Bewerbern um einen Arbeitsplatz;
2. Diskriminierung und Gleichbehandlung im allgemeinen Geschäftsleben (‚Zivilrechtsverkehr'), wie zum Beispiel bei der Vermietung von Wohnungen oder dem Abschluss von Versicherungen;
3. den rechtlichen Schutz gegen Diskriminierungen, d.h. die Voraussetzungen und Bedingungen, unter denen die Betroffenen sich gerichtlich gegen Benachteiligungen wehren können, und die Unterstützung durch Verbände;
4. die Einrichtung einer Antidiskriminierungsstelle des Bundes, die vielfältige Aufgaben erledigen soll und insbesondere auch Anlaufstelle für Beschwerden ist." (Nickel 2007, 9 f.)

Ähnlich wie bereits der ADG-E orientiert sich das AGG in zentralen Punkten an den *Bestimmungen*, die in Art. 13 des Amsterdamer Vertrages und den einschlägigen EU-Richtlinien enthalten sind (vgl. Rudolf/Mahlmann 2007; Däubler/Bertzbach 2008; Nollert-Borasio/Perreng 2008):

- *Verschiedene* Merkmale der Diskriminierung werden in einem *gemeinsamen* Gesetz berücksichtigt. Nach § 1 *zielt* das Gesetz darauf ab, „Benachteiligungen aus Gründen der Rasse oder wegen der ethnischen Herkunft, des Geschlechts, der Religion oder Weltanschauung, einer Behinderung, des Alters oder sexuellen Identität zu verhindern oder zu beseitigen." Damit folgt das Gesetz dem sogenannten *horizontalen* Ansatz, der grundsätzlich alle (acht) in den EU-Richtlinien genannten Merkmale bzw. ‚Gruppen' in gleicher Weise einbezieht.

Der horizontale Ansatz

„Der Begriff horizontaler Ansatz bezieht sich auf die im Allgemeinen Gleichbehandlungsgesetz (AGG) genannten Diskriminierungsmerkmale und bedeutet, dass die verschiedenen Merkmale gleichermaßen schutzwürdig sind. Damit wird eine Hierarchisierung von Diskriminierungsmerkmalen bzw. Betroffenengruppen verhindert. Grundlage des horizontalen Ansatzes sind die Menschenrechte.
Mit dieser Herangehensweise wird die Tatsache berücksichtigt, dass jeder Mensch über mehrere Merkmale – beispielsweise Alter und Geschlecht – verfügt. Daher können sich Diskriminierungen überschneiden oder ganz spezifische Formen annehmen. In diesem Fall handelt es sich um so genannte Mehrfachdiskriminierungen. Dieser Begriff wird im Hinblick auf rechtlichen Diskriminierungsschutz und Diskriminierungsbekämpfung verwendet. Der Fokus auf Gemeinsamkeiten bedeutet aber nicht, dass die Spezifika von Diskriminierungsformen und -erfahrungen der einzelnen Betroffenengruppen nicht mehr deutlich wahrgenommen werden. Der Ansatz muss daher als Ergänzung, nicht als Ersatz zur notwendigen zielgruppenspezifischen Antidiskriminierungsarbeit gesehen werden". (Antidiskriminierungsstelle des Bundes 2007)[16]

- Ebenso wie Art. 13 EGV und die entsprechenden EU-Richtlinien bezieht sich das Gesetz zwar nicht auf unterschiedliche Behandlungen aus Gründen der Staatsangehörigkeit. Gleichwohl gelten die Antirassismus- und die Rahmen-Richtlinie hinsichtlich ihres *persönlichen Geltungsbereichs* für alle (natürlichen und juristischen) Personen in öffentlichen und privaten Bereichen; sie betreffen insofern auch Drittstaatsangehörige bzw. Personen mit ausländischer Staatsangehörigkeit (§ 2 AGG).[17]

---

16 Der sogenannte horizontale Ansatz, dem das Gesetz folgt, soll sowohl zielgruppenspezifische wie auch gruppenübergreifende Orientierungen erlauben. Dies bietet für die Antidiskriminierungsarbeit einerseits Vorteile, enthält aber auch problematische Aspekte, so dass in dieser Hinsicht von „Ambivalenzen" gesprochen werden kann (Treichler 2004 a, 89 ff.).

17 In dieser Hinsicht wäre eine Klarstellung des Gesetzgebers hilfreich, nach der auch Benachteiligungen wegen der ‚Nationalität', vor allem in den Bereichen Beschäftigung und Beruf, Bildung, Gesundheits- und Sozialleistungen und Zugang zu öffentlich angebotenen Gütern und Dienstleistungen untersagt sind.

- In dem Gesetz werden verschiedene *Anwendungs- und Geltungs-* sowie *Rechtsbereiche* berücksichtigt (Abschnitt 2, 3 und 5 AGG): Im Vordergrund stehen dabei die Bereiche Beschäftigung und Beruf (*Arbeitsrecht*), Bildung, Gesundheits- und Sozialleistungen (*Schwerpunkt im öffentlichen Recht*) und Zugang zu öffentlich angebotenen Gütern und Dienstleistungen (*Zivilrecht*).
- Der Begriff der *Diskriminierung* wird *umfassend* verstanden. Berücksichtigt werden sowohl direkte wie indirekte Benachteiligungen, Belästigungen, Anweisung zur Benachteiligung, Mehrfachdiskriminierung und Viktimisierung/Maßregelungsverbot (§§ 3 und 16 AGG).
- Vom Diskriminierungsverbot werden unter gewissen Bedingungen *Ausnahmen* zugelassen (§§ 8 ff. AGG).
- Es werden Verfahren verankert, die einen gewissen *Rechtsschutz* gewährleisten und unter bestimmten Voraussetzungen eine günstigere *Beweislastregelung* (§ 13 ff., 21 f. AGG) sowie Möglichkeiten für *Antidiskriminierungsverbände* vorsehen, die Durchsetzung von Rechtsansprüchen der Betroffenen zu unterstützen (§ 23 AGG).
- Zudem werden *Ansprüche* verankert, insbesondere auf *Entschädigung* und *Schadensersatz* sowie auf *Beseitigung* und *Unterlassung,* die bei einem Verstoß gegen das jeweilige Diskriminierungsverbot wirksam werden (§§ 21 AGG).
- In die Antidiskriminierungsmaßnahmen werden verschiedene *gesellschaftliche Akteure* einbezogen, zu denen insbesondere die Sozialpartner sowie zivilgesellschaftliche Organisationen gehören. An die *soziale Verantwortung der Beteiligten* (Tarifvertragsparteien, Arbeitgeber, Beschäftigte und deren Vertretungen) ist die Aufforderung gerichtet, im Rahmen ihrer Aufgaben und Handlungsmöglichkeiten an der Verwirklichung der Zielsetzung des Gesetzes mitzuwirken (§ 17 AGG). Dabei werden die *Arbeitgeber* besonders in die Pflicht genommen. Sie tragen nicht nur die Verantwortung für ihr eigenes Handeln, sondern auch für Diskriminierungen durch ihre Angestellten. Sie sollen zudem präventiv gegen Diskriminierungsgefahren vorgehen (vgl. Dern 2007, 77).
- Das Gesetz sieht die Einrichtung einer *Antidiskriminierungsstelle* des Bundes beim Bundesministerium für Familie, Senioren, Frauen und Jugend vor (Abschnitt 6 AGG) (vgl. auch Antidiskriminierungsstelle des Bundes 2009).

Im Zusammenhang mit der Verpflichtung, die europäischen Richtlinien in nationales Recht umzusetzen, haben sich in der Bundesrepublik vergleichsweise heftige *Kontroversen* im wissenschaftlichen und gesellschaftspolitischen Bereich entwickelt. Bei den kritischen Einwänden geht es zum einen um eher *pragmatische* und *praktische* Vorbehalte und Bedenken.[18] Von *grundsätzli-*

---

18 Die Einwände gingen teilweise auch mit Bedrohungsszenarien einher. So wurde befürchtet, dass dadurch ein ‚Bürokratiemonster' entstehe, eine Klage- und Kostenwel-

cherer Bedeutung ist die Kontroverse über die Frage, ob und in welcher Weise besondere Antidiskriminierungsmaßnahmen Grundsätze der *Freiheit* und *Gleichheit* gefährden oder aber zu deren Gewährleistung beitragen können. Diese Auseinandersetzung steht wiederum in Zusammenhang mit der Tatsache, dass *staatliche* Maßnahmen zum Abbau auch und vor allem *gesellschaftlicher* Diskriminierungen mit Eingriffen in Bereiche einhergehen, in denen die Individuen bzw. Gruppen im Rahmen der Grundrechte über weite Spielräume der freien Entfaltung verfügen.

Verschiedene *Gegner* derartiger Maßnahmen sehen darin eine *Gefährdung der Freiheit*, insbesondere der grundrechtlich geschützten Privatautonomie und des freiheitlichen Rechts- und Wirtschaftssystems.[19]

Das Antidiskriminierungsgesetz als Gefährdung von Freiheit – Die Auffassung eines Rechtswissenschaftlers

„Der Entwurf des Antidiskriminierungsgesetzes beeinträchtigt unser freiheitliches Rechts- und Wirtschaftssystem. Mit dem Antidiskriminierungsgesetz soll dem Einzelnen vorgeschrieben werden, welche Motive und moralischen Vorstellungen für den Abschluss und die Gestaltung eines Vertrages maßgeblich sein dürfen. Diese Form der Bevormundung stellt einen massiven Eingriff in die grundgesetzlich garantierte Vertragsfreiheit dar. Die Intensität der Freiheitsbeschränkung ruft Zweifel hervor, ob das Antidiskriminierungsgesetz überhaupt verfassungsgemäß ist. Wenn in Zukunft ein Vermieter nicht mehr den Mieter aussuchen kann, mit dem er einen Vertrag abschließen möchte, wenn ein Arbeitgeber nicht mehr den Arbeitnehmer einstellen kann, den er will, dann kann von Vertragsfreiheit in dem Sinne, wie sie das Grundgesetz in Art. 2 I vorgibt, keine Rede mehr sein. Die Vertragsfreiheit garantiert das Recht, Verträge im Rahmen der zivilrechtlichen Ordnung frei zu schließen und aufzulösen. Es entspricht dem Menschenbild des Grundgesetzes, dass der Einzelne seine Rechtsverhältnisse eigenverantwortlich und nach eigenem Willen gestalten kann. Freie und gleiche Bürger können verlangen, ohne staatliche Einmischung zu bestimmen, wie sie ihre gegenläufigen Interessen ausgleichen. Im Widerspruch hierzu steht es, dass das Antidiskriminierungsgesetz dem potenziellen Vertragspartner den Rechtfertigungsdruck dafür auferlegt, dass er von einem Vertragsabschluss abgesehen hat.“ (Wagner 2005, 137; vgl. auch Braun 2005, 136)

Bei dieser Argumentation werden verschiedene Gesichtspunkte übersehen oder nicht ausreichend berücksichtigt. Dazu gehört, dass die mit der Privatautonomie verbundenen Freiheitsrechte nicht schrankenlos sind, vielmehr mit Bezug auf andere grundlegende Werte vom Gesetzgeber eingeschränkt werden können. Im Hinblick auf das Verhältnis von gesetzlichen Maßnahmen zum Schutz vor Diskriminierung einerseits und Privatautonomie ande-

le ausgelöst sowie Arbeitsplätze vernichtet und der Wirtschaftsstandort Deutschland bedroht würden (vgl. Wiarda 2007).

19 Zusätzlich wurde in diesem Zusammenhang auch die Auffassung vertreten, dass das Recht nicht das geeignete Mittel sei, um eine diskriminierungsfreie Gesellschaft herzustellen. Eine derartige Gesellschaft muss danach „aus der Überzeugung der einzelnen Mitglieder wachsen und kann nicht durch gesetzliche Rahmenbedingungen aufgezwungen werden“ (Braun 2005, 136).

rerseits geht es insofern nicht um ein Entweder-Oder, sondern vielmehr um ein (mögliches) Spannungsverhältnis, für das ein Ausgleich bzw. eine Abwägung zwischen unterschiedlichen zentralen Werten erfolgen muss. Maßnahmen zum Schutz vor Diskriminierung müssen so in einer Weise erfolgen, die rechtsstaatlichen Grundsätzen entspricht. Sie müssen insofern verhältnismäßig, geeignet und wirksam sein. Diskriminierungsverbote und Verpflichtungen zur Durchführung wirksamer Antidiskriminierungsmaßnahmen sollen der Erkenntnis Rechnung tragen und in der gesellschaftlichen Wirklichkeit zur Geltung verhelfen, „dass die Wahrnehmung individueller Freiheiten nicht die Diskriminierung von Minderheiten einschließt" (Wolfrum 1990, 525; vgl. auch Baer 2003).

Maßnahmen zum Schutz vor Diskriminierung als Beitrag zur Realisierung von gleicher Freiheit – Die Sicht eines Rechtswissenschaftlers

„Das *Ziel des Gleichbehandlungsrechts* ist es (…), die Wertgleichheit, die Würde der Menschen gegen reale Verletzungen zu schützen, ihre Anerkennung und Achtung zu wahren und dafür zu sorgen, dass ihre Freiheiten verwirklicht werden können. All dies wird durch Diskriminierungen gefährdet. Das Gleichbehandlungsrecht versucht dabei, diese Prinzipien in seinem begrenzten Anwendungsbereich in den *Alltag* zu tragen – sei es im Verhältnis Bürger/Staat (oder anderen Trägern öffentlicher Gewalt), sei es im Verhältnis der Bürgerinnen und Bürger untereinander. Der grundsätzliche rechtsethische Anspruch des Gleichbehandlungsrechts – was immer man von bestimmten technischen Details halten mag – ist daher selbstverständlich für eine moderne Rechtszivilisation, die ihre eigenen normativen Voraussetzungen nicht vergisst." (Mahlmann 2007, 41 f.)

Zudem umfasst das Prinzip der Privatautonomie unter den Bedingungen pluralistischer Gesellschaften nicht nur Freiheitsrechte von Individuen, sondern bietet auch Spielraum für die Entwicklung und Entfaltung gesellschaftlicher Machtgruppen. In der Wirklichkeit sind *Machtverhältnisse* und die damit verbundenen Dispositionsmöglichkeiten in der Regel *ungleich* verteilt. Vor diesem Hintergrund können Antidiskriminierungsmaßnahmen als ein Beitrag zur „*Freiheitssicherung gegenüber gesellschaftlicher Macht*" verstanden werden:

> „Die Freiheit bedarf, soll sie in der Gesellschaft nicht nur für einige wenige (die ohnehin Mächtigen), sondern für alle real entstehen und sich erhalten, (…), spezifischer sozialer und rechtlicher *Rahmenbedingungen*, auch institutioneller und sozial-struktureller Art, die nicht schon mit der Gewährleistung rechtlicher Freiheit gegeben sind. Die wichtigste dieser Rahmenbedingungen ist die *ständige Relativierung der gesellschaftlichen Ungleichheit*, die aus der Betätigung der Freiheit immer wieder neu entsteht. Darin liegt zugleich auch der Ansatzpunkt für die notwendige Freiheitssicherung gegenüber Trägern gesellschaftlicher Macht." (Böckenförde 1991, 270; vgl. auch Weber 1968).

Erforderlich und möglich erscheinen derartige Eingriffe von daher insbesondere in den gesellschaftlichen Bereichen bzw. bei den Rechtsgeschäften, die öffentlichen Charakter haben, mit einer gesellschaftlichen Machtentfaltung des jeweiligen Anbieters einhergehen und relevante Leistungen für die Betroffenen beinhalten. Dazu werden im Allgemeinen die Bereiche Arbeit und Beruf, Erziehung und Ausbildung, Wohnung und öffentliche Dienstleistungen im Gesundheits-, sozialen und kulturellen Bereich gezählt (vgl. Erwägungsgrund 12 der Richtlinie 2000/43/EG; Rittstieg/Rowe 1992, 77f.; Nickel 1999, 132 ff.).

Vorbehalte gegen Maßnahmen zum Schutz vor Diskriminierung wurden und werden auch von Seiten der *Kirchen* geäußert. Zwar begrüßen diese die Maßnahmen grundsätzlich, wenden sich aber gleichzeitig dagegen, dass das Merkmal der Religion in gleicher Weise wie die anderen Merkmale, die einem Diskriminierungsverbot unterliegen, behandelt wird. Darin sehen sie einen unzulässigen Eingriff in das verfassungsrechtlich garantierte *Selbstbestimmungsrecht der Kirchen*, das ihnen auch Kompetenzen zur Regelung des kirchlichen Arbeitsrechts gibt und durch das sie über einen Spielraum für Unterscheidungen anhand der Religion und der Religionszugehörigkeit, z. B. bei Einstellungen und der Beschäftigung von Mitarbeiterinnen und Mitarbeitern und zur Auferlegung von besonderen ‚Loyalitätspflichten', verfügen (vgl. Dill 2003, 211 f.). Dieser Spielraum wie auch die damit verbundenen Ausnahmen vom Verbot der Diskriminierung aufgrund der Religion werden von kirchlicher Seite *extensiv* interpretiert.

Die extensive Interpretation des Selbstbestimmungsrechts der Kirchen und der Ausnahmen vom Diskriminierungsverbot

„Die Kirchen können ihr Werteprofil nur wahren und dadurch im säkularen Staat einen Beitrag zur Wertekonvergenz in grundsätzlichen Fragen leisten, wenn sie in ihren eigenen Einrichtungen prägend wirken können. Daher muss eine Kirche beispielsweise die Möglichkeit haben, bei der Aufnahme in kirchliche Schulen, in Kindergärten, Altersheime und andere kirchliche Einrichtungen darauf zu achten, dass Mitglieder der eigenen Kirche in einem hohen Prozentsatz zum Zuge kommen, weil sich sonst das spezifisch kirchliche Profil dieser Einrichtung nicht wahren ließe. Für diese ‚Bevorzugung' der eigenen Mitglieder spricht auch, dass kirchliche Einrichtungen, vor allem kirchliche Kindergärten, zu einem beträchtlichen Prozentsatz mit Mitteln finanziert werden, die die eigenen Kirchenmitglieder aufbringen. Im Übrigen muss eine Mitgliedschaft dabei nicht das entscheidende Kriterium sein. Die Kirchen und ihre Einrichtungen müssen unabhängig davon aus religiösen Gründen zwischen Vertragspartnern differenzieren können. Das kirchliche Selbstverwaltungsrecht gewährt die Freiheit über die Entscheidung, wem gegenüber sich die Kirche mit ihren Einrichtungen öffnen will. Der Schutz vor Diskriminierung aus Gründen der Religion muss vor diesem Hintergrund so gestaltet sein, dass er nicht seinerseits die im Grundgesetz gewährleisteten Recht der Religionsfreiheit und der kirchlichen Selbstbestimmung beeinträchtigt." (EKD 2002, 2; vgl. auch Joussen 2003, 36; Tießler-Marenda 2005, 103)

Im Gegensatz dazu werden die genannten Ausnahmeregelungen von anderer Seite *eng* ausgelegt. Diese Interpretation beruft sich zunächst darauf, dass im europäischen Primärrecht (Art. 13 EGV), in der Richtlinie 2000/

78/EG wie auch im AGG die acht ‚verpönten' Merkmale, also auch das Merkmal der ‚Religion', in gleicher Weise aufgeführt sind. Dies spreche für deren Gleichbehandlung sowie gegen eine „Aufspaltung hinsichtlich der Diskriminierungsgründe" und gegen ein generelles Herausnehmen bestimmter Tatbestände aus dem allgemeinen, umfassenden und verbindlichen Diskriminierungsverbot (vgl. DGB 2002, 4 und 9; vgl. auch Hammer 2003; Roßocha 2007). Danach ist das Verbot der Diskriminierung wegen der genannten Merkmale auch für die Kirchen und ihre Einrichtungen verbindlich. Ausnahmen von diesem Grundsatz haben aus dieser Sicht nur eine beschränkte Bedeutung und unterliegen insgesamt dem gemeinschaftsrechtlichen Verhältnismäßigkeitsprinzip. Von daher werden Ungleichbehandlungen wegen der Religion oder Weltanschauung auch in Kirchen und ihren Einrichtungen unter Berufung auf den Wortlaut von Art. 4 Abs. 2 der Rahmenrichtlinie nur in engen Grenzen und unter spezifischen Voraussetzungen als zulässig angesehen – und zwar um so eher, je unmittelbarer die jeweilige berufliche Tätigkeit eine Beziehung zum sog. Verkündigungsbereich aufweist.

Die enge Interpretation der Ausnahmen

„(...) die EG-Richtlinie (erlaubt) (...) nur dann eine unterschiedliche Behandlung, wenn die Religion oder die Weltanschauung der betroffenen Person ‚nach der Art dieser Tätigkeit oder der Umstände ihrer Ausübung eine wesentliche, rechtmäßige und gerechtfertigte berufliche Anforderung angesichts des Ethos der Organisation darstellt'. Hiervon weicht der Wortlaut (von § 9 AGG, A. S.) ab, da nach Abs. 1 die unterschiedliche Behandlung auch dann gerechtfertigt ist, wenn ohne Ansehen der Art der Tätigkeit ausschließlich aufgrund des Selbstbestimmungsrechts der Gemeinschaft die Religion oder Weltanschauung eine gerechtfertigte berufliche Anforderung darstellt. Eine gerechtfertigte berufliche Anforderung kann aber bei *richtlinienkonformem Verständnis* nur dann vorliegen, wenn die berufliche Anforderung in Bezug auf die konkrete berufliche Tätigkeit verhältnismäßig ist. Eine Festlegung einer bestimmten Religion oder Weltanschauung als berufliche Anforderung allein aufgrund des Selbstbestimmungsrechts ohne Berücksichtigung der Tätigkeit ist nach der Richtlinie ausgeschlossen." (Nollert-Borasio/Perreng 2008, 139)

Für eine enge Auslegung der in § 9 AGG enthaltenen Ausnahmeregelung werden weitere Gesichtspunkte genannt. Dazu gehören zunächst die oben dargestellten Überlegungen, die sich generell auf eine Zulässigkeit der Einschränkung von Privatautonomie und Vertragsfreiheit beziehen. Diese haben grundsätzlich auch Gültigkeit für die Kirchen, insbesondere dort, wo diese als Arbeitgeber und damit als Inhaber gesellschaftlicher Macht fungieren. Weiterhin wird in diesem Zusammenhang die beherrschende Stellung der Kirchen bei der Sozialfürsorge genannt. Bei einer weit verstandenen Interpretation des § 9 des AGG würde „ein riesiger Bereich der Beschäftigung vom Anwendungsbereich des AGG ausgenommen, so dass z.B. ein katholisches Krankenhaus Ärzte oder Krankenschwestern etwa wegen ihrer sexuellen Orientierung, ihrer Religion, oder gar im Falle einer Ehescheidung, weiterhin benachteiligen kann“ (Nickel 2006, 6). Darüber hinaus wird darauf verwiesen, dass kirchliche Einrichtungen von 90 bis 100 Prozent aus staatlichen bzw. Mitteln der Sozialversicherung refinanziert würden. Von daher könne nicht ohne Einschränkungen davon die Rede sein, dass kirchliche Beschäftigte tatsächlich für die Kirche bzw. kirchliche Einrichtungen arbeiten und nicht für den – religiös neutralen – Staat oder die – religiös neutrale – Gemeinschaft der Sozialversicherten (vgl. Hammer 2003, 201).

Im Gegensatz zu den genannten kritischen bzw. ablehnenden Positionen gegenüber dem AGG (bzw. ADG-E) werden die damit verbundenen Maßnahmen aus anderer Sicht *grundsätzlich positiv*, nämlich als ein *Fortschritt* gegenüber den bisherigen eher bruchstückhaften Ansätzen gewertet.

Positive Gründe für das AGG – Die Sicht eines Politologen und Diversity-Experten

„Warum es gut ist, dass Deutschland ein Antidiskriminierungsgesetz hat – 10 zentrale Argumente

1) Gleichbehandlung als gesellschaftspolitisches Ziel
Das Gesetz ist Ausdruck des politischen Willens, für das gesellschaftliche Ziel der Gleichbehandlung einzutreten. Es verbietet grundsätzlich, dass jemand aufgrund einer rassistischen oder ethnischen Diskriminierung, des Geschlechts, der Religion oder der Weltanschauung, bei Behinderung, des Alters oder der sexuellen Identität ungerechtfertigt benachteiligt wird.

2) Verbesserung des Rechtsschutzes für Diskriminierungsopfer
Das Gesetz gibt Betroffenen einen gegenüber den bisherigen rechtlichen Möglichkeiten verbesserten Rechtsschutz durch stärkere eigene Rechtsansprüche, so dass sie gegen Diskriminierungen in Zukunft wirksamer vorgehen können.

3) Stärkung von Grund- und Menschenrechten und Demokratie
Das Gesetz stärkt Grundrechte und Demokratie in Deutschland, indem es dem Einzelnen eine bessere Rechtsposition gegenüber Diskriminierenden verschafft. Es setzt Artikel 3 Grundgesetz, der unmittelbar lediglich die öffentliche Gewalt bindet, insoweit um, als dass das Diskriminierungsverbot jetzt auch im Arbeitsleben und im Zivilrecht gilt. Es ist damit eine Fortentwicklung der Menschenrechtspolitik über den rein staatlichen Bereich hinaus.

4) Unterstützung der Betroffenen
Das Gesetz wird dazu beitragen, dass betroffene Menschen für ihre Rechte eintreten, weil sie den Gesetzgeber und die Justiz auf ihrer Seite wissen. Sie werden bei ihrer Rechtsdurchsetzung durch Verbände, kommunale Antidiskriminierungsstellen, Nichtregierungsorganisationen und die Antidiskriminierungsstelle des Bundes unterstützt.

5) Verbesserte Teilhabechancen für alle Bürgerinnen und Bürger – Stärkung des gesellschaftlichen Zusammenhalts
Das Gesetz verbessert durch die Sicherung einer diskriminierungsfreien Chancengleichheit die Rahmenbedingungen für die Integration aller Menschen in die Gesellschaft. Es erhöht die faktischen Teilhabechancen aller Bürgerinnen und Bürger an gesellschaftlich relevanten Märkten (Wohnungsmarkt, Arbeitsmarkt, Waren und Dienstleistungen etc.). Das Gesetz trägt zu einer konstruktiven Lösung von Konflikten bei und schafft somit die Voraussetzungen für ein spannungsfreieres Zusammenleben.

6) Sensibilisierung für unbewusste Diskriminierungen
Die Diskussion des Gesetzes sowie seine Anwendung wird das Problembewusstsein insbesondere auch bei der Mehrheitsgesellschaft schärfen und für – oftmals unbeabsichtigte – unmittelbare und mittelbare Diskriminierungen sowie Belästigungen im Alltagsleben sensibilisieren. Das Gesetz wird damit dazu beitragen, vorhandene Vorurteile in unserer Gesellschaft stärker bewusst zu machen und zu verringern. Den ArbeitgeberInnen wird aufgegeben, entsprechend präventiv tätig zu werden.

7) Weiterentwicklung des horizontalen Ansatzes
Das AGG wird zu einer stärkeren Vernetzung der im Zuständigkeitsbereich tätigen Nichtregierungsorganisationen führen. Dies bietet die Möglichkeit in einer stärker zielgruppenübergreifenden Vernetzung den horizontalen Ansatz in der Bekämpfung von Diskriminierungen fortzuentwickeln. Es geht zunehmend darum, von den jeweiligen Arbeitsansätzen zu lernen und zielgruppenübergreifende Kenntnisse auszutauschen. Die Antidiskriminierungsstelle des Bundes wird durch einen Beirat beraten, in dem wichtige gesellschaftliche Kräfte, darunter die Tarifpartner, vertreten sind. Sie sind damit eingebunden in ein Netzwerk zur Aufklärung der Allgemeinheit und zur Unterstützung der Betroffenen.

8) Prävention gegen Gewalt wegen Fremdenfeindlichkeit
Vorurteile und Diskriminierungen stehen oft am Anfang gewaltsamer Übergriffe auf Menschen. Das Gesetz ist daher längerfristig ein wichtiges Element bei der Bekämpfung von Gewalt gegen Menschen, die als ‚fremd' oder ‚anders' wahrgenommen werden. Dies gilt insbesondere im Kampf gegen Rechtsextremismus, Fremdenfeindlichkeit und Antisemitismus.

9) Beginn der Entwicklung einer Antidiskriminierungskultur
Mit dem Gesetz wird auch in Deutschland beginnen, was bereits seit längerem in England, in den USA und in den skandinavischen Staaten Alltag ist: Eine Antidiskriminierungskultur, in der es selbstverständlich ist, dass sich Betroffene gegen Diskriminierungen zur Wehr setzen und in der sich Staat und Wirtschaft verantwortlich zeigen müssen, dass es nicht zu Diskriminierungen kommt.

10) Förderung gesellschaftlicher Vielfalt
Das Gesetz ist ein Baustein zur Unterstützung der gesellschaftlichen Vielfalt in Deutschland und zur Unterstützung des Managing-Diversity-Konzeptes in Unternehmen. Es schafft die rechtlichen Rahmenbedingungen dafür, dass die Menschen in unserer Gesellschaft ihre individuellen Talente und Potenziale frei von Vorurteilen, Diskriminierungen und Belästigungen entfalten und einbringen können. Damit sind Chancen für wirtschaftlichen Gewinn in einem zukunftsfähigen, weltoffenen Standort Deutschland verbunden." (Merx 2007, 7 f.)

Allerdings wird in diesem Zusammenhang auch darauf verwiesen, dass das Gesetz *nicht weit genug* gehe und in der geltenden Fassung verschiedene *Probleme, Defizite und Mängel* enthalte.

Die Bewertung des AGG im 4. ECRI-Bericht über Deutschland

„Wenn auch die Verabschiedung des AGG als positiver Schritt zu begrüßen ist, der es den Opfern von Diskriminierung ermöglicht, ihre Rechte in Deutschland gerichtlich geltend zu machen, so dürften doch einige Aspekte des AGG, insbesondere seine Anwendung im Wohnungswesen, noch Raum für Verbesserungen lassen. Das AGG ist nach wie vor unter den möglichen Opfern weithin unbekannt, und die Zweimonatsfrist zur Einreichung einer Beschwerde dürfte zu kurz bemessen sein. Dieses Problem wird noch durch die begrenzte Rolle, die das Gesetz den Nichtregierungsorganisationen einräumt, verstärkt. Gleichzeitig herrscht der Eindruck vor, dass die Antidiskriminierungsstelle des Bundes den Opfern zu ferne steht und es ihr an Verständnis für deren Sichtweise mangelt. Da sie nur relativ wenig Personal und jährliche Haushaltsmittel hat, dürfte sie sich momentan noch schwer tun, ihren gesetzlichen Aufgaben nachzukommen." (ECRI 2009, 8 f.)

Als *problematisch* und als *partiell unvereinbar mit dem EU-Recht* werden insbesondere die folgenden Regelungen angesehen (vgl. Nickel 2007; Heinrich-Böll-Stiftung 2006; Dern 2007):

- Im *zivilrechtlichen* Teil des Gesetzes wird das Merkmal *‚Weltanschauung'* beim Diskriminierungsschutz generell nicht berücksichtigt. Für das Merkmal ‚Rasse'/ethnische Herkunft ist zwar ein allgemeines zivilrechtliches Benachteiligungsverbot vorgesehen und zudem werden die übrigen Merkmale hier (über das europäische Gemeinschaftsrecht hinausgehend) berücksichtigt. Für sie soll dies aber nur eingeschränkt gelten, nämlich nur für zivilrechtliche Schuldverhältnisse, die ‚Massengeschäfte' beinhalten, bei denen das Ansehen der Person nachrangige Bedeutung hat und die privatrechtliche Versicherungen zum Gegenstand haben. Nach den Regelungen zum *Wohnungsmarkt* ist es im Regelfall nur Großvermietern (mit über 50 Wohnungen) verboten, bei der Wohnungsvergabe wegen des Geschlechts, der Religion, einer Behinderung, des Alters oder der sexuellen Identität zu diskriminieren. Migranten sind davon abweichend zwar auch vor Diskriminierung wegen der ‚Rasse' oder ethnischen Herkunft gegenüber kleineren Vermietern geschützt, allerdings erleichtert es die sogenannte „Ghettoklausel" – unter Berufung auf ausgewogene Siedlungsstrukturen sowie ausgeglichene wirtschaftliche, soziale und kulturelle Verhältnisse – Bewerber mit Migrationshintergrund weiterhin ungleich zu behandeln (§ 19 AGG).
- Im *arbeitsrechtlichen* Teil die Nichtberücksichtigung von Kündigungen im Anwendungsbereich des Gesetzes, so dass Arbeitnehmer zwar ab der Stellenausschreibung und während des Arbeitsverhältnisses vor Diskriminierungen geschützt sind, nicht aber bei der Beendigung (§ 2 Abs. 4 AGG).
- Im Hinblick auf die *Durchsetzung* der Diskriminierungsverbote wird zum einen die enge Fassung der Aufgaben der *Antidiskriminierungsstelle* des Bundes kritisiert. Diese ist zwar für alle acht ‚Gruppen' zuständig, beschränkt sich bei ihrer Unterstützung aber auf allgemeine Aufklärung und Weitervermittlung an andere Stellen und begleitet Betroffene nicht selbst. Zudem wird bezweifelt, dass die Stelle im Verhältnis zu ihren Aufgaben ausreichend mit Personal- und Sachmitteln ausgestattet wird. Auch erscheint es fraglich, ob und in welcher Weise die erforderliche Unabhängigkeit der Stelle insbesondere bei den vorgesehenen Verfahren

der Weiterleitung von Eingaben der Betroffenen und bei der (an sich begrüßenswerten) Zusammenarbeit mit anderen relevanten Stellen und Beauftragten in einem ausreichenden Maße gewährleistet ist. *Antidiskriminierungsverbände*, die nach den Richtlinien die Betroffenen bei der Rechtsdurchsetzung unterstützen sollen, dürfen lediglich als „Beistände" im gerichtlichen Verfahren fungieren. Sie können weder im Namen des Betroffenen klagen noch im Wege einer Verbandsklage auf eigene Initiative Diskriminierungsfälle vor Gericht bringen: „Es bleibt also weiter primär den Opfern überlassen, sich gegen Diskriminierung zur Wehr zu setzen" (Dern 2007, 78). Bei der *individuellen Rechtsverfolgung* bestehen aufgrund der kurzen Klagefrist von zwei Monaten ab Kenntnis der Diskriminierung erhebliche Hürden. Der Wortlaut der *Beweislastregelung* in § 22 AGG erlaubt es, den Betroffenen deutlich höhere Risiken aufzubürden als dies die Richtlinien vorsehen.
- Die *Ausnahmen*, die vom *Verbot der Diskriminierung aufgrund der Religion oder Weltanschauung* für *Religionsgemeinschaften* vorgesehen sind, sind in Bezug auf das kirchliche Selbstbestimmungsrecht weiter als in den EU-Richtlinien formuliert.
- *Insgesamt* wird so nicht ganz zu Unrecht angezweifelt, dass mit dem AGG „eine neue Kultur der Antidiskriminierung" begonnen hat (Dern 2007, 79).

Ausgehend von dieser Einschätzung und der Auffassung, dass es bei Antidiskriminierungspolitik im Kern darum geht, „eine Kultur der Gleichbehandlung und der Chancengleichheit zu fördern" (Sachverständigenrat für Zuwanderung und Integration 2004, 388), erscheint eine *Weiterentwicklung* der bisherigen Maßnahmen vor allem unter den folgenden Gesichtspunkten erforderlich:

- *Weiterentwicklung rechtlicher Normen*: Diese Anforderung betrifft zunächst die als defizitär bzw. problematisch aufgeführten Normen innerhalb des *AGG*, aber auch Bestimmungen, die bisher im *europäischen Antidiskriminierungs- und Gleichbehandlungsrecht* verankert sind.[20] Weiterhin sind Änderungen im Bereich des *Staatsangehörigkeitsrechts* notwendig. Die europäischen Antidiskriminierungsrichtlinien wie auch das AGG erfassen nicht unterschiedliche Behandlungen aus Gründen der Staatsangehörigkeit und berühren auch nicht „die Vorschriften und Bedingungen für die Einreise von Staatsangehörigen dritter Staaten oder staatenloser Personen in das Hoheitsgebiet sowie eine Behandlung, die sich aus der Rechtsstellung von Staatsangehörigen dritter Staaten oder

20 Zu aktuellen Bemühungen, das Antidiskriminierungs- und Gleichbehandlungsrecht auf europäischer Ebene weiter zu entwickeln, vgl. Kommission der Europäischen Gemeinschaften 2008 a und 2008 b. Zu einer Zwischenbilanz und zukünftigen Umsetzung des AGG vgl. Nickel 2009. Für diesen Literaturhinweis danke ich Alexander Merx.

staatenloser Personen ergibt." (Hailbronner 2001, 258) Von daher bleibt von den Antidiskriminierungsbestimmungen das für die deutsche Integrationspolitik besonders ausgeprägte Problem der „institutionalisierten Unsicherheit" (Melotti) weitgehend unberührt. In dieser Hinsicht ist eine konsequente Erleichterung des Erwerbs der Staatsbürgerschaft des jeweiligen Aufnahmelandes von zentraler Bedeutung (siehe auch Kapitel IV). Darüber hinaus sind *Normbereinigungen*, d.h. Überprüfungen und gegebenenfalls Änderungen all derjenigen rechtlichen Normen erforderlich, in denen Ungleichbehandlungen von ‚Ausländern' (einschl. der Flüchtlinge) insbesondere im Bereich des Zugangs zum Arbeitsmarkt, zu Beruf und Ausbildung und zu Sozialleistungen festgeschrieben sind: „Für eine umfassende Gesetzgebung gegen Diskriminierung müssen gerade diejenigen Rechts- und Verwaltungsvorschriften kritisch überprüft werden, die eine Benachteiligung aus der Staatsangehörigkeit herleiten." (Sachverständigenrat für Zuwanderung und Integration 2004, 385; im Original hervorgehoben; vgl. auch Förderverein PRO ASYL und Interkultureller Rat in Deutschland 2005) Sofern derartige Ungleichbehandlungen nicht (mehr) sachlich begründet sind und im Widerspruch zu Grundrechten und internationalen Konventionen stehen, durch die Migranten in besonderer Weise geschützt werden, sollten die entsprechenden Bestimmungen, in Richtung einer stärkeren materiell- und verfahrensrechtlichen Gleichstellung geändert werden. Dies erscheint auch im Zusammenhang mit dem Schutz vor Diskriminierung im gesellschaftlichen Bereich geboten: „(...) will man für das Verhältnis der Bürger untereinander ausdrückliche Diskriminierungsverbote schaffen, so muss sich der Staat auch selbst an diesen Maßstäben messen lassen (...)." (Beauftragte der Bundesregierung für Ausländerfragen 2000, 72) Schließlich wird empfohlen, rassistische Beweggründe bei gewöhnlichen Straftaten im *Strafrecht* ausdrücklich als strafverschärfend zu werten (vgl. ECRI 2009, 17).

- *Weiterentwicklung institutioneller Strukturen*: Dieser Aspekt gilt zunächst für die durch das AGG geschaffene *Antidiskriminierungsstelle des Bundes*. So wird von ECRI empfohlen, der Stelle auch die Zuständigkeit zur Untersuchung individueller Beschwerden und zur Einleitung gerichtlicher Verfahren sowie das Recht, sich daran zu beteiligen, zu übertragen und sie mit ausreichenden personellen und finanziellen Mitteln auszustatten (ECRI 2009, 22). Darüber hinaus sollte eine Öffnung ‚nach unten', auf die Ebenen der Länder, Städte und Gemeinden und eine Kooperation mit den dort bereits bestehenden Einrichtungen sowie eine Vernetzung auf europäischer Ebene erfolgen und die Unabhängigkeit der Stelle(n) in klarerer Weise gesichert werden. Um eine Verbesserung des Schutzes von Migranten vor Diskriminierungen durch *Verwaltungshandeln*, vor allem im Bereich der Sicherheitsbehörden, zu realisieren, sollten diesbezügliche statistische Daten umfassender und präziser erhoben, die Bindung der Verwaltung an Recht und Gesetz wirksamer durchgesetzt, unabhängige Kontrollgremien eingerichtet, Übergriffe konsequenter unterbunden und systematisch Aus- und Fortbildungs- sowie Schulungs- und Trainingsmaßnahmen des Personals durchgeführt werden (vgl. Baumann 2004, 327 ff.). Zu einem Abbau von institutioneller Diskriminierung im *schulischen Bildungssystem* könnten Maßnahmen beitragen, die an der Institution selbst ansetzen, z. B. in Form von Strukturanpassungen des Bildungsangebots an eine auf Dauer durch Migration veränderte Schülerpopulation und durch eine systematische Überprüfung und Bewertung der Wirkungsweisen von schulischen Lehr- und Lernprozessen (vgl. Gomolla/Radtke 2009). Auch im *betrieblichen* Umfeld sollten die Anstrengungen zur Bekämpfung individuellen diskriminierenden Verhaltens und struktureller Diskriminierung, insbesondere mit Hilfe von Betriebsvereinbarungen, verstärkt und ‚gelebt' werden (Sachverständigenrat für Zuwanderung und Integration 2004, 389).

- *Positive Fördermaßnahmen*: Diese Maßnahmen zielen darauf ab, entsprechend qualifizierte Angehörige der Migranten verstärkt bei Einstellungen und Beförderungen zu berücksichtigen und so deren gleiche Teilhabe in der Arbeitswelt und in den Institutionen, z. B. in den Medien, bei der Polizei und im Schulsystem, zu fördern. Nach Auffassung des Sachverständigenrats für Zuwanderung und Integration (2004, 388) besteht in dieser Hinsicht vor allem im Öffentlichen Dienst ein erheblicher Handlungsbedarf.

- *Maßnahmen und Initiativen gegen Fremdenfeindlichkeit, Rechtsextremismus und rechte Gewalt*: Hier erscheint vor allem die Entwicklung und kontinuierliche Verfolgung eines Ansatzes wichtig, der umfassend die verschiedenen Ursachen und Ausprägungen rechter Gewalt berücksichtigt, sowohl präventiv wie auch repressiv orientiert ist und von staatlichen Institutionen wie auch von zivilgesellschaftlichen Organisationen auf unterschiedlichen Ebenen getragen wird (vgl. Sachverständigenrat für Zuwanderung und Integration 2004, 392 ff.).

- *Sensibilisierung:* Dieser Gesichtspunkt betrifft Erfordernisse der Aufklärung, der Medienberichterstattung sowie pädagogischer und didaktischer Interventionen. Um eine allgemeine Antidiskriminierungskultur in der Gesellschaft zu verankern, sind zusätzlich zur Weiterentwicklung rechtlicher Normen und institutioneller Strukturen aufklärende und pädagogisch orientierte Maßnahmen, vor allem im Bereich der Politischen Bildung, der Menschenrechtsbildung und des Interkulturellen Lernens im schulischen und außerschulischen Bereich, erforderlich (siehe Kapitel IV). Antidiskriminierungs- und Gleichbehandlungsmaßnahmen sollten in besonderer Weise durch Information und Aufklärung sowie Aus- und Fortbildung relevanter Berufsgruppen gefördert werden. So wird den Behörden z. B. in dem 4. ECRI-Bericht über Deutschland empfohlen,

- sicherzustellen, dass die Öffentlichkeit und besonders die potentiell von Benachteiligung betroffenen Personen(-gruppen) Kenntnis von den geltenden gesetzlichen Bestimmungen gegen rassische Diskriminierung erlangen,
- im Bereich der Arbeitswelt eine Kampagne zur Weckung des Problembewusstseins zu starten und die Arbeitgeber auf die Vorteile von ‚Vielfalt' am Arbeitsplatz hinzuweisen,
- sich verstärkt um die Ausbildung von Polizeibeamten, Staatsanwälten und Richtern in Fragen der Anwendung von Strafrechtsbestimmungen gegen Rassismus und rassische Diskriminierung zu bemühen,
- Fortbildungsprogramme für alle Lehrer zu entwickeln, um sie zu befähigen, nach Abschluss der Grundschule die Eignung ihrer Schüler für die weitere schulische Laufbahn objektiv zu beurteilen, und sicherzustellen, dass Schüler nicht ohne zwingenden Grund in die niedrigeren Schultypen geleitet werden,
- Einwanderern zu helfen, Deutsch zu lernen, und zugleich den deutschen Bürgern zu helfen, die Vielfalt der heutigen Gesellschaft positiver zu sehen, sowie
- Informationen zum Inhalt und zur Reichweite der gesetzlichen Bestimmungen gegen Rassendiskriminierung auch in anderen Sprachen als Deutsch zu verbreiten (vgl. ECRI 2009, 10 ff.).

6. Zusammenfassung

Die Diskriminierung von Migranten und ethnischen Minderheiten stellt in der Bundesrepublik wie auch in anderen europäischen Einwanderungsgesellschaften ein erhebliches soziales Problem und eine zentrale gesellschaftspolitische Herausforderung dar. Dies gilt zumindest dann, wenn die Migranten und ethnischen Minderheiten – ebenso wie die Angehörigen anderer Bevölkerungsgruppen – menschenwürdig leben und über gleiche Möglichkeiten der sozialen, politischen und kulturellen Entfaltung sowie Teilhabe verfügen sollen. Da Phänomene und Mechanismen der Diskriminierung komplexer Natur sind, sollten die entsprechenden Gegenmaßnahmen umfassender und vielfältiger Art sein, von verschiedenen Akteuren getragen und in allgemeine Politiken der gesellschaftlichen Integration eingebettet werden. Zur Konkretisierung und Umsetzung dieser Perspektive sollten die bisher konzipierten und umgesetzten Maßnahmen weiterentwickelt werden, um so Integrations-, Demokratisierungs- und Zivilisationsprozesse zu fördern und auf dem langen Weg in Richtung auf „das ferne Ziel einer gerechten Gesellschaft von freien und gleichen Individuen" Fortschritte zu erzielen (Bobbio 1998, 55; siehe Kapitel IV).

VI. Migrationsbezogene Soziale Arbeit

Moderne Soziale Arbeit entstand im Kontext von Industrialisierung und der Herausbildung des Sozialstaates im deutschen Kaiserreich.[1] Von Beginn an war Soziale Arbeit mit Armutsmigration, Flucht sowie verschiedenen Formen der Diskriminierung von ethnischen und religiösen Minderheiten[2] konfrontiert. Ein eigenständiges und professionelles Arbeitsfeld aber war die Soziale Arbeit mit Migranten und ethnischen Minderheiten lange Zeit nicht. Dies sollte sich erst in der zweiten Hälfte des 20. Jahrhunderts ändern. Voraussetzung hierfür war die flächendeckende Einrichtung von Studiengängen der Sozialarbeit, Sozialpädagogik und des Sozialwesens an bundesdeutschen Fachhochschulen und Universitäten seit Ende der 1960er Jahre. Diese Institutionalisierung ermöglichte die akademische Etablierung und sozialwissenschaftliche Fundierung der Sozialen Arbeit. Parallel zur wirtschaftlichen und wohlfahrtsstaatlichen Expansion hat diese als Erwerbsberuf in den folgenden Jahrzehnten ebenfalls eine erhebliche Ausweitung erfahren. Beruflich-inhaltlich differenzierten sich die Felder der Sozialen Arbeit weiter aus. Dabei stieg die Anzahl der akademisch qualifizierten Fachkräfte im Beschäftigungssystem kontinuierlich an (vgl. Merten/Olk 1999, 970ff). Mit Sozialer Arbeit ist dementsprechend beides gleichermaßen angesprochen: der Erwerbsberuf und die sozialwissenschaftliche Disziplin. Soziale Arbeit ist als sozialwissenschaftliche Disziplin trans- bzw. interdisziplinär und anwendungsbezogen ausgerichtet. Dabei geht es in der Disziplin wie in der Profession zentral um die Bearbeitung sozialer Probleme (vgl. Staub-Bernasconi 2002).

1. Fragestellungen und Arbeitsansätze

Als *Migrationsbezogene Soziale Arbeit* bezeichnen wir Arbeitsansätze und Methoden, welche sich professionell mit sozialen Problemen in Folge grenzüberschreitender Migration und ethnisch-kultureller Diversität beschäftigen. In diesem Zusammenhang sind drei Fragestellungen erkenntnisleitend: Welches Verständnis von sozialen Problemen liegt den verschiede-

1 Zur Entstehung und Entwicklung Sozialer Arbeit im Kaiserreich und der Weimarer Republik siehe Hammerschmidt/Tennstedt (2002). Einen allgemeinen Überblick zu geschichtlichen und theoretisch-methodischen Grundlagen sowie handlungsfeldspezifischen Ausprägungen vermitteln verschiedene Beiträge in Thole (2002).

2 Dies gilt insbesondere für die jüdische Wohlfahrtspflege, welche in der Weimarer Republik einen wesentlichen Pfeiler konfessionsgebundener Sozialer Arbeit darstellte (vgl. Hering 2006; Hennings 2008).

nen Ansätzen Migrationsbezogener Sozialer Arbeit zugrunde? Mit welchen Konzepten, Methoden und Strategien arbeiten diese Ansätze? Was sind ihre Aufgaben und Ziele? Die Beantwortung dieser Fragen kann über verschiedene Zugänge erfolgen. Eine berufspraktische Antwort könnte lauten: Migrationsbezogene Soziale Arbeit ist dasjenige, was sich so bezeichnet bzw. das, was die Träger und Fachkräfte praktizieren. Unseres Wissens aber verwenden Träger und Akteure die Bezeichnung Migrationsbezogene Soziale Arbeit nicht oder eher selten, da es sich um eine übergeordnete Kategorisierung verschiedener Arbeitsansätze handelt. Auch die Bezeichnungen spezieller Ansätze wie ‚Ausländerarbeit', ‚Interkulturelle Soziale Arbeit' oder ‚Migrationssozialarbeit' sind zu hinterfragen. Zunächst sind diese Bezeichnungen zumeist Selbstbeschreibungen der Akteure und Träger Sozialer Arbeit. Dabei können, aber müssen Projekt- und Maßnahmebezeichnungen nicht ohne weiteres identisch sein mit den entsprechenden Zielgruppen und Konzepten. In den vergangenen Jahrzehnten haben die Drittmittelfinanzierung von Projekten und Maßnahmen sowie der ökonomisch-finanzielle Druck in der Sozialen Arbeit zugenommen. Damit verbunden sind Tendenzen, Titel und Arbeitsansätze von Projekten nach der Finanzierungsquelle und den Erwartungen der Auftraggeber auszurichten.

Migrationsbezogene Soziale Arbeit könnte weiter begriffen werden als das, was Soziale Arbeit, Pädagogik und Soziologie als wissenschaftliche Disziplinen als solche definieren. Hierzu existieren jedoch bislang nur vereinzelt empirisch fundierte Ergebnisse. Ein nicht geringer Teil der akademischen Literatur ist programmatisch-normativ formuliert. Dennoch ist die akademische Ideenwelt im Unterschied zur sozialberuflichen Praxis immer noch relativ gut dokumentiert. Erst in jüngerer Zeit liegen vermehrt Ergebnisse von Evaluationsstudien zur Migrationsbezogenen Sozialen Arbeit vor, welche Auskunft über sozialberufliche Praktiken zu geben geeignet sind. Für die Darstellung und Bestimmung Migrationsbezogener Sozialer Arbeit sind aus den genannten Gründen weder die berufspraktische noch die sozialwissenschaftliche Ebene für sich allein hinreichend und angemessen.

Über den Zeitraum von mehr als einem halben Jahrhundert hat Migrationsbezogene Soziale Arbeit verschiedene Entwicklungsprozesse erfahren. Untersuchungsergebnisse zu deutlich kürzeren Zeiträumen oder die isolierte Betrachtung einzelner Arbeitsansätze und Methoden sind unzureichend, sinnvolle oder substanzielle Erklärungen und Beurteilungen zu diesem Arbeitsfeld abzugeben oder zu rechtfertigen. Dementsprechend können für die weiteren Ausführungen in heuristischer Absicht im Wesentlichen drei Ansätze unterschieden werden, die zusammen genommen das Arbeitsfeld Migrationsbezogener Sozialer Arbeit konturieren. Dies sind im Einzelnen:

- die *Ausländerarbeit* als zielgruppenspezifischer Ansatz
- die *Interkulturelle Soziale Arbeit* als thematisch-methodischer Ansatz
- die *Soziale Arbeit in der Einwanderungsgesellschaft* als handlungsfeld-integrativer Ansatz

Diese Arbeitsansätze sind historisch-zeitlich versetzt entstanden. Ihre Darstellung folgt den Entstehungsphasen der einzelnen Arbeitsansätze. Dabei kann die Herausbildung dieser Ansätze spätestens seit den 1980er Jahren auch als Ausdruck und Folge von Lern- und Professionalisierungsprozessen innerhalb der Sozialen Arbeit verstanden werden. Dennoch wäre es unzutreffend, diese als eine Aufeinanderfolge von abgeschlossenen Phasen zu begreifen. Vielmehr besteht ein Nebeneinander bereits etablierter Arbeitsansätze gegenüber neueren Entwicklungen.

2. Ausländerarbeit als zielgruppenspezifischer Ansatz

Ausländerarbeit entstand als ein zielgruppenspezifischer Ansatz in der Bundesrepublik Deutschland in Folge der Anwerbung ausländischer Arbeitskräfte für den bundesdeutschen Arbeitsmarkt im Rahmen der so genannten Gastarbeiterbeschäftigung. Seit dem Jahre 1955 wurden offiziell italienische Arbeitskräfte und dann verstärkt im Zeitraum von 1960 bis 1973 weitere Arbeitskräfte aus anderen Ländern des Mittelmeerraumes angeworben. Obwohl die Beschäftigung der Gastarbeiter eine weitestgehend ökonomische Funktion für den bundesdeutschen Arbeitsmarkt haben sollte, wurde ausländerpolitisch dennoch ein Bedarf an temporärer sozialer Integration gesehen. Den großen Wohlfahrtsverbänden kam die Rolle zu, ein System der Ausländersozialberatung einzurichten und diese auch durchzuführen. In Absprache mit dem Bundesministerium für Arbeit und Sozialordnung einigten sich die Wohlfahrtsverbände auf eine *nationalitätengruppen-spezifische Ausländersozialberatung:* Dementsprechend betreute der Caritas-Verband Gastarbeiter aus katholischen Ländern wie Italien und Spanien, das Diakonische Werk die griechischen und die Arbeiterwohlfahrt die türkischen Gastarbeiter. Die Arbeitnehmer aus Jugoslawien wurden sowohl von der Arbeiterwohlfahrt wie auch von der Caritas betreut. Welche Personen aber sollten die Ausländersozialberatung konkret durchführen? Da die angeworbenen Gastarbeiter aus den verschiedenen Mittelmeerländern in der Regel nicht oder nur bruchstückhaft über Kenntnisse der deutschen Sprache verfügten, war es wichtig, dass die Berater sowohl der Sprache der jeweiligen Nationalitätengruppe wie auch der deutschen Sprache mächtig waren, um die ihnen zugewiesene Aufgabe und Funktion wahrnehmen zu können. Pragmatisch wurden von den Wohlfahrtsverbänden unter den Gastarbeitern der jeweiligen Nationalität Personen gesucht und auf eine mögliche sozialberufliche Tätigkeit hin angesprochen. Diese verfügten zwar in der Regel über keine sozialberufliche Ausbildung. Sie waren jedoch häufig anders qualifiziert und besaßen teilweise einen akademischen Abschluss. Vor allem aber brachten sie die für die Durchführung der Ausländersozialarbeit notwendigen sprachlichen Voraussetzungen mit. Zudem wurde unterstellt, dass Menschen, welche selbst Migranten sind, eine besondere Qualifikation für die Soziale Arbeit mit anderen Migranten mitbringen würden.

Die Sozialberatung war von den Wohlfahrtsverbänden primär in Form der Einzelfallhilfe organisiert. Sie erstreckte sich auf Fragen der Arbeit und Beschäftigung, der Aufenthaltserlaubnis, der Sozialversicherung, der Wohnungsversorgung, der Ehe- und Familienberatung, der Kinder- und Jugendhilfe, der Schulbildung und Freizeitgestaltung, der Rückkehr in das Herkunftsland sowie ferner der Bildung von Selbsthilfegruppen. Dabei waren die ausländischen Sozialberater auch im Außendienst tätig: bei Familien- und Krankenbesuchen, bei Behördengängen, Firmenbesuchen sowie dem Aufsuchen von Wohnunterkünften. Charakteristisch waren zudem ihre vielfältigen Dienste als Dolmetscher und Übersetzer (vgl. Tiedt 1985, 64-69). Die Ausländersozialarbeit erforderte ein hohes Maß an persönlichem Engagement auch jenseits festgelegter Arbeitszeiten. Dennoch sollte die Durchführung der nationalitätenspezifischen Ausländersozialberatung bereits früh einige Mängel aufweisen. Hierzu gehörten die große Bandbreite der Themen und Aufgaben der Sozialberatung, die geringe fachlich-professionelle Qualifikation der ausländischen Berater sowie die relativ hohe Zahl der potenziell zu betreuenden Gastarbeiter (vgl. Tiedt 1985, 94f). Zudem waren einzelne Ausländersozialberater teilweise für ganze Regionen zuständig, die relativ weit voneinander entfernt lagen. Trotz und vielleicht auch wegen der strukturbedingten sowie personellen Mängel der Ausländersozialarbeit hatten die ausländischen Sozialberater eine relativ starke Stellung inne, da sie Zugang zu und Gewicht in den ethnischen Netzwerken der Gastarbeiterbevölkerung und ihrer Familien hatten, die Einheimischen weitgehend verschlossen blieben.

Ausländer- und arbeitsmarktpolitisch war eine längerfristige Integration der ausländischen Gastarbeiterbevölkerung in die Bundesrepublik Deutschland bis in die 1980er – und darüber hinaus – nicht vorgesehen. Zunächst auch nicht von den Gastarbeitern selbst, die insbesondere in den ersten Jahren an einer instrumentell-transistorischen Nutzung ihrer Arbeitskraft interessiert waren und mehrheitlich auf eine baldige Rückkehr in ihre Herkunftsländer hofften. Die Ausländersozialberatung der Wohlfahrtsverbände war programmatisch wie faktisch auf eine *soziale Integration auf Zeit* eingerichtet und verhielt sich somit im Wesentlichen komplementär zu den ökonomischen Imperativen bundesdeutscher Ausländerpolitik. Mit zunehmender Aufenthaltsdauer der Gastarbeiter jedoch wurde die Ausländersozialberatung mit den Jahren auch ein ökonomischer Faktor für die Wohlfahrtsverbände. Die staatlichen Zuschüsse für Betreuungsmaßnahmen stiegen enorm an.[3] Dementsprechend wuchs die Anzahl der von den Wohlfahrtsverbänden

3 Während im Jahr 1960 der Haushaltsansatz ‚Zuschüsse für Betreuungsmaßnahmen' des Bundes, welcher wesentlich, wenn auch nicht ausschließlich, Kosten der Ausländersozialberatung berücksichtigt, sich auf 70.000 DM belief, waren dies nach einer kontinuierlichen Steigerung im Jahre 1983 bereits 34, 3 Millionen DM (Angaben des Bundesministeriums für Arbeit und Sozialordnung nach Tiedt 1985, 110).

gegründeten Ausländersozialberatungsstellen. Und die Anzahl der dort tätigen ausländischen Sozialberater nahm ebenfalls zu.

Tab. 8: Entwicklung der Sozialberatung beim Caritas-Verband und der Arbeiterwohlfahrt, 1956 bis 1982

Jahr	Sozialberatungsstellen		Sozialberater	
	Caritas-Verband	Arbeiterwohlfahrt	Caritas-Verband	Arbeiterwohlfahrt
1956	5	–	5	–
1960	11	–	13	–
1965	140	–	169	–
1968	180	28	205	34
1970	205	86	235	119
1972	256	120	299	181
1975	293	145	340	235
1981	336	202	399	360
1982	340	211	412	394

Quelle: Bundesministerium für Arbeit und Sozialordnung (1983); Tiedt (1985, 108)

Anfang der 1970er Jahre bildeten sich in der Nachfolge der Studentenbewegung Gruppen und Initiativen, welche über eine sozialkritische theoretische Auseinandersetzung mit Gesellschaftsproblemen hinaus praktische Arbeit leisten wollten. Hierzu wurden Stadtteile zumeist in Ballungszentren aufgesucht, die besonders vernachlässigt erschienen und sich durch eine schlechte Infrastruktur auszeichneten. Hier lebten überdurchschnittlich viele Gastarbeiter mit ihren Familien. Die Entstehung von *Initiativgruppen* war Ausdruck und Folge der in der Bundesrepublik Deutschland aufkeimenden Bürgerinitiativbewegung, die die schlechte Versorgung der ausländischen Wohnbevölkerung und die unzureichende Förderung und Integration ausländischer Schülerinnen und Schüler in bundesdeutschen Schulen zumindest teilweise beheben wollten (vgl. Puskeppeleit/Thränhardt 1990, 181). Eine Umfrage unter Initiativgruppen aus dem Jahr 1976 zeigt auf, dass die Schwerpunkte und Ziele der Ausländerarbeit bei den Hilfen des schulischen Lernens und der schulischen Integration, dem Erlernen der deutschen Sprache sowie allgemeinen Sozialisations- und Integrationshilfen lagen (vgl. Akpinar u.a. 1977, 163). Die Initiativgruppen, die weitgehend aus Einheimischen bestanden, arbeiteten zunächst ehren- und nebenamtlich zumeist in projektförmigen Arbeitszusammenhängen. Für eine Förderung der inhaltlichen Arbeit waren nur geringe materielle Mittel vorhanden. Publikationen standen nicht oder kaum zur Verfügung. Es fehlte zudem an gegenseitigem Austausch und Möglichkeiten der Weiterbildung.

Eine Konsolidierung und Institutionalisierung erfuhr die Initiativgruppenarbeit mit der Gründung des *Verband(es) der Initiativgruppen in der Ausländerarbeit* (VIA) im Januar 1979 in Frankfurt am Main. Mit der Gründung des VIA sollten nach eigenen Angaben folgende Aufgaben in Angriff genommen werden: Die materiellen Interessen der Initiativgruppen sollten auf Bundesebene vertreten werden, zweitens sollte der Bundesverband als politisches Sprachrohr fungieren, drittens sollte die Vernetzung der Initiativgruppen gefördert sowie viertens die Weiterbildung der in der Initiativgruppenarbeit Tätigen gewährleistet werden. In Abgrenzung zu den damals zentralistisch und paternalistisch operierenden Wohlfahrtsverbänden schufen die Initiativgruppen mit der Gründung des Bundesverbandes und der späteren Mitgliedschaft im (Deutschen) Paritätischen Wohlfahrtsverband (DPWV) die organisatorischen und institutionellen Voraussetzungen für eine Fortsetzung und Weiterentwicklung von dezentralen, kommunalen und basisnahen Projekten, die an den lebensweltlichen Problemen von Gastarbeitern und ihren Familien orientiert waren.

Obwohl in den 1970er Jahren zunächst die Hausaufgabenhilfe für ausländische Schülerinnen und Schüler sowie die Hilfen zur schulischen Integration im Vordergrund der Initiativgruppenarbeit standen, wurden sprachliche und schulische Defizite im Kontext von ausländerpolitischen und –rechtlichen Entscheidungen problematisiert. Einer Pädagogisierung der scheinbar individuellen Schwächen der schulischen Leistungen der Gastarbeiterkinder wurde eine deutliche Absage erteilt. Diese Kritik an einer Pädagogisierung des so genannten Ausländerproblems fand auch ihren Ausdruck im Titel der Jahrestagung des VIA ‚Wider die Pädagogisierung des Ausländerproblems' (vgl. Nieke 1995, 15). Als Informations-, Diskussions-, Koordinierungs- und Weiterbildungsmedium kam in diesem Zusammenhang den *Materialien zum Projektbereich Ausländische Arbeiter* wesentliche Bedeutung zu: Diese Materialien, die im Zeitraum von 1973 bis 1985 zunächst von der Arbeitsgemeinschaft der katholischen Studenten- und Hochschulgemeinden und ab 1979 von dem VIA herausgegeben wurden, „waren in den siebziger Jahren das wichtigste Kommunikationsorgan in der Ausländerarbeit" (Puskeppeleit/Thränhardt 1990, 186f). Sozialwissenschaftliches Know-how stand in den 1970er Jahren kaum zur Verfügung: Erstens wurden erst in den 1970er Jahren Studiengänge der Sozialen Arbeit an den Fachhochschulen und Universitäten flächendeckend etabliert; zweitens war – auch damit zusammenhängend – die Anzahl der Experten in diesem Arbeitsfeld als einem Nischenthema sehr gering; und drittens war die damalige Ausländer- oder Gastarbeiterforschung primär deskriptiv-moralisierend oder politisch-programmatisch orientiert und ließ eine sozialwissenschaftliche Fundierung vermissen. Einschlägige sozialwissenschaftlich-pädagogische Auseinandersetzungen zur Ausländerarbeit wurden erst in der ersten Hälfte der 1980er Jahre publiziert (z.B. Hamburger u.a. 1983; Karsten 1984; Auernheimer 1984).

Der migrationsbezogene Ansatz der zielgruppenspezifischen Arbeit hat seit Mitte der 1980er Jahre an Bedeutung verloren. In den Folgejahren wird stattdessen nun zunehmend der Ansatz der ‚Interkulturellen Sozialen Arbeit‘ praktiziert. Die in der frühen Phase der Gastarbeiterbeschäftigung vorherrschende Ausrichtung der nach Nationalitätengruppen getrennten Ausländersozialberatung sowie Beratungsangebote für spezielle Migrantengruppen wie z. B. für Aussiedler und ihre Familien wandeln sich spätestens in der zweiten Hälfte der 1990er Jahre hin zu einer allgemeinen *Migrationsberatung*. Damit fassen Wohlfahrtsverbände und andere Träger der Sozialen Arbeit verschiedene Migrantengruppen und ethnische Minderheiten zu *einer*, allerdings sehr heterogenen Zielgruppe zusammen. Aber auch dieser umfassendere Ansatz wird seit Anfang des Jahres 2000 durch die Europäische Antidiskriminierungs- und Gleichbehandlungspolitik mit ihrer zielgruppenübergreifenden Ausrichtung im Rahmen des *horizontalen Ansatzes* in Frage gestellt. Dennoch existiert die Ausländerarbeit als zielgruppenspezifischer Ansatz zum Beispiel bei Sprach- und Integrationskursen für Neuzuwanderer nach dem bundesdeutschen ‚Zuwanderungsgesetz‘ aus dem Jahre 2005, bei Weiterbildungen und Nachqualifizierungen für jüdische Kontingentflüchtlinge und Spätaussiedler, der Flüchtlingssozialarbeit oder bei der Rückkehrberatung für Migranten in ihre Herkunftsländer bis in die Gegenwart.

3. Interkulturelle Soziale Arbeit als thematisch-methodischer Ansatz

Obwohl bereits Mitte der 1970er Jahre erste Überlegungen zu außerschulischen Fördermaßnahmen für ausländische Kinder durch eine interkulturell ausgerichtete Pädagogik formuliert wurden (vgl. Vink 1974, 132), erfolgte die Durchsetzung *Interkultureller Sozialer Arbeit* als dominanter Ansatz Migrationsbezogener Sozialer Arbeit erst ab Mitte der 1980er Jahre. Er ist eng verknüpft und überschneidet sich teilweise mit Ansätzen und Konzepten der *Interkulturellen Erziehung und Bildung* sowie der *Interkulturellen Kommunikation*. Die Herausbildung einer interkulturellen Perspektive folgte der Beobachtung, dass mit dem Anwachsen der Wohnbevölkerung sowie dem zunehmenden Daueraufenthalt der Gastarbeiterbevölkerung und ihrer Familien die bundesdeutsche Realität zunehmend multiethnischer und -kultureller wurde. Dies spiegelte sich auch in der Sozialen Arbeit und ihren Zielgruppen wieder. Um eine angemessene Kommunikation und Verständigung in den multiethnisch geprägten Feldern Sozialer Arbeit zu erreichen, sei der Austausch über ethnisch-nationale Lebensformen und Identitäten durch interkulturelle Kommunikation bedeutsam (vgl. Leenen/Groß/Grosch 2008, 108 f). Hinz-Rommel stellte 1994 als einer der ersten und meistrezipierten Autoren fest, dass die multikulturelle Verfasstheit der bundesdeutschen Gesellschaft keine angemessene Entsprechung in den sozialen Dienstleistungseinrichtungen, den Kenntnissen und Kompetenzen des sozialberuflichen Personals sowie den Trägerverbänden finden würde. Dementsprechend seien Aus- und Fortbildungsangebote zur interkulturellen Kompetenz auf verschiedenen Ebenen der Sozialen Arbeit sowie eine interkulturelle Öffnung sozialer Dienste notwendig (vgl. Hinz-Rommel 1998, 36 ff.). Zu diesen sozialen Diensten können insbesondere die Kinder- und Jugendhilfe, psychosoziale Beratungsstellen, die Sucht- und Straffälligenhilfe sowie die Altenhilfe gezählt werden. Dass auch Migranten, potentiell wie aktuell, zu den Adressaten und Zielgruppen sozialer Dienste gehören können, kann im Folgenden am konstruierten Fallbeispiel der Altenhilfe verdeutlicht werden:

Mehmet K.

wurde Anfang der 1960er Jahre als Gastarbeiter aus der Türkei angeworben. Mehr als dreißig Jahre arbeitete er in der Automobilproduktion bei der Ford AG in Köln. Kurze Zeit nach dem Tod seiner Frau erleidet Mehmet K. einen Unfall. Aufgrund seines fortgeschrittenen Alters stellt sich nun die Frage nach der Pflege und Betreuung des älteren Mannes. Eine Rückkehr in die Türkei kommt für ihn nicht in Frage, da seine beiden Kinder in Deutschland leben und er selbst hier auch Freunde unter seinen ehemaligen Kollegen gefunden hat. Sehr zur Enttäuschung von Mehmet K. sehen sich seine Kinder Songül und Ali nicht in der Lage, die Pflege und Betreuung ihres Vaters bei sich zu Hause zu organisieren. In eine deutsche Seniorenresidenz oder ein Altenheim zu gehen, kann sich Mehmet K. aber nicht vorstellen.

In der Interkulturellen Sozialen Arbeit wird *interkulturelle Kompetenz* als eine berufsspezifische und darüber hinaus allgemeine Schlüsselqualifikation in der multikulturellen Gesellschaft begriffen (vgl. Simon-Hohm 2002, 44; Rohr 2002). Handeln in (ethno-)kulturellen Überschneidungssituationen wird als grundsätzlich problematisch angesehen. Die Beteiligten bedürfen deshalb für die adäquate Bewältigung dieser Überschneidungssituationen interkultureller Kompetenz. Diese kann nach einer Definition von Simon-Hohm (2002, 41) verstanden werden als „ein komplexes Bündel von Kompetenzen, das Reflexionsvermögen und Handlungsfähigkeit in kulturellen Überschneidungssituationen ermöglicht. Interkulturelle Kompetenz umfasst ein Repertoire an kognitivem Wissen und individuellen, persönlichen Fähigkeiten. Interkulturelle Kompetenz bedeutet dieses Bündel von Teilkompetenzen in unterschiedlichem kulturellen Kontext situationsgerecht und professionell einzusetzen und mit ethischen Reflexionen zu verknüpfen." Für Grosch/Leenen (2000, 39) gehören zu den näheren Voraussetzungen und speziellen Fähigkeiten interkultureller Kompetenz „eine differenzierte Selbstwahrnehmung und realistische Selbsteinschätzung, emotionale Stabilität und Ambiguitätstoleranz, Vertrautheit mit einer Vielzahl unterschiedlicher kultureller Bedeutungsmuster und -perspektiven sowie ein breites Verhaltensrepertoire." Dies sei bei Licht betrachtet nichts anderes als eine besonders differenzierte, um die kulturelle Komponente erweiterte Sozialkompetenz. Eine besondere interkulturelle Kompetenz sei überhaupt nur erforderlich, so die Autoren, weil spezifische Schwierigkeiten interkultureller Kommunikation und Interaktion durch kooperative Prozesse über Kulturdifferenzen hinweg kompensiert werden müssen.

Ein charakteristisches Element Interkultureller Sozialer Arbeit ist der herausgehobene Stellenwert der Verständigungsnotwendigkeit zwischen den verschiedenen (Ethno-)Kulturen, ihren Werten, Normen und Zuschreibungen. *Interkultureller Kommunikation* kommt in diesem Zusammenhang wesentliche Bedeutung zu. Interkulturelle Kommunikation soll interkulturelles Lernen ermöglichen. Als Methoden und Formen interkulturellen Lernens finden häufig begegnungspädagogische Ansätze wie beispielsweise internationale Austausch- und Studienprogramme, interkulturelle Straßenfeste in der Gemeinwesenarbeit und ähnliches Anwendung. Eine weitere Form interkulturellen Lernens stellen Interkulturelle Trainings dar. Diese Trainings sind insbesondere in der kurzzeitpädagogischen Fort- und Weiterbildung von Fachkräften der Sozialen Arbeit verbreitet (vgl. Treichler 2006, 276 f.). Interkulturelle Bildungsangebote richten sich allerdings fast ausschließlich an Angehörige der Mehrheitsbevölkerung ohne Migrationshintergrund. Interkulturelle Kompetenz werde, so Mecheril (2008, 16 ff.) kritisch, tendenziell zu einer ‚Sonderkompetenz' von einheimischen Professionellen der Mehrheitsgesellschaft. Dies wäre nur zu rechtfertigen, wenn zu unterstellen wäre, dass Menschen mit Migrationshintergrund per se bereits interkulturelle Kompetenz mitbringen würden. Diese Annahme aber sei fragwürdig.

Die interkulturelle Perspektive hat in der Sozialen Arbeit – aber nicht nur hier – seit Mitte der 1980er Jahre eine gewisse Karriere erfahren. Hierfür existieren Gründe. Ein Aspekt kann in der Affinität von Experten der Sozialen Arbeit zum grün-alternativ-linken Entwurf der multikulturellen Gesellschaft als politischem Konzept gesehen werden. Die politische Stoßrichtung dieser Programmatik lag zudem in der Entwicklungsdynamik der bundesdeutschen Gesellschaft, welche sich schon bald mit Prozessen ökonomischer und politischer Europäisierung und Globalisierung konfrontiert sah. Die Anerkennung von Multiethnizität und Multikulturalität war jetzt eine Voraussetzung wie auch Folge der Durchsetzung dieser grenzüberschreitenden Prozesse. Eine Schlüsselrolle nahmen hierbei größere Unternehmen ein, die auf internationalen Märkten tätig waren. Als Großbetriebe und Konzerne waren und sind ihre Belegschaften häufig multiethnisch bzw. -kulturell zusammengesetzt. Sie verfügen über eine ausgeprägte betriebliche Hierarchie und Statusstruktur, die nicht selten ethnisch segmentiert ist. Ethnisch-kulturelle Konflikte stellen hier einen Kostenfaktor dar, den es zu reduzieren gilt. Gleichzeitig kann jedoch eine kulturell sensible Unternehmenspolitik gerade beim Absatz und Vertrieb von Produkten und Dienstleistungen auf internationalen Märkten betriebswirtschaftlich erfolgreich sein. Ähnliches gilt inzwischen auch auf einheimischen Märkten, wo die Konsumenten und Kunden multiethnische Wurzeln haben und entsprechend vielfältige kulturelle Bezüge mit sich bringen (Treichler 2006, 273 f.). Die

Förderung kultureller Vielfalt bzw. das Vermeiden interkultureller und religiös begründeter Konflikte in Unternehmen verspricht demnach eine Steigerung *betriebswirtschaftlicher Effizienz.* Vor diesem Hintergrund stellen betriebswirtschaftliche Verwertungsmotive und die interkulturelle Programmatik keine Gegensätze dar, sondern sind insbesondere in der Personal- und Organisationsentwicklung sowie der betrieblichen Sozialarbeit in Großunternehmen so etwas wie ‚Partner' geworden.

Ein ähnliches Bündnis zwischen betriebswirtschaftlicher Rationalität und Interkulturalität sind auch viele Träger der Sozialen Arbeit im Rahmen der neoliberalen Umstrukturierung eingegangen. Hilfesuchende und Bedürftige werden dementsprechend zu Kunden, die sozialen Dienstleistungen der Träger Sozialer Arbeit zu Produkten erklärt. Da in einer multiethnischen Gesellschaft auch Menschen mit Migrationshintergrund potentielle wie reale Kunden darstellen, scheint die *interkulturelle Öffnung Sozialer Dienste* ein Erfordernis des Dienstleistungsmarktes und seiner Geschäftslogik zu sein. Interkulturalität wird dementsprechend zu einem Kriterium des Qualitätsmanagements. Effektives Controlling wird als notwendig erachtet und soll im Rahmen von Top-Down-Entscheidungen die faktische interkulturelle Öffnung der sozialen Dienste gewährleisten (vgl. Handschuck/Schroer 2001; Landeshauptstadt München 2003; Gaitanides 2006, 230 ff.). Der interkulturelle Ansatz hat auf betrieblicher Ebene jedoch eine gewisse Weiterentwicklung wie auch Relativierung durch das Konzept des *Diversity Managements*[4] erfahren. Hierzu hat die Europäische Antidiskriminierungs- und Gleichbehandlungspolitik wesentlich beigetragen, da auch Betriebe und Unternehmen nunmehr die damit verbundenen gesetzlichen Bestimmungen übernehmen und berücksichtigen müssen. Von einer Weiterentwicklung des interkulturellen Ansatzes kann gesprochen werden, weil hier nicht nur die ethnisch-kulturelle Zugehörigkeit oder eine bestimmte Hautfarbe als mögliche Gründe für betriebliche Konflikte und Diskriminierungen problematisiert werden. Vielmehr finden verschiedene Merkmale wie Geschlecht, Alter, Behinderung, sexuelle Orientierung und anderes im Diversity-Konzept gleichermaßen Berücksichtigung (vgl. Simon-Hohm 2004, 246 ff.). Zugleich erfährt die interkulturelle Programmatik eben genau aus diesem Grund eine Relativierung, weil der Diversity-Ansatz nicht mehr ausschließlich migrationsbezogen auf die ethnisch-kulturelle Zugehörigkeit und (gegebenenfalls) Hautfarbe ausgerichtet ist. Zwar kann Diversity Management in seinen verschiedenen Ausprägungen als ein Element der Humanisierung des Arbeitslebens fungieren. Das Konzept des Diversity Managements ist jedoch von

---

4 Diversity Management entstand als ein Personalentwicklungskonzept Ende der 1960er Jahre in den USA. Zum Konzept des Diversity Managements und der damit verbundenen Diskussionen in Deutschland siehe auch die Beiträge von Hansen, Ivanova, Mecheril, Stuber und Weheliye im Dossier: Management Diversity – Alle Chancen genutzt? der Heinrich-Böll-Stiftung; www.migration-boell.de/web/diversity/48_71.asp

Ambivalenzen geprägt und letztlich den Imperativen der betriebswirtschaftlichen Logik, also Produktivität, Effizienz und Rentabilität, unterstellt.[5]

Gegenüber dem Ansatz Interkultureller Sozialer Arbeit und dem Konzept interkultureller Kompetenz sind in der sozialwissenschaftlichen Diskussion in der Vergangenheit verschiedentlich Einwände geltend gemacht worden. So wurde relativ früh ein statisches Verständnis von Ethno-Kulturen moniert. Tatsächlich seien Ethno-Kulturen dynamischer und unterlägen ebenfalls Wandlungsprozessen. Zudem sind im Umgang von nationalen Dominanzkulturen mit Minderheitenkulturen nicht selten Machtasymmetrien anzutreffen, die mit entsprechenden Abwertungstendenzen von Minderheitenkulturen einhergehen (vgl. Auernheimer 2008a, 45ff.). Der Vorwurf der Kulturalisierung hebt hervor, dass Menschen mit Migrationshintergrund in der Interkulturellen Sozialen Arbeit primär als ethnisch-kulturelle Wesen wahrgenommen und problematisiert werden. Andere Problemlagen ökonomischer, politischer, rechtlicher oder sozialer Art hingegen würden nicht berücksichtigt oder zumindest vernachlässigt. Um bei unserem Beispiel, Herrn Mehmet K., zu bleiben: Dass dieser nicht in einer deutschen Seniorenresidenz seinen Lebensabend verbringen will, könnte verschiedene Gründe haben. Aus der Perspektive Interkultureller Sozialer Arbeit erscheint es für Mehmet K. insbesondere deshalb schwierig, weil ethnisch-kulturelle Differenzen und Zugangsbarrieren ihn tendenziell daran hindern. So wird unterstellt, Mehmet K. komme aus der Türkei und sei Moslem. Er esse kein Schweinefleisch und halte die Fastenmonate ein. Auch bete er mehrmals täglich. Dementsprechend hätte sich eine Seniorenresidenz interkulturell zu öffnen, so dass auch Mehmet K. mit seinen kulturellen Eigenarten und religiösen Praktiken dort angemessen untergebracht ist. Trifft dies nun die Realität von Mehmet K. oder haben wir es mit einer Konstruktion von Fremdheit durch die interkulturelle Perspektive zu tun? Vielleicht ist bei näherem Hinsehen Mehmet K. gar kein orthodoxer Moslem, sondern Alevit oder

5 Diversity Management als Konzept und Strategie der Personalpolitik ist der Stabsabteilung der Führungsebene zugeordnet. Es hat als Zielgruppen primär die obere und mittlere Managementebene im Blick, deutlich weniger jedoch die einfachen Arbeiter und Angestellten und erst recht nicht die prekär Beschäftigten. Auf den unteren Ebenen der betrieblichen Hierarchie jedoch sind überdurchschnittlich häufig Migranten und ethnische Minderheiten positioniert. Die Pflicht von Unternehmen, gesetzliche Vorgaben der Gleichbehandlung von verschiedenen Mitarbeitergruppen umzusetzen, hat für einige Personengruppen zu einer Verbesserung ihrer Arbeitnehmer- und Persönlichkeitsrechte geführt. Zugleich haben Arbeitsverdichtung und Formen innerbetrieblicher Konkurrenz zugenommen, ebenso wie die – teilweise ökonomisch nicht mehr sinnvoll begründbare – Ungleichbehandlung bezüglich der zu erzielenden Einkommen zwischen der oberen Managementebene und anderen Beschäftigten. Wer sich aus Gründen der betriebswirtschaftlichen Effizienz und Produktivität nicht optimal oder zumindest optimierbar einfügt, wird betrieblich ausgegrenzt. Deshalb vermag Diversity Management als Konzept menschenrechtlichen und demokratischen Werten nur sehr bedingt zu entsprechen, jedoch das betriebliche Marketing und die Imagepflege von Unternehmen positiv zu beeinflussen.

Atheist. Er war auch Arbeiter und wurde relativ gering entlohnt. Dennoch unterstützte er über viele Jahre seine Familie in der Türkei. Heute bezieht er nur eine geringe Rente, die es ihm finanziell nicht ermöglicht, daran zu denken, in eine Seniorenresidenz zu ziehen. Vielleicht aber will Mehmet K. aus ähnlichen Gründen nicht in eine deutsche Seniorenresidenz ziehen wie einheimische Deutsche ohne Migrationshintergrund es ebenfalls nicht wollen.

Gerade in so genannten interkulturellen Überschneidungssituationen also ist der *reflexive Umgang mit dem Kulturbegriff* von besonderer Bedeutung (vgl. Hamburger 1999; 2006; Mecheril 2004, 106 ff.). Kontrovers und offen bleibt, in welchem Ausmaß und Grad ethnisch-kulturelle Differenzen soziale Probleme erzeugen und diese auch vornehmlicher Gegenstand von Sozialer Arbeit sein sollten.

Abb. 5: Die Zeitschrift ‚Migration und Soziale Arbeit'[6]

6 Im Jahr 1980 erschien die erste Ausgabe der Zeitschrift *Informationsdienst zur Ausländerarbeit*, herausgegeben vom Institut für Sozialarbeit und Sozialpädagogik (ISS). Die Zeitschrift, welche sich im Jahr 1996 in *IZA. Migration und Soziale Arbeit* umbenannte, hat bis heute mehrmals das äußere Erscheinungsbild gewechselt. Für die Migrationsbezogene Soziale Arbeit ist die Zeitschrift seit ihrem Erscheinen in Deutschland ein wichtiges Informations-, Dokumentations- und Diskursmedium. Es wendet sich an sozialberufliche Praktiker wie das akademische Fachpublikum gleichermaßen.

4. Soziale Arbeit in der Einwanderungsgesellschaft als handlungsfeld-integrativer Ansatz

Zu Beginn des 21. Jahrhunderts erfährt die Migrationsbezogene Soziale Arbeit bedeutsame Veränderungsprozesse, die eine Etablierung und Ausweitung der Integrations- wie auch der Gleichstellungs- und Antidiskriminierungsarbeit zur Folge haben. Obwohl die Ansätze der Ausländerarbeit und Interkulturellen Sozialen Arbeit weiter Anwendung finden, erscheinen diese für die Charakterisierung Migrationsbezogener Sozialer Arbeit inzwischen begrifflich unpräzise wie sachlich unterkomplex. Vor diesem Hintergrund tritt nunmehr die Bezeichnung *Soziale Arbeit in der Einwanderungsgesellschaft*[7] vermehrt in den Vordergrund. Dieser handlungsfeld-integrative Ansatz ist nicht wie bei der Ausländerarbeit auf eine bestimmte Zielgruppe beschränkt. Vielmehr sind alle Menschen, potentiell oder aktuell, Adressaten dieser Sozialen Arbeit und schließen gerade auch Einheimische ohne Migrationshintergrund mit ein. Denn die Integration von Menschen mit Migrationshintergrund kennt fördernde und erschwerende Voraussetzungen und Bedingungen. Zu letzteren gehören die Existenz und Verbreitung von Fremdenfeindlichkeit, Rassismus und Antisemitismus. Deshalb kommen der Präventions- und Interventionsarbeit gegen rechtsextremistische Einstellungen und Gruppierungen – beispielsweise durch Programme, die Hilfen zum Ausstieg für Jugendliche bieten – besondere Bedeutung zu.

Soziale Arbeit in der Einwanderungsgesellschaft beschränkt sich des Weiteren nicht auf die Bearbeitung ethno-kultureller Differenzen und Distanzierungen wie dies beim Ansatz Interkultureller Sozialer Arbeit der Fall ist. Der handlungsfeld-integrative Ansatz ist vielmehr umfassender ausgerichtet und weist insbesondere sozialökonomischen und politisch-rechtlichen Faktoren und Determinanten bei der Produktion und Reproduktion sozialer Probleme wesentliche Bedeutung zu. Dabei stehen Probleme der Integration in das bundesdeutsche Schul- und Bildungssystem sowie in den Arbeitsmarkt und das Beschäftigungssystem im Vordergrund. Gerade Menschen mit Migrationshintergrund sind in Deutschland überdurchschnittlich von Erwerbslosigkeit und verschiedenen Formen der Armut betroffen (vgl. Treichler 2009, 77 ff.). Soziale Arbeit in der Einwanderungsgesellschaft ist in dieser Hinsicht migrationsbezogene *Inklusionsarbeit* und Arbeit der *Exklusionsvermeidung*. Darüber hinaus aber ist Soziale Arbeit auch und gerade dort gefordert, wo Menschen aus gesellschaftlichen Teilsystemen (dauerhaft) herausfallen bzw. keine Integration (mehr) finden. Ähnliches gilt bei Menschen, die keine Bürgerrechte besitzen und denen zudem teilweise Menschenrechte vorenthalten werden wie beispielsweise staatlich nicht anerkannten Flüchtlingen oder Menschen ohne erlaubtem Aufenthaltsrecht (vgl. Schröer/Sting 2004; Cyrus 2004).

---

7 Vergleiche stellvertretend auch für andere Treichler/Cyrus 2004 oder ähnlich Otto/Schrödter 2006.

Die Herausbildung und Etablierung Sozialer Arbeit in der Einwanderungsgesellschaft ist Ausdruck und Folge der *Konstituierung und Ausweitung wohlfahrtsstaatlicher Programme und sozialer Grundrechte*. Wesentlichen Anteil an dieser Entwicklung hatten Initiativen und Beschlüsse der Europäischen Gemeinschaft seit Mitte der 1990er Jahre, welche programmatisch wie finanziell insbesondere den Mitgliedstaaten wesentliche Impulse zu vermitteln vermochten (vgl. Treichler 2004a, 76ff.).[8] In Deutschland sind in diesem Zusammenhang die drei Bundesprogramme *etimon*, *CIVITAS* und *XENOS* zu nennen, die im Zeitraum von 2001 bis 2006 durchgeführt worden sind. Das Bundesprogramm ‚etimon – gemeinsam gegen Gewalt und Rechtsextremismus' förderte bundesweit Maßnahmen zur Stärkung von Demokratie und zur Prävention von Rechtsextremismus. Das Bundesprogramm ‚CIVITAS – initiativ gegen Rechtsextremismus in den neuen Bundesländern' hatte ähnliche Zielsetzungen wie das Bundesprogramm ‚etimon'; es bezog sich jedoch ausschließlich auf die neuen Bundesländer. Das Bundesprogramm XENOS ‚Leben und Arbeiten in Vielfalt' hatten seinen Schwerpunkt in der Verknüpfung von Arbeitsmarktintegration und der Bekämpfung von Fremdenfeindlichkeit und Rassismus.[9] Zusammen mit anderen sozialpolitischen Maßnahmen der Integrationsförderung auf kommunaler, regionaler und Bundesebene haben diese Bundesprogramme die Etablierung und Ausweitung der Integrations-, Gleichstellungs- und Antidiskriminierungsarbeit wesentlich mitbefördert. Dabei ist die Ausrichtung dieser Sozialen Arbeit von einer großen *thematisch-inhaltlichen Bandbreite* und *Methodenvielfalt* gekennzeichnet. Beispielhaft hierfür stehen die vielfältigen inhaltlichen Ausrichtungen der durchgeführten Projekte im Rahmen des Bundesprogrammes XENOS. Hierzu gehörten: Interkulturelle Trainings, Konfliktmanagement, Politische Bildung, Berufsorientierung/Berufsvorbereitung, Berufliche Erstausbildung, Berufliche Fort-/Weiterbildung, Medienkompetenz, Jugendsozialarbeit, Nationaler/Internationaler Austausch, Schulische Bildung, Diversity Management, Sprachförderung, Interreligiöse Ansätze, Stadtteilarbeit und anderes (vgl. Treichler 2006, 47f.). Für den handlungsfeld-integrativen Arbeitsansatz ist zudem kennzeichnend, dass verschiedene Methoden Sozialer Arbeit sowie Sozialer und Politischer Bildung praktisch verzahnt und weiterentwickelt werden. Dies gilt auch für Konzepte und Methoden interkultureller und rassismuskritischer Arbeit, die bis in die 1990er Jahre weitgehend unverbunden nebeneinander existierten.

Soziale Arbeit bedarf der *Träger und Akteure*, also der sozialberuflich Handelnden. Hier können wenigstens vier Typen von Trägern und Akteuren benannt werden, welche mehr oder weniger durch Kooperation und Konkurrenz miteinander verbunden sind. Diese unterscheiden sich hinsichtlich

8 Zu den entsprechenden Gesetzen auf europäischer und nationaler Ebene siehe auch Kapitel V in diesem Band.

9 Für das Bundesprogramm XENOS wurde für den Zeitraum von 2007 bis 2013 das Folgeprogramm ‚XENOS – Integration und Vielfalt' aufgelegt.

der Größe, der sozialräumlichen Präsenz und der konzeptionell-inhaltlichen Ausrichtung teilweise deutlich voneinander.

- *Wohlfahrtsverbände* gehören zu den großen Trägern Sozialer Arbeit in der Bundesrepublik Deutschland. Zu diesen Verbänden zählen die Arbeiterwohlfahrt (AWO), der Deutsche Caritas-Verband, das Diakonische Werk der Evangelischen Kirche in Deutschland, das Deutsche Rote Kreuz, der (Deutsche) Paritätische Wohlfahrtsverband (DPWV) sowie die Zentralwohlfahrtsstelle der Juden in Deutschland e.V. (ZWST). Zudem ist der Internationale Bund (IB) einer der großen Dienstleister in der Jugend-, Sozial- und Bildungsarbeit. Diese Wohlfahrtsverbände und sozialen Dienstleister haben sich im Laufe der Jahrzehnte zu Sozialkonzernen entwickelt, welche jährlich einen Umsatz in Größenordungen von mehrstelligen Millionenbeträgen (Euro) tätigen. Migrationsbezogene Soziale Arbeit ist für diese Wohlfahrtsverbände dabei lediglich ein Handlungsfeld, welches jedoch in den vergangenen Jahrzehnten zunehmend bedeutsamer wurde.
- *Kommunale Einrichtungen* sind seit den 1990er Jahren vermehrt in der Integrations-, Gleichstellungs- und Antidiskriminierungsarbeit tätig. Dem Amt für multikulturelle Angelegenheiten (AmkA) der Stadt Frankfurt am Main, welches 1989 gegründet wurde, kommt dabei die Rolle einer Modelleinrichtung zu. In den folgenden Jahren wurden auch in anderen Städten ähnliche Einrichtungen geschaffen, wie beispielsweise das Interkulturelle Büro beim Magistrat der Stadt Darmstadt und die Integrationsleitstelle der Stadt Offenbach.
- *Freie Träger und Initiativen* sind ebenfalls Träger in der Migrationsbezogenen Sozialen Arbeit. Hier sind die Grenzen zwischen sozialem und politischem Engagement häufig fließend. Diese Vereine und Initiativen sind in der Regel lokal verankert oder haben sich thematisch spezialisiert (z.B. Antirassismus-Initiativen). Eine übergreifende Organisierung der Interessen freier Träger und Initiativen findet häufig in entsprechenden Fachgruppen und bundesweiten Arbeitskreisen beim (Deutschen) Paritätischen Wohlfahrtsverband (DPWV) statt. Dies gilt auch für den Verband der Initiativgruppen in der Ausländerarbeit, welcher sich im Jahr 2000 umbenannt hat in ‚Verband für interkulturelle Arbeit'.
- *Ethnische Vereine und Selbstorganisationen von Migranten* als Selbsthilfe-Einrichtungen haben sich über die Jahre hinweg organisiert und professionalisiert. Die Mehrzahl der heute in Deutschland existierenden Ausländervereine sind in den 1980er und 1990er Jahren gegründet worden. Ihr Zweck liegt primär in der Pflege der eigenen (Ethno-)Kultur (vgl. Hunger 2005, 224/229). Ein nicht geringer Anteil dieser ethnischen Vereine und Selbstorganisationen ist sowohl im ‚Verband für interkulturelle Arbeit' wie auch beim DPWV organisiert.

Migrationsbezogene Soziale Arbeit hat in den vergangenen Jahrzehnten eine Professionalisierung erfahren, welche zur Ausweitung erwerbsberuflicher Stellen führte. Dennoch ist in diesem Handlungsfeld ein dynamisches Verhältnis im Nebeneinander von ehrenamtlicher, neben- und hauptberuflicher Tätigkeit charakteristisch. Die Selbsthilfeaktivitäten ethnischer Vereine erfuhren in Deutschland erst in den vergangenen Jahren in der Migrationsbezogenen Sozialen Arbeit breitere Anerkennung. Der seit den 1990er Jahren vorherrschende ressourcenorientierte Ansatz jedoch ist geeignet, die Selbsthilfepotentiale und sozialen Netzwerke der Migranten als Formen sozialen Kapitals (Bourdieu) auch in der Migrationsbezogenen Sozialen Arbeit nutzbar zu machen. Zugleich treten ethnische Vereine und Selbstorganisationen in den vergangenen Jahren verstärkt selbst als Anbieter sozialer Dienstleistungen in Erscheinung.

Abb. 6: Migrationsbezogene Soziale Arbeit in der Bundesrepublik Deutschland; 1960–2010

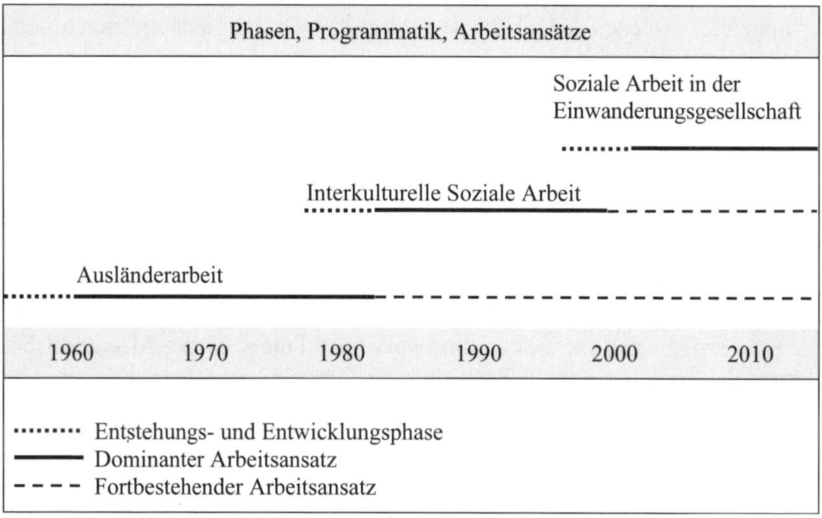

Quelle: Treichler; eigene Darstellung

Die *fachlich-disziplinären Grundlagen* Sozialer Arbeit in der Einwanderungsgesellschaft sind allgemeiner Art und unterscheiden sich zunächst nicht von anderen Handlungsfeldern. Dennoch weisen die Zielgruppen und Adressaten sowie die inhaltliche Dimension dieses Handlungsfeldes einige Besonderheiten auf, welche eine betriebswirtschaftlich-kommerziell ausgerichtete Soziale Arbeit als Dienstleistungsberuf nicht angemessen wahrzunehmen und zu bearbeiten in der Lage ist (vgl. Jordan 2004, 44 ff.). Im Folgenden soll deshalb gezeigt werden, dass es empirisch, theoretisch-normativ wie berufspolitisch-programmatisch sinnvoll und angemessen ist, Soziale Arbeit in der Einwanderungsgesellschaft als Handlungsfeld einer Menschenrechtsprofession auszuweisen. In diesem Zusammenhang sind mindestens sechs Dimensionen von Bedeutung:

- Die *theoretische Dimension*: Im deutschsprachigen Raum hat insbesondere Staub-Bernasconi prominent Soziale Arbeit als Menschenrechtsprofession bedürfnistheoretisch-ethisch zu begründen versucht (2003; 2006; 2007). In Anlehnung an Studien von Obrecht wird davon ausgegangen, dass Menschen – objektiv und empirisch überprüfbar – biologische, psychische und psychosoziale Bedürfnisse besitzen. Soziale Probleme stellen sich als menschliche Probleme dar, wenn Bedürfnisse missachtet, nicht befriedigt oder verletzt werden. Damit verbunden sei ein Mangel an individuellem Wohlbefinden. Soziale Arbeit interveniere in vielen dieser Fälle, die Frage sei jedoch wie und in welchem Interesse? Als Handlungswissenschaft und Profession bedürfe die Soziale Arbeit wahrheitsfähiger und ethischer Grundlagen. Diese sollen (relativ) unabhängige Entscheidungen in der Sozialen Arbeit ermöglichen und legitimieren: das heißt, Entscheidungen jenseits ökonomisch-kommerzieller Trägerinteressen, zeitgeistabhängiger Theorie- und Methodenausrichtungen in der sozialwissenschaftlichen Disziplin wie auch illegitimer Forderungen durch Adressaten. Diese ethische Grundlage wird in den Menschenrechten gesehen. Menschenrechte können somit als ein universell gültiger Maßstab für die Befriedigung von Bedürfnissen angesehen werden (vgl. Staub-Bernasconi 2007, 172 ff.). Die theoretische Begründung Sozialer Arbeit als Menschenrechtsprofession bei Staub-Bernasconi ist normativ ausgerichtet. Sie ist allgemein, also Handlungsfelder übergreifend, formuliert und schließt Migrationsbezogene Soziale Arbeit mit ein.

- Die *wohlfahrtspolitische Dimension* der Menschenrechtsprofession: Die allgemeine und faktische Geltung von Menschenrechten folgt keiner überzeitlichen Einrichtung. Menschenrechte werden politisch erkämpft und können auch wieder verloren werden. In fortgeschrittenen kapitalistisch-marktwirtschaftlichen Staatsgesellschaften sind Menschenrechte vor allem bürgerliche Freiheits- und Abwehrrechte gegenüber dem Staat. Diese sind an der Beschränkung staatlichen Handelns interessiert. Deutlich geringeres Gewicht kommt innerhalb des Menschenrechtskanons den Sozialrechten zu (vgl. Staub-Bernasconi 2000). Sozialrechte sind für die Soziale Arbeit von besonderer Bedeutung, diese bedingen und setzen jedoch gerade die Aktivität und das Engagement des Staates voraus. Die wohlfahrtspolitische Ebene ist der sozialrechtlichen und der sozialarbeiterischen Ebene in der Regel vorgelagert. Eine auf Dauer und Professionalität ausgerichtete Integrations-, Gleichstellungs- und Antidiskriminierungsarbeit setzt somit eine entsprechende menschenrechtsorientierte Wohlfahrtspolitik voraus (vgl. Treichler 2004a, 92 f.). Vor diesem Hintergrund benennen die Menschenrechte ein Arbeits- und Aktionsprogramm, welches Fachkräfte der Sozialen Arbeit und ihre Träger auch zu Akteuren menschenrechtsorientierter und demokratischer Wohlfahrtspolitik zu machen geeignet ist.

- Die *juristische Dimension* der Menschenrechtsprofession: In den vergangenen fünfzig Jahren hat der internationale Menschenrechtsschutz erhebliche Fortschritte verbuchen können. Verschiedene internationale und supranationale Gesetze, Abkommen und Übereinkünfte[10] sind insbesondere für die Migrationsbezogene Soziale Arbeit bedeutsam. Rechtskenntnisse sind hier gruppen- und handlungsfeldspezifisch in unterschiedlicher Weise berufs- und beratungsrelevant: beispielsweise bei der Rechtsberatung von Flüchtlingen oder wenn Fragen des Transfers von Sozialversicherungsleistungen in die Herkunftsländer von Arbeitsmigranten zu klären sind. Dennoch ist Rechtsberatung lediglich ein Tätigkeitsfeld Sozialer Arbeit, welches neben der Möglichkeit, Menschenrechten auch juristisch Geltung zu verschaffen, auch Grenzen kennt. So sind Menschenrechte als positives Recht teilweise deklaratorischer Art und kommen über Absichtserklärungen oder unverbindliche Stellungnahmen nicht hinaus. Menschenrechtsverletzungen finden statt, obwohl diese juristisch verboten oder unerwünscht sind. Aber auch bei Vorfällen von Menschenrechtsverletzungen geht es vielen Opfern nicht nur oder vorrangig um die Bestrafung der Täter, sondern vor allem um Anerkennung, dass ihnen Schaden zugefügt wurde und ihre Würde wieder hergestellt wird. Entsprechende Rechtsurteile vermögen dies jedoch – auch wenn sie hier dienlich sein können – nicht allein.
- Die *Dimension der sozialberuflichen Praxis*: Menschenrechte sind nicht nur codierte Rechtsnormen oder politisch-regulative Ideen. Menschenrechte sind auch Teil einer sozialen Realität, dort, wo Menschen sich als Gleiche begegnen und ihre Bedürfnisse bzw. Rechte wechselseitig anerkennen. Soziale Arbeit ist in vielfältigen Projekt- und Handlungsfeldern als Menschenrechtsarbeit praktizierbar und identifizierbar. Menschenrechte werden konkret erfahrbar zum Beispiel im Umgang mit Ausgegrenzten und Diskriminierten, in der gewaltlosen Bewältigung von sozialen Konflikten, der Anerkennung von Verschiedenheit sowie der Unterstützung beim Geltendmachen von Menschenrechten verletzlicher Gruppen gegenüber Dritten. Dabei sind Fachkräfte der Sozialen Arbeit häufig in soziale Problematiken involviert, die ethisch-moralisch schwierig zu beurteilen oder zu entscheiden sind. Dies können Situationen sein, wenn betreuten Asylsuchenden die Abschiebung droht, wie im folgenden Fallbeispiel in Anlehnung eines realen Vorfalles. Oder wenn problematische ethnisch-kulturelle und religiöse Praktiken toleriert oder respektiert werden, die konträr zur Respektierung von Menschenrechten anderer stehen. Dann kann Migrationsbezogene Soziale Arbeit als Menschenrechtsprofession praktisch an ihre Grenzen kommen, ihren Auftrag nicht mehr erfüllen oder möglicherweise sogar gegen ihn handeln.

10 Siehe auch Kapitel V in diesem Band.

Jenny B. und Imran P.

Am 30. Oktober, 5 Uhr morgens, landet ein Flugzeug auf dem Flughafen Frankfurt am Main. Mit an Bord sind die hochschwangere Jenny B. und Imran P. Beide sind aus Pakistan geflohen, wo Jenny B. als Buddhistin und Imran P. als Moslem als unverheiratetes Liebespaar zusammenlebten. Darauf steht in Pakistan die Todesstrafe. Nach mehreren Inhaftierungen, wo beide gefoltert und vergewaltigt wurden, gelingt beiden zusammen mit ihrem gemeinsamen elfmonatigen Sohn die Flucht nach Deutschland. Sie stellen einen Asylantrag am Flughafen Frankfurt am Main. Aber der Bundesgrenzschutz glaubt ihrer Geschichte nicht und das Bundesamt für Migration und Flüchtlinge lehnt ihren Asylantrag als ‚offensichtlich unbegründet' ab. Im Transitbereich des Flughafens werden sie von einer Sozialarbeiterin betreut. Wenn eine Eilentscheidung des Bundesinnenministeriums zugunsten einer Aufnahme aus ‚humanitären Gründen' nicht in Kürze eintrifft, droht ihnen die Abschiebung: Jenny B. in ihr Geburtsland Indonesien, die von Imran P. zurück nach Pakistan.

Dennoch sind Menschenrechte geeignet, einen „way of life" (Fritzsche 2005, 82 f.) zu begründen und Haltungen in Fragen der Lebensführung zu thematisieren, die von sozialberuflicher Handlungsrelevanz sind und auch für die Zielgruppen und Adressaten Migrationsbezogener Sozialer Arbeit einen Beitrag zur Lebensbewältigung darzustellen vermögen.

- Die *Dimension des beruflichen Selbstverständnisses der Fachkräfte*: Soziale Arbeit ist in der beruflichen Praxis wesentlich davon geprägt, wie die Handelnden selbst den Auftrag ihrer Profession begreifen und verstehen. In der jüngeren Vergangenheit haben verschiedene berufsständische Organisationen der Sozialen Arbeit die Bedeutung der Menschenrechte für die Profession herausgestellt (vgl. Vereinte Nationen-Zentrum für Menschenrechte/IFSW/IASSW 1997). Im Jahr 2000 wurde auf der Weltkonferenz der International Federation of Social Workers (IFSW) in Montréal/Kanada die neu gefasste Definition von Social Work mit folgendem Wortlaut verabschiedet: *„Soziale Arbeit ist eine Profession, die sozialen Wandel, Problemlösungen in menschlichen Beziehungen sowie die Ermächtigung und Befreiung von Menschen fördert, um ihr Wohlbefinden zu verbessern. Indem sie sich auf Theorien menschlichen Verhaltens sowie sozialer Systeme als Erklärungsbasis stützt, interveniert Soziale Arbeit im Schnittpunkt zwischen Individuum und Umwelt/Gesellschaft. Dabei sind die Prinzipien der Menschenrechte und sozialer Gerechtigkeit für die Soziale Arbeit von fundamentaler Bedeutung".*[11] Ein Jahr später wurde diese Definition auch von den Mitgliedsschulen und -universitäten der International Association of Schools of Social Work (IASSW) angenommen. Im Jahr 2004 wurde auf den Generalversammlungen des IFSW und der IASSW in Adelaine/Australien das Dokument ‚Ethik in der Sozialen Arbeit – Darstellung der Prinzipien' verabschie-

11 Deutsche Übersetzung der englischen Originalversion der Definition von Social Work nach der Homepage des IFSW: www.ifsw.org/en/p38000409.html.

det. Die hier in Rede stehenden Prinzipien sind die der *Menschenrechte und Menschenwürde* sowie der *Sozialen Gerechtigkeit*. Für die Förderung sozialer Gerechtigkeit wird insbesondere die Zurückweisung (negativer) Diskriminierung, die Anerkennung von Verschiedenheit sowie der gerechten Verteilung von Ressourcen als bedeutsam erachtet.[12]

- Die *Dimension der Menschenrechtsbildung und -kompetenz*: Menschen bedürfen der Befähigung, ihre Rechte geltend zu machen, diese zu verteidigen und weiter zu entwickeln. Menschenrechtsbildung ist persönliche, soziale und politische Bildung gleichermaßen und zielt auf die Vermittlung von Menschenrechtskompetenz. Diese ist zum einen eine kognitive Kompetenz, welche sich auf zentrale Werte, Normen, Verfahren und Institutionen der Menschenrechte bezieht. Ähnlich wie bei der Demokratiekompetenz bedarf Menschenrechtskompetenz sozial-moralischer Ressourcen (vgl. Münkler/Loll 2005) und zudem der Fähigkeit zur Empathie. Dabei ist die Beschäftigung mit und die Bezugnahme auf Menschenrechte grundsätzlich kein idealisiertes oder moralisierendes Vorhaben. Menschenrechte sind keine selbstverständliche alltägliche Realität, sondern vielmehr in mehrfacher Hinsicht bedroht. Menschenrechte sind Instrumente theoretischer und praktischer Kritik an sozialen und gesellschaftlichen Zuständen, die häufig auf Veränderung zielen (vgl. Fritzsche 2005, 84 ff.). Menschenrechtskompetenz ist dementsprechend notwendigerweise auch politische Gestaltungskompetenz. Menschenrechtsbildung und die Vermittlung von Menschenrechtskompetenzen stellen deshalb im Rahmen der Hochschulbildung von Fachkräften der Sozialen Arbeit grundlegende wie berufsrelevante Qualifikationen dar.

5. Zusammenfassung

Migrationsbezogene Soziale Arbeit hat sich in den vergangenen mehr als fünfzig Jahren in der Bundesrepublik Deutschland zu einem bedeutenden Theorie- und Praxisfeld entwickelt. Die allgemeine expansive Entwicklung Sozialer Arbeit findet auch im Handlungsfeld Migrationsbezogener Sozialer Arbeit ihre Entsprechung. Damit verbunden ist eine handlungsfeldspezifische Ausweitung sozialberuflicher Stellen. An den Hochschulen hat die Anzahl der mit diesen Themen befassten Lehr- und Forschungskräfte ebenfalls deutlich zugenommen. Allerdings sind diese Entwicklungen regional verschieden stark ausgeprägt. Allgemein ist Migrationsbezogene Soziale Arbeit im wesentlichen Ausdruck und Folge der Implementierung und Ausweitung wohlfahrtspolitischer Programme und sozialer Rechte. Historisch-zeitlich betrachtet hatten Art und Ausrichtung dieser Programme bislang maßgeblichen Einfluss auf die Arbeitsansätze und Methoden dieser

12 Vgl. Homepage des IFSW in der deutschsprachigen Version: www.ifsw.org/en/p38000739.html.

Sozialen Arbeit. In der frühen Phase der Ausländerarbeit konnte dementsprechend nur bedingt von Integrationsarbeit gesprochen werden. Die von den Wohlfahrtsverbänden organisierte Ausländerarbeit verhielt sich komplementär zu den ökonomischen Imperativen staatlicher Ausländerpolitik und war überwiegend dem Konzept einer sozialen Integration auf Zeit verpflichtet. Gastarbeiter wurden als Anwesende, aber letztlich nicht Dazugehörige betrachtet. Ihre Rückkehrwilligkeit und -fähigkeit sollte auf jeden Fall erhalten bleiben. Die Ansätze der Interkulturellen Sozialen Arbeit und der Sozialen Arbeit in der Einwanderungsgesellschaft hingegen beziehen sich deutlich stärker auf Einwanderungsprozesse und sehen Menschen mit Migrationshintergrund mehrheitlich als Dazugehörige der Aufnahmegesellschaft. Migrationsbezogene Soziale Arbeit zielt auf eine Integration von Menschen mit Migrationshintergrund primär auf lokaler, regionaler und nationaler Ebene. Dennoch sind interkulturelle Ansätze und die menschenrechtlich-fundierte Soziale Arbeit geeignet, auch Europäisierungs- und Globalisierungsprozesse angemessen zu berücksichtigen. Dies gilt vor allem für die jüngere Gleichstellungs- und Antidiskriminierungsarbeit, welche ihre Grundlagen in der Europäischen Sozial- und Wohlfahrtspolitik findet. Migrationsbezogene Soziale Arbeit als Integrations-, Gleichstellungs- und Antidiskriminierungsarbeit ist den universalen Prinzipien der Menschenrechte und menschlicher Würde sowie der sozialen Gerechtigkeit verpflichtet. Sie kann empirisch-faktisch wie normativ als Handlungsfeld einer Sozialen Arbeit als Menschenrechtsprofession bezeichnet werden. Inwieweit diese auch in der sozialberuflichen Praxis eine dauerhafte Entsprechung findet, aber ist von den entsprechenden wohlfahrtspolitischen und sozialrechtlichen Rahmenbedingungen sowie den persönlich-professionellen Eigenschaften der hier Tätigen abhängig.

Glossar

Assimilation wird als Anpassung oder Angleichung von Arbeits- und Lebenszusammenhängen begriffen. Dabei können gesellschaftlich-strukturelle, soziale, identifikatorische und kognitive Dimensionen unterschieden werden.

Ausländer sind in rechtlicher Hinsicht Personen, die keine Staatsbürger der Bundesrepublik Deutschland sind, sondern die Nationalität eines anderen Landes besitzen. Ausländer sind in sozialer Hinsicht aus dem Ausland stammende Personen mit eigener Migrationserfahrung. Ausländer ist ein Ausgrenzungs- und Diskriminierungsbegriff, wenn er auf im Inland geborene und aufgewachsene Menschen angewendet wird.

Ausländersozialberatung bezeichnet einen zielgruppenspezifischen Ansatz der Ära der Gastarbeiterbeschäftigung, welche von den Wohlfahrtsverbänden durchgeführt wurde und primär in Form der Einzelfallhilfe organisiert war.

Aussiedler werden diejenigen Menschen bezeichnet, die in den vergangenen Jahrhunderten nach Mittelost-, Ost- und Südosteuropa ausgewandert waren, als ethnisch-kulturelle Minderheit während des Zweiten Weltkrieges diskriminiert, entrechtet sowie von Zwangsumsiedlungen und Deportationen betroffen waren und nun über Generationen hinweg in die Bundesrepublik Deutschland zurückkehrten (→ *Spätaussiedler*).

Demografie ist eine wissenschaftliche Disziplin wie auch Tätigkeit, die sich mit der Beschreibung und Analyse des Aufbaus der Bevölkerung, seiner Struktur und Entwicklung beschäftigt. Zentrale Größen sind hier die Bevölkerungsgröße, der Altersaufbau, Fruchtbarkeitsraten (Fertilität), Sterbezahlen (Mortalität) sowie internationale Migration.

Dienstleisterfreizügigkeit ist ein grundlegendes Recht innerhalb der Europäischen Gemeinschaft, welches Betrieben und Unternehmen eines Mitgliedsstaates im Dienstleistungsbereich erlaubt, ihre Dienstleistungen durch ihr beschäftigtes Personal auch in anderen Mitgliedsstaaten der Europäischen Union zu erbringen.

Diskriminierung kann zunächst neutral im Sinne einer Konstatierung von Unterschieden verstanden werden. Im vorliegenden Kontext ist damit eine Ungleichbehandlung gemeint, die sachlich nicht begründet ist sowie Gleichheits- und Gleichbehandlungsgrundsätzen widerspricht und eine Benachteiligung zum Ziel oder zur Folge hat.

Drittstaatsangehörige sind Personen, welche weder Staatsbürger der Bundesrepublik Deutschland noch eines anderen Mitgliedsstaates der Europäischen Union sind.

Ethnische Minderheiten bezeichnet Gruppen, die – mehr oder weniger – Vorstellungen einer gemeinsamen Herkunft, soziokulturelle Gemeinsamkeiten sowie geschichtliche und aktuelle Erfahrungen teilen. Sie verbindet eine kollektive Identität als Ausdruck und Folge von Selbst- und Fremddefinitionen sowie eine gewisse Solidarität. Als Minderheiten gehören sie zumeist zu den konfliktschwächeren Gruppen.

Ethnische Segregation bezeichnet die disproportionale Verteilung einzelner ethnisch-kultureller Bevölkerungsgruppen über die Teilgebiete einer Stadt.

EU-Binnenmigration bezeichnet die Zu- und Abwanderung von Angehörigen der EU-Mitgliedsstaaten in andere Staaten der Gemeinschaft. Die Personen-, Arbeitnehmer- und Dienstleisterfreizügigkeit innerhalb der Europäischen Union sind dabei an die Unionsbürgerschaft gebunden.

Heuristisch – Eine heuristische Herangehensweise kann als ein Untersuchungsansatz oder ein Gedankenexperiment begriffen werden, welches für die Entwicklung neuer Erkenntnisse geeignet erscheint.

Inklusion – Einbeziehung in gesellschaftliche Teilsysteme wie beispielsweise dem Schul- und Bildungssystem, Arbeitsmarkt und Beschäftigungssystem, politisches System, etc. Inklusion kann auch über seinen Gegenbegriff, der Exklusion (im Sinne von Ausgrenzung oder Ausschluss) bestimmt werden.

Inländerprimat bezeichnete das vorrangige Recht von deutschen Staatsbürgern gegenüber anderen Nationalitätsangehörigen, freie Arbeitsplätze einnehmen zu können oder zugewiesen zu bekommen. Das Inländerprimat wurde politisch-rechtlich von der Arbeiter- und Gewerkschaftsbewegung in der Weimarer Republik implementiert und sollte die Rekrutierungsreichweite von Unternehmen begrenzen, die de facto kostengünstigsten Arbeitskräfte anzuwerben. Das Inländerprimat, nach innen gewendet, hat häufig dazu geführt, dass der aufenthalts- und arbeitsrechtliche Status von Migranten auch bei längerfristigem Aufenthalt weiterhin unter Vorbehalt gestellt wurde und Nachrangigkeit erfuhr.

Integration kann als ein langfristiger Prozess oder anzustrebender ‚Endzustand' verstanden werden, Migranten und ethnische Minderheiten in die Gesellschaft einzugliedern. Integration ist ein wechselseitiger, nicht selten widersprüchlicher Prozess, welcher zentrale Fragen der sozialen Zugehörigkeit, der Akzeptanz sowie der Rechtsgleichheit aufwirft, die für den inneren Zusammenhalt von Gesellschaften und das friedliche Zusammenleben von Bedeutung sind.

Interkulturelle Soziale Arbeit ist ein Ansatz, welcher ethnisch-kulturelle Differenzen und Zugehörigkeiten in den Tätigkeitsfeldern Sozialer Arbeit problematisiert. Die Bedeutung von Prozessen Interkultureller Kommunikation für professionelles Handeln wird herausgestellt und die Notwendigkeit der Vermittlung Interkultureller Kompetenzen bei Fachkräften der Sozialen Arbeit betont.

Illegale Migration (→ *irreguläre Migration*)

Irreguläre Migration, auch undokumentierte oder illegale Migration genannt, ist eine Form der Zu- und Einwanderung, die politisch-rechtlich nicht erlaubt ist oder bei der Migranten nach erlaubter Einreise in ein anderes Staatsgebiet ihren aufenthaltsrechtlichen Status verlieren und ausreisepflichtig sind, dieser Ausreisepflicht aber nicht nachkommen.

Menschen mit Migrationshintergrund werden in der Bundesrepublik Deutschland nach einer Definition auch der amtlichen Statistik seit dem Jahre 2005 diejenigen bezeichnet, die a) aus dem Ausland zuwandern, und zwar unabhängig von ihrer Nationalität; b) aus einem Elternhaus stammen, wo mindestens ein Elternteil aus dem Ausland zugewandert ist – und zwar bis einschließlich der Dritten Generation.

Menschenrechte sind grundlegende Rechte, die jedem Menschen allein auf Grund des Menschseins zukommen sollen. Im Zentrum stehen dabei die gleiche Würde und Freiheit der Menschen und deren Solidarität. Dem Geltungsanspruch nach handelt es sich um angeborene, unveräußerliche, egalitäre, unteilbare und universelle Rechte der Individuen, die insbesondere auf der Seite der staatlichen Gewalt mit besonderen Verpflichtungen einhergehen. Die Menschenrechte sind aus historisch-sozialen Problemsituationen und den Kämpfen der Menschen um ihre Emanzipation hervorgegangen. Aufgrund ihres historisch-dynamischen Charakters können sie verändert, also entweder beeinträchtigt oder erweitert, werden.

Migration ist eine übergeordnete Bezeichnung für verschiedene Formen sozialräumlicher Mobilität. Von Migration wird gesprochen, wenn Menschen ihren Lebensmittelpunkt sozialräumlich verlegen. Geschieht dies über nationalstaatliche bzw. staatengemeinschaftliche Grenzen hinweg, so wird von internationaler oder transnationaler Migration gesprochen.

Migrationsbezogene Soziale Arbeit ist eine übergeordnete Bezeichnung für verschiedene Ansätze und Methoden, die sich mit Phänomenen der Migration und ethnisch-kultureller Heterogenität beschäftigen. Hierbei kann zwischen *Ausländerarbeit*, *Interkulturelle Soziale Arbeit* sowie *Soziale Arbeit in der Einwanderungsgesellschaft* unterschieden werden.

Multikulturalismus ist eine politische Programmatik oder eine Zielsetzung normativ ausgerichteter sozialwissenschaftlicher und philosophischer Arbeiten, die eine Anerkennung ethnisch-kultureller Differenzen und ihre gleichberechtigte Repräsentation im öffentlich-rechtlichen Raum anstreben.

Soziale Arbeit ist ein (Erwerbs-)Beruf und eine sozialwissenschaftliche Disziplin, welche sich mit der Bearbeitung Sozialer Probleme beschäftigen. Als Disziplin ist Soziale Arbeit trans- bzw. interdisziplinär und anwendungsbezogen ausgerichtet.

Soziale Arbeit in der Einwanderungsgesellschaft ist ein handlungsfeld-integrativer Ansatz migrationsbezogener Integrations-, Gleichstellungs- und Antidiskriminierungsarbeit, welcher menschenrechtlich begründet und berufspraktisch ausgerichtet ist.

Soziale Konflikte können als Spannungen, Auseinandersetzungen, Gegnerschaften, Streitereien und Kämpfe bezeichnet werden, die zwischen Individuen, Gruppen, Organisationen und Staaten ausgetragen werden. Soziale Konflikte sind in westlichen Einwanderungsländern von ihren Ursachen her einerseits als Interessen- und Verteilungskonflikte, andererseits als ethnisch-kulturelle oder auch Werte-Konflikte zu begreifen.

Sozialstruktur kann in der Sozialwissenschaft als Gliederung der Gesellschaft in unterschiedliche Bevölkerungsgruppen nach sozial relevanten Merkmalen und relativ dauerhaften sozialen Beziehungen dieser Gruppen untereinander verstanden werden.

Soziale Ungleichheit liegt vor, wenn Menschen aufgrund ihrer Stellung im sozialen Beziehungsgefüge von den als wertvoll betrachteten Gütern einer Gesellschaft regelmäßig mehr (oder weniger) erhalten als andere.

Sozialwissenschaftliche Deutungsmuster sind komplexe und logisch aufgebaute Argumentations-, Interpretations- und Erklärungsmuster von Konzepten, Theorieentwürfen und Theorien.

Spätaussiedler sind nach dem Bundesvertriebenengesetz deutsche Volkszugehörige, die unter einem so genannten Kriegsfolgenschicksal gelitten haben und die im Bundesvertriebenengesetz benannten Aussiedlungsgebiete nach dem 31. Dezember 1992 im Wege des Aufnahmeverfahrens verlassen und innerhalb von sechs Monaten einen ständigen Aufenthalt im Bundesgebiet begründet haben. Wer erst nach dem 31. Dezember 1992 geboren wurde, ist kein Spätaussiedler mehr.

Transnationale Soziale Räume werden im Rahmen der Transnationalismusforschung als relativ dauerhafte soziale Beziehungen, Verflechtungen und Alltagspraxen bezeichnet, die grenzüberschreitend sind und plurilokalen Charakter besitzen.

Literatur

Addy, David Nii (2003): Diskriminierung und Rassismus. Internationale Verpflichtungen und nationale Herausforderungen für die Menschenrechtsarbeit in Deutschland, Berlin

Akpinar, Ünal/Lôpez-Blasco, André/Vink, Jan (1977): Pädagogische Arbeit mit ausländischen Kindern und Jugendlichen, München

Alba, Richard D./Nee, Victor (1999): Rethinking Assimilation Theory for a New Era of Immigration. In: International Migration Review 31 (4), S. 826-874

Albers, Georg (2000): Ethno-soziale Konflikte in Deutschland. In: IZA. Migration und Soziale Arbeit, 3-4/2000, S. 24-29

Albrecht, Günter/Groenemeyer, Axel/Stallberg, Friedrich W. (Hrsg.) (1999): Handbuch Soziale Probleme, Opladen/Wiesbaden

Allmendinger, Jutta u. a. (2008): Bildung und Chancengleichheit in Deutschland. In: Kocka, Jürgen (Hrsg.), S. 205-227

Antidiskriminierungsstelle des Bundes (2007): Das Allgemeine Gleichbehandlungsgesetz; download unter: http://www.antidiskriminierungsstelle.de/bmfsfj/generator/ADS/Das-Gesetz/eu-richtlinien,did=102794.html

Antidiskriminierungsstelle des Bundes (Hrsg.) (2009): AGG-Wegweiser. Erläuterungen und Beispiele zum Allgemeinen Gleichbehandlungsgesetz, Berlin

Auernheimer, Georg (Hrsg.) (1984): Handwörterbuch Ausländerarbeit, Weinheim und Basel

Auernheimer, Georg (Hrsg.) (2001): Migration als Herausforderung für pädagogische Institutionen, Opladen

Auernheimer, Georg (Hrsg.) (2008): Interkulturelle Kompetenz und pädagogische Professionalität, 2. Auflage, Wiesbaden

Auernheimer, Georg (2008 a): Interkulturelle Kommunikation, mehrdimensional betrachtet, mit Konsequenzen für das Verständnis von interkultureller Kompetenz. In: Auernheimer, Georg (Hrsg.), S. 35-65

Aufruf: Wider den Optionszwang (2009): Sie gehören zu uns! Aufruf wider den Optionszwang für Kinder unseres Landes, c/o Interkultureller Rat in Deutschland e.V.; download unter: http://www.wider-den-optionszwang.de

Avineri, Shlomo (1996): Konfliktlösung in der Demokratie. Von altem Versagen und neuen Chancen. In: Weidenfeld, Werner (Hrsg.), S. 179-196

Bade, Klaus J./Emmer, Pieter C./Lucassen, Leo/Oltmer, Jochen (Hrsg.) (2007): Enzyklopädie Migration in Europa. Vom 17. Jahrhundert bis zur Gegenwart, Paderborn

Bade, Klaus J./Oltmer, Jochen (2003): Aussiedler: deutsche Einwanderer aus Osteuropa, IMIS-Schriften, Bd. 8, 2. Aufl. Göttingen/Osnabrück

Bade, Klaus J./Oltmer, Jochen (2004): Normalfall Migration, Bonn

Bade, Klaus J./Oltmer, Jochen (2007): Mitteleuropa, Deutschland. In: Bade, Klaus J./Emmer, Pieter C./Lucassen, Leo/Oltmer, Jochen (Hrsg.), S. 141-188

Baer, Susanne (2003): Verfassungsrechtliche Aspekte: Vertragsfreiheit im gemeinwohlorientierten Verfassungsstaat. In: Bündnis 90/Die Grünen. Bundestagsfraktion (Hrsg.), S. 17-19

Baringhorst, Sigrid/Unger, Uwe/Schönwälder, Karen (Hrsg.) (2006): Politische Steuerung von Integrationsprozessen, Wiesbaden

Barwig, Klaus/Beichel-Bendetti, Stephan/Brinkmann, Gisbert (Hrsg.) (2007): Perspektivwechsel im Ausländerrecht? Rechtskonflikte im Spiegel politischer und gesellschaftlicher Umbrüche in Deutschland und Europa, Baden-Baden

Barwig, Klaus/Davy, Ulrike (Hrsg.) (2004): Auf dem Weg zur Rechtsgleichheit? Konzepte und Grenzen einer Politik der Integration von Einwanderern. Hohenheimer Tage zum Ausländerrecht 2003 und 2004, Baden-Baden

Basch, Linda/Glick Schiller, Nina/Szanton Blanc, Cristina (1994): Nations Unbound: Transnational Projects and the Deterritorialized Nation-State, New York

Bauböck, Rainer (1997): Rechtliche und soziale Integration von Einwanderern. In: Wolf, Andrea (Hrsg.): Neue Grenzen. Rassismus am Ende des 20 Jahrhunderts, Wien, S. 177-199

Bauböck, Rainer (2001): Einleitung: Integration von Einwanderern – Reflexionen zum Begriff und seinen Anwendungsmöglichkeiten. In: Waldrauch, Harald. Die Integration von Einwanderern. Ein Index der rechtlichen Diskriminierung, Frankfurt/New York, S. 27-52

Baumann, Susanne (2004): Übermäßiger Einsatz von Polizeigewalt in Deutschland. In: Deutsches Institut für Menschenrechte u. a. (Hrsg.): Jahrbuch Menschenrechte 2005. Themenschwerpunkt: Durchsetzung der Menschenrechte von Frauen, Frankfurt/M., S. 326-333

Beauftragte der Bundesregierung für Ausländerfragen (Hrsg.) (2000): Bericht über die Lage der Ausländer in der Bundesrepublik Deutschland, Berlin/Bonn

Beauftragte der Bundesregierung für Migration, Flüchtlinge und Integration (Hrsg.) (2005): 6. Bericht über die Lage der Ausländerinnen und Ausländer in Deutschland, Berlin

Beauftragte der Bundesregierung für Migration, Flüchtlinge und Integration (Hrsg.) (2007): 7. Bericht über die Lage der Ausländerinnen und Ausländer in Deutschland, Berlin

Beauftragte der Bundesregierung für Migration, Flüchtlinge und Integration (2009): Integration in Deutschland. Erster Integrationsindikatorenbericht: Erprobung des Indikatorensets und Bericht zum bundesweiten Integrationsmonitoring, erstellt für die Beauftragte der Bundesregierung für Migration, Flüchtlinge und Integration vom Institut für Sozialforschung und Gesellschaftspolitik und dem Wissenschaftszentrum Berlin für Sozialforschung, Berlin

Behlert, Wolfgang (2002): Zuwanderung und Menschenrechte. In: Arnim, Gabriele von u. a. (Hrsg.): Jahrbuch Menschenrechte 2003. Schwerpunkt: Terrorismusbekämpfung und Menschenrechte, Frankfurt/M., S. 324-335

Bendel, Petra (2006): Migrations- und Integrationspolitik der Europäischen Union: Widersprüchliche Trends und ihre Hintergründe. In: Baringhorst, Sigrid/Hunger, Uwe/Schönwälder, Karen (Hrsg.), S. 95-120

Bendel, Petra (2009): Europäische Migrationspolitik. Bestandsaufnahme und Trends. Expertise. Hrsg. von der Abteilung Wirtschafts- und Sozialpolitik der Friedrich-Ebert-Stiftung, Bonn

Benhabib, Seyla (1999): Kulturelle Vielfalt und demokratische Gleichheit. Politische Partizipation im Zeitalter der Globalisierung, Frankfurt/M.

Berger, Peter A./Kahlert, Heike (Hrsg.) (2008): Institutionalisierte Ungleichheiten. Wie das Bildungswesen Chancen blockiert. 2. Aufl. Weinheim/München

Bielefeldt, Heiner (2007): Menschenrechte in der Einwanderungsgesellschaft. Plädoyer für einen aufgeklärten Multikulturalismus, Bielefeld

Bielefeldt, Heiner/Follmar-Otto, Petra (2005): Diskriminierungsschutz in der politischen Diskussion, Berlin

Bizeul, Yves (Hrsg.) (2004): Integration von Migranten. Französische und deutsche Konzepte im Vergleich, Wiesbaden

Bizeul, Yves (2004a): Kulturalistische, republikanische und zivilgesellschaftliche Konzepte für die Integration von Immigranten. In: Bizeul, Yves (Hrsg.), S. 137-175

Bobbio, Norberto (1988): Die Zukunft der Demokratie, Berlin

Bobbio, Norberto (1994): Rechts und Links. Gründe und Bedeutungen einer politischen Unterscheidung, Berlin

Bobbio, Norberto (1995): Eguaglianza e libertà, Turin

Bobbio, Norberto (1997): Vom Alter – De senectute, Berlin

Bobbio, Norberto (1998): Das Zeitalter der Menschenrechte. Ist Toleranz durchsetzbar?, Berlin

Bobbio, Norberto (1999): Teoria generale della politica. Hrsg. v. Michelangelo Bovero, Turin

Böckenförde, Ernst-Wolfgang (1991): Freiheitssicherung gegenüber gesellschaftlicher Macht. Aufriss eines Problems. In: Böckenförde, Ernst-Wolfgang: Staat, Verfassung, Demokratie. Studien zur Verfassungstheorie und zum Verfassungsrecht, Frankfurt/M., S. 264-276

Böckenförde, Ernst-Wolfgang (2004): Bekenntnisfreiheit als Menschenrecht. Bemerkungen zum Kopftuchstreit in Deutschland. In: Deutsches Institut für Menschenrechte u. a. (Hrsg.), S. 314-317

Böcker, Anita/Thränhardt, Dietrich (2003): Erfolge und Misserfolge der Integration – Deutschland und die Niederlande im Vergleich. In: Aus Politik und Zeitgeschichte. Beilage zur Wochenzeitung Das Parlament, B 26/2003, S. 3-11

Boos-Nünning, Ursula (2006): Berufliche Bildung von Migrantinnen und Migranten, Ein vernachlässigtes Potential für Wirtschaft und Gesellschaft. In: Friedrich-Ebert-Stiftung/ Gesprächskreis Migration und Integration (Hrsg.), S. 6-29

Bourdieu, Pierre (1983): Ökonomisches, kulturelles, soziales Kapital. In: Kreckel, Reinhard (Hrsg.): Soziale Ungleichheiten, Soziale Welt, Sonderband 2, Göttingen, S. 183-220

Braun, Stefan (2005): Antidiskriminierungsgesetz – ein neuer Anlauf (zu Armbrüster, ZRP 2005, 41). In: Zeitschrift für Rechtspolitik, 4/2005, S. 135-136

Bundesamt für Migration und Flüchtlinge (2007 a): Migration und demografischer Wandel, Forschungsbericht 5, Nürnberg

Bundesamt für Migration und Flüchtlinge (2007 b): Migrationsbericht des Bundesamtes für Migration und Flüchtlinge im Auftrag der Bundesregierung, Nürnberg

Bundesamt für Migration und Flüchtlinge (2008): Wohnen und innerstädtische Segregation von Migranten in Deutschland, working papers 21, verfasst von Lena Friedrich, Nürnberg

Bundesregierung (2006): Gutes Zusammenleben – klare Regeln – Start in die Erarbeitung eines Nationalen Integrationsplans; download unter: http://www.bundesregierung.de/Content/DE/Artikel/IB/Artikel/Themen/National er_20Integrationsplan/2006-07-12-integrationsgipfel-papier,layoutVariant= Druckansicht.html

Bundesregierung (2007): Der Nationale Integrationsplan. Neue Wege – Neue Chancen, Berlin
Bundesverfassungsgericht (2007): Entscheidungen des Bundesverfassungsgerichts. Studienauswahl. Bd. 2. Hrsg. v. Dieter Grimm, Paul Kirchhoff und Michael Eichberger, 3. Aufl. Tübingen
Bundeszentrale für politische Bildung (Hrsg.) (1993): Das Ende der Gemütlichkeit. Theoretische und praktische Ansätze zum Umgang mit Fremdheit, Vorurteilen und Feindbildern, Bonn
Bündnis 90/Die Grünen. Bundestagsfraktion (Hrsg.) (2003): Zivilrechtliches Antidiskriminierungsgesetz. Dokumentation der Anhörung vom 27.05.2003 in Berlin, Berlin
Buser, Denise (1998): Dimensionen einer kulturellen Grundrechtssicht. In: Zeitschrift für Schweizerisches Recht, 1/1998, S. 1-36
Butterwegge, Christoph (1996): Rechtsextremismus, Rassismus und Gewalt. Erklärungsmodelle in der Diskussion, Darmstadt
Büttner, Christian/Meyer, Berthold (Hrsg.) (2001): Integration durch Partizipation. ‚Ausländische Mitbürger' in demokratischen Gesellschaften, Frankfurt/New York
Coussey, Mary (2000): Framework of integration policies. Hrsg. v. Europarat, Straßburg
Cyrus, Norbert (2004): Soziale Arbeit mit Menschen ohne Aufenthaltsrecht. In: Treichler, Andreas/Cyrus, Norbert (Hrsg.), S. 180-203
Cyrus, Norbert/Treichler, Andreas (2004): Soziale Arbeit in der Einwanderungsgesellschaft: Von der Ausländerarbeit zur einwanderungsgesellschaftlichen Institution. In: Treichler, Andreas/Cyrus, Norbert (Hrsg.), S. 11-54
Däubler, Wolfgang/Bertzbach, Martin (Hrsg.) (2008): Allgemeines Gleichbehandlungsgesetz. Handkommentar, 2. Aufl. Baden-Baden
Davy, Ulrike (Hrsg.) (2001): Die Integration von Einwanderern. Rechtliche Regelungen im europäischen Vergleich, Frankfurt/New York
Davy, Ulrike (2001 a): Überregionales und regionales Völkerrecht. In: Davy, Ulrike (Hrsg.), S. 37-93
Davy, Ulrike (2001 b): Gemeinschaftsrecht. In: Davy, Ulrike (Hrsg.), S. 95-196
Davy, Ulrike (2001 c): Integration von Einwanderern: Instrumente – Entwicklungen – Perspektiven. In: Davy, Ulrike (Hrsg.), S. 925-988
Davy, Ulrike (2004 a): Integration von Einwanderern in Deutschland: Instrumente und Barrieren. In: Barwig, Klaus/ Davy, Ulrike (Hrsg.), S. 83-95
Davy, Ulrike (2004 b): Einwanderung und Integrationspfade. In: Zeitschrift für Ausländerrecht und Ausländerpolitik, 7/2004, S. 231-236
Davy, Ulrike (2007): Aufenthaltssicherheit: Ein verlässliches Versprechen? In: Zeitschrift für Ausländerrecht und Ausländerpolitik, 5-6/2007, S. 169-174 und 7/2007, S. 233-238
Davy, Ulrike/Cinar, Dilek (2001 a): Deutschland. In: Davy, Ulrike (Hrsg.), S. 277-423
Davy, Ulrike/Cinar, Dilek (2001 b): Vereinigtes Königreich. In: Davy, Ulrike (Hrsg.), S. 795-924
Davy, Ulrike/Weber, Albrecht (Hrsg.) (2006): Paradigmenwechsel in Einwanderungsfragen? Überlegungen zum neuen Zuwanderungsgesetz, Baden-Baden
Denninger, Erhard (1990): Menschenrechte zwischen Universalitätsanspruch und staatlicher Souveränität. In: Denninger, Erhard u. a. (Hrsg.): Kritik und Vertrauen. Festschrift für Peter Schneider zum 70. Geburtstag, Frankfurt/M., S. 45-65

Dern, Susanne (2007): Kulturrevolution oder nur lokales Beben? Beginnt mit dem Allgemeinen Gleichbehandlungsgesetz eine neue Kultur der Antidiskriminierung? In: Müller-Heidelberg, Till u.a. (Hrsg.): Grundrechte-Report 2007. Zur Lage der Bürger- und Menschenrechte in Deutschland, Frankfurt/M., S. 75-79

Deutsches Ausländerrecht (2008): Textausgabe mit einer Einführung von Klaus Dienelt, 22. Aufl. München

Deutsches Institut für Menschenrechte u.a. (Hrsg.) (2004): Jahrbuch Menschenrechte. Schwerpunkt: Frauenrechte durchsetzen!, Frankfurt/M.

DGB (Deutscher Gewerkschaftsbund. Bundesvorstand) (2002): Position des Deutschen Gewerkschaftsbundes zu: Anforderungen an eine gesetzliche Umsetzung der Richtlinien zum Schutz vor Diskriminierung (43/2000/EG und 78/2000/EG), o.O.

Dienelt, Klaus (2008): Einführung. In: Deutsches Ausländerrecht, S. XI-XXXIX

Dill, Ricarda (2003): Die Antidiskriminierungsrichtlinien der EU und das deutsche Staatskirchenrecht. In: Rust, Ursula u.a. (Hrsg.), S. 207-220

Doomernik, Jeroen (1998): The effectiveness of integration policies towards immigrants and their descendants in France, Germany and the Netherlands, Genf (International Labour Office)

Dubiel, Helmut (1997): Unversöhnlichkeit und Demokratie. In: Heitmeyer, Wilhelm (Hrsg.), S. 425-444

Dubiel, Helmut (1999): Integration durch Konflikt? In: Friedrichs, Jürgen/Jagodzinski, Wolfgang (Hrsg.), S. 132-143

Dungs, Susanne/Gerber, Uwe/ Schmidt, Heinz/Zitt, Renate (Hrsg.) (2007): Soziale Arbeit und Ethik im 21. Jahrhundert. Ein Handbuch, Leipzig

Eckert, Roland (1996): Die Fähigkeit zur friedlichen Konfliktregulierung. Ein Qualitätsmerkmal der Demokratie. In: Weidenfeld, Werner (Hrsg.), S. 197-217

ECRI (Europäische Kommission gegen Rassismus und Intoleranz) (2009): Vierter Bericht über Deutschland, Straßburg (Europarat)

Eisenstadt, Shmuel N. (1954): The Absorption of Immigrants. A Comparative Study. Based Mainly on the Jewish Community in Palistine and the State of Israel, London

Ekardt, Felix/Radtke, Monique (2007): Einbürgerungstests in der rechtspolitischen Debatte. In: Zeitschrift für Rechtspolitik, 1/2007, S. 28-31

EKD (Der Bevollmächtigte des Rates der EKD bei der Bundesrepublik Deutschland und der Europäischen Union) (2002): Zum Entwurf für ein zivilrechtliches Antidiskriminierungsgesetz, Berlin (vervielfältigtes Manuskript)

Elias, Norbert (1992): Zivilisation. In: Bernhard Schäfers (Hrsg.): Grundbegriffe der Soziologie, 3. Aufl. Opladen, S. 382-387

Elschenbroich, Donata (1986): Eine Nation von Einwanderern. Ethnisches Bewusstsein und Integrationspolitik in den USA, Frankfurt/New York

Elwert, Georg (1982): Probleme der Ausländerintegration. Gesellschaftliche Integration durch Binnenmigration? In: Kölner Zeitschrift für Soziologie und Sozialpsychologie, Jg. 34, 1982, S. 717-731

Entzinger, Han/Biezeveld, Renske (2003): Benchmarking in Immigrant Integration. Report for the European Commission, Rotterdam (Erasmus Universität Rotterdam)

Erfahrungen nutzen, Neues wagen. Jahresgutachten 2004 des Sachverständigenrates für Zuwanderung und Integration, Berlin; download unter: http://www.bamf.de

Esser, Hartmut (1980): Aspekte der Wanderungssoziologie. Assimilation und Integration von Wanderern, ethnischen Gruppen und Minderheiten. Eine handlungstheoretische Analyse, Darmstadt/Neuwied
Esser, Hartmut (1983): Multikulturelle Gesellschaft als Alternative zu Isolation und Assimilation. In: Esser, Hartmut (Hrsg.): Die fremden Mitbürger. Möglichkeiten und Grenzen der Integration von Ausländern, Düsseldorf, S. 25-38
Esser, Hartmut (1986): Ethnische Kolonien: Binnenintegration oder gesellschaftliche Isolation? In: Hoffmeyer-Zlotnik, Jürgen H. P. (Hrsg.): Segregation und Integration. Die Situation von Arbeitsmigranten im Aufnahmeland, Berlin, S. 106-117
Esser, Hartmut (1988): Ethnische Differenzierung und moderne Gesellschaft. In: Zeitschrift für Soziologie, Jg. 17, Heft 4, S. 235-248
Esser, Hartmut (2001): Integration und ethnische Schichtung. Mannheimer Zentrum für Europäische Sozialforschung, working-paper Nr. 40, Mannheim
EUMC (Europäische Stelle zur Beobachtung von Rassismus und Fremdenfeindlichkeit) (o. J.): Rassistisch motivierte Gewalt in 15 EU-Mitgliedsstaaten. Ein vergleichender Überblick über die Ergebnisse der nationalen Anlaufstellen des RAXEN-Netzes für die Jahre 2001-2004, Wien
Europarecht (2007): Textausgabe mit einer Einführung von Claus Dieter Classen, 22. Aufl. München
EU-Vertrag (2008): Vertrag über die Europäische Union. Textausgabe. Hrsg. v. Daniel-Erasmus Khan, 6.Aufl. München
Faist, Thomas (2004): Grenzen überschreiten – zum Konzept Transnationaler Sozialer Räume. In: Migration und Soziale Arbeit, 2/2004, S. 83-97
Faust, Jörg/Lauth, Hans-Joachim (2006): Politikfeldanalyse. In: Manfred Mols/ Hans-Joachim Lauth/Christian Wagner (Hrsg.): Politikwissenschaft: Eine Einführung, Paderborn/München/Wien/Zürich, S. 289-314
Fijalkowski, Jürgen (1997 a): Nationalstaatliche Schranken des Bürgerstatus und Strategien politischer Inkorporation. In: Pries, Ludger (Hrsg.), S. 349-370
Fijalkowski, Jürgen (1997 b): Integrationspolitik im europäischen Vergleich. In: Angenendt, Steffen (Hrsg.): Migration und Flucht. Aufgaben und Strategien für Deutschland, Europa und die internationale Gemeinschaft, München, S. 154-170
Fijalkowski, Jürgen (1998): Potentiale ethnisch-kulturellen Konflikts und die Funktion der Eigenorganisationen transnationaler Zuwanderer – Aus einer Explorationsstudie in Berlin. In: Newsletter Nr. 9, 1/98, Institut für interdisziplinäre Konflikt- und Gewaltforschung, Universität Bielefeld, Bielefeld, S. 37-51
Fijalkowski, Jürgen/Gillmeister, Helmut (1997): Ausländervereine – ein Forschungsbericht. Über die Funktion von Eigenorganisationen für die Integration heterogener Zuwanderer in eine Aufnahmegesellschaft am Beispiel Berlins, Berlin
Filsinger, Dieter (2008): Bedingungen erfolgreicher Integration – Integrationsmonitoring und Evaluation. Expertise. Hrsg. v. der Abteilung Wirtschafts- und Sozialpolitik der Friedrich-Ebert-Stiftung, Bonn
Follmar-Otto, Petra (2006): Integration durch Diskriminierungsschutz? In: Davy, Ulrike/Weber, Albrecht (Hrsg.), S. 190-209
Forbes, Ian (1995): Institutionalising Anti-Discrimination in Europe. In: Hargreaves, Alec G./Leraman, Jeremy (Hrsg.): Racism, Ethnicity and Politics in Contemporary Europe, Aldershot, S. 192-208
Förderverein PRO ASYL und Interkultureller Rat in Deutschland (Hrsg.) (2005): Schutz vor Diskriminierung ist Menschenrecht! Warum wir ein Antidiskriminie-

rungsgesetz brauchen, download unter: http://www.interkultureller-rat.de/wp-content/uploads/Antidiskriminierung-menschenrecht.pdf
Forum gegen Rassismus/Nationaler Runder Tisch. Arbeitsgruppe Gleichbehandlung/Nichtdiskriminierung (2002): Umsetzung von Art. 13 des EG-Vertrages „Amsterdamer Vertrag. Infobrief Nr. 2, Berlin
Forum gegen Rassismus. Arbeitsgruppe Gleichbehandlung (2007): Umsetzung der EU-Antidiskriminierungsrichtlinien. Allgemeines Gleichbehandlungsgesetz in Kraft getreten, Info-Brief Nr. 8, Berlin
FRA (Agentur der Europäischen Union für Grundrechte) (2007): Report on Racism and Xenophobia in the Member States of the EU, Wien
Fraenkel, Ernst (1991): Deutschland und die westlichen Demokratien. Hrsg. v. Alexander von Brünneck, Erweiterte Ausgabe, Frankfurt/M.
Fraser, Nancy (2003 a): Soziale Gerechtigkeit im Zeitalter der Identitätspolitik. Umverteilung, Anerkennung und Beteiligung. In: Fraser, Nancy/Honneth, Axel, S. 13-128
Fraser, Nancy (2003 b): Anerkennung bis zur Unkenntlichkeit verzerrt. Eine Erwiderung auf Axel Honneth. In: Fraser, Nancy/Honneth, Axel, S. 225-270
Fraser, Nancy/Honneth, Axel (2003): Umverteilung oder Anerkennung. Eine politisch-philosophische Kontroverse, Frankfurt/M.
Friedrich-Ebert-Stiftung/Gesprächskreis Migration und Integration (Hrsg.) (2006): Kompetenzen stärken, Qualifikationen verbessern, Potentiale nutzen. Berufliche Bildung von Jugendlichen und Erwachsenen mit Migrationshintergrund. Dokumentation einer Fachtagung der Friedrich-Ebert-Stiftung und des Bundesinstituts für Berufsbildung, Bonn
Friedrich-Ebert-Stiftung/Gesprächskreis Migration und Integration (Hrsg.) (2009): Einwanderungsgesellschaft Deutschland. Wege zu einer sozialen und gerechten Zukunft, Bonn
Friedrichs, Jürgen/Jagodzinski, Wolfgang (Hrsg.) (1999): Soziale Integration. Kölner Zeitschrift für Soziologie und Sozialpsychologie, Sonderheft, Opladen und Wiesbaden
Fritzsche, K. Peter (2005): Bedeutung der Menschenrechte für die Politische Bildung. In: Gerhard Himmelmann/Dirk Lange (Hrsg.): Demokratiekompetenz. Beiträge aus Politikwissenschaft, Pädagogik und politischer Bildung, Wiesbaden, S. 78-87
Fritzsche, K. Peter (2005): Zur Bedeutung der Menschenrechte für die Politische Bildung. In: Himmelmann, Gerhard/Lange, Dirk (Hrsg.), S. 78-87
Gaitanides, Stefan (2006): Interkulturelle Öffnung der sozialen Dienste. In: Otto, Hans-Uwe/Schrödter, Mark (Hrsg.), S. 222-233
Geißler, Rainer (2005): Interkulturelle Integration von Migranten – ein humaner Mittelweg zwischen Assimilation und Segregation. In: Geißler, Rainer/Pöttker, Horst (Hrsg.): Massenmedien und die Integration ethnischer Minderheiten in Deutschland. Problemaufriss – Forschungsstand – Bibliographie, Bielefeld, S. 45-70
Geißler, Rainer (2006): Die Sozialstruktur Deutschlands. Zur gesellschaftlichen Entwicklung mit einer Bilanz zur Vereinigung. Mit einem Beitrag von Thomas Meyer, 4. Aufl., Wiesbaden
Geißler, Rainer/Weber-Menges, Sonja (2008): Migrantenkinder im Bildungssystem: doppelt benachteiligt, in: Aus Politik und Zeitgeschichte, 49/2008, S. 14-22

Geschäftsführende Vorstände der CDU/CSU-Bundestagsfraktion und der SPD-Bundestagsfraktion (2008): Beschluss zum Thema ‚Integration' vom 26. Februar 2008; download unter: http://www.spd.de/show/1741993/270208_Beschluss_Integration.pdf

Giddens, Anthony (1997): Jenseits von Links und Rechts. Die Zukunft radikaler Demokratie, Frankfurt/M.

Glazer, Nathan/Moynihan, Daniel Patrick (1963): Beyond the Melting Pot. The Negroes, Puerto Ricans, Jews, Italians, and Irish of New York City, Cambridge, Massachusetts

Glick Schiller, Nina/Basch, Linda/ Blanc Szanton, Cristina (eds.) (1992): Towards a Transnational Perspective on Migration: Race, Class, Ethnicity and Nationalism Reconsidered, New York

Gomolla, Mechthild/Radtke, Frank-Olaf (2009): Institutionelle Diskriminierung. Die Herstellung ethnischer Differenz in der Schule, 3. Aufl. Wiesbaden

Gordon, Milton M. (1964): Assimilation in American Life. The Role of Race, Religion, and National Origin, New York

Grimm, Dieter (2002): Multikulturalität und Grundrechte. In: Wahl, Rainer/ Wieland, Joachim (Hrsg.): Das Recht des Menschen in der Welt. Kolloquium aus Anlass des 70. Geburtstags von Ernst-Wolfgang Böckenförde, Berlin, S. 135-149

Groenendijk, Kees (2004): Rechtliche Konzepte der Integration im EG-Migrationsrecht. In: Zeitschrift für Ausländerrecht und Ausländerpolitik, 4/2004, S. 123-130

Groenendijk, Kees (2007): Europäische Entwicklungen im Ausländer- und Asylrecht im Jahr 2006. In: Zeitschrift für Ausländerrecht und Ausländerpolitik, 9/2007, S. 320-326

Grosch, Harald/Leenen, Wolf Rainer (2000): Bausteine zur Grundlegung interkulturellen Lernens. In: Interkulturell Lernen. Arbeitshilfen für die politische Bildung, hrsg. von der Bundeszentrale für politische Bildung, Bonn, S. 29-46

Groß, Thomas (2006): Integration durch Sprache – der deutsche Kompromiss. In: Kritische Justiz, 1/2006, S. 2-11

Groß, Thomas (2007): Das deutsche Integrationskonzept – vom Fördern zum Fordern? In: Zeitschrift für Ausländerrecht und Ausländerpolitik, 9/2007, S. 315-319

Gruner-Domić, Sandra (1999): Beschäftigung statt Ausbildung. Ausländische Arbeiter und Arbeiterinnen in der DDR (1961-1989). In: Motte, Jan/Ohliger, Rainer/ Oswald, Anne v. (Hrsg.), S. 215-240

Guggenberger, Bernd (1995): Demokratietheorie. In: Nohlen, Dieter (Hrsg.): Pipers Wörterbuch zur Politik. Bd. 1: Politikwissenschaft. Theorien – Methoden – Begriffe. Hrsg. v. Dieter Nohlen u. Rainer-Olaf Schultze, 3. Aufl. München-Zürich, S. 36-49

Gutmann, Amy (1993): Kommentar. In: Taylor, Charles (1993), S. 117-145

Häberle, Peter (1997): Europäische Rechtskultur. Versuch einer Annäherung in zwölf Schritten, Frankfurt/M.

Habermas, Jürgen (1993): Anerkennungskämpfe im demokratischen Rechtsstaat. In: Taylor, Charles, S. 147-196

Habermas, Jürgen (1998): Die postnationale Konstellation. Politische Essays, Frankfurt/M.

Hailbronner, Kay (2001): Die Antidiskriminierungsrichtlinien der EU. In: Zeitschrift für Ausländerrecht und Ausländerpolitik, 6/2001, S. 254-259

Hamburger, Franz (1999): Von der Gastarbeiterbetreuung zur reflexiven Interkulturalität. In: IZA. Migration und Soziale Arbeit, Heft 3-4/1999, Frankfurt/M., S. 33-38
Hamburger, Franz (2006): Konzept oder Konfusion? Anmerkungen zur Kulturalisierung der Sozialpädagogik. In: Otto, Hans-Uwe/Schrödter, Mark (Hrsg.), S. 178-192
Hamburger, Franz (2009): Der Vermessungswahn: Kommentar; download unter: http://www.migration-online.de/beitrag.
Hamburger, Franz/Karsten, Maria E/Otto, Hans-Uwe/Richter, H. (Hrsg.) (1983): Sozialarbeit und Ausländerpolitik; Sonderheft Zeitschrift neue praxis, Bd. 7, Neuwied
Hammer, Ulrich (2003): Bereichsausnahmen für kirchliche Einrichtungen in der Gleichbehandlungsrichtlinie 2000/78/EG. Neun Leitsätze mit Anmerkungen. In: Rust, Ursula u. a. (2003), S. 181-206
Hammerschmidt, Peter/Tennstedt, Florian (2002): Der Weg zur Sozialarbeit: Von der Armenpflege bis zur Konstituierung des Wohlfahrtsstaates in der Weimarer Republik. In: Thole, Werner (Hrsg.), S. 63-76
Han, Petrus (2005): Soziologie der Migration, 2. Aufl. Stuttgart
Han, Petrus (2006): Theorien zur internationalen Migration. Ausgewählte interdisziplinäre Migrationstheorien und deren zentralen Aussagen, Stuttgart
Handschuck, Sabine/Schroer, Hubertus (2001): Interkulturelle Orientierung als Qualitätsstandard sozialer Arbeit. In: Auernheimer, Georg (Hrsg.), S. 147-180
Hanschmann, Felix (2009): Exklusive Demokratie: Der Ausschluss von Drittstaatsangehörigen vom Wahlrecht. In: Müller-Heidelberg, Till u. a. (Hrsg.): Grundrechte-Report 2009. Zur Lage der Bürger- und Menschenrechte in Deutschland, Frankfurt/M., S. 165-168
Hauck, Gerhard (2006): Multikulturalismus, Umverteilung, Anerkennung. In: Peripherie, Nr. 104, 26. Jg., S. 415-433
Heckmann, Friedrich (1981): Die Bundesrepublik Deutschland: Ein Einwanderungsland? Zur Soziologie der Gastarbeiterbevölkerung als Einwanderungsminorität, Stuttgart
Heckmann, Friedrich (1982): Ethnischer Pluralismus und Integration der Gastarbeiterbevölkerung. Zur Rekonstruktion, empirischen Erscheinungsform und praktisch-politischen Relevanz des sozialräumlichen Konzeptes der Einwandererkolonie. In: Vaskovics, Laszlo A. (Hrsg.): Raumbezogenheit sozialer Probleme, Opladen, S. 157-181
Heckmann, Friedrich (1987): Theoretische Positionen der Forschung über Arbeitsmigration in der Bundesrepublik. Von der Gastarbeiterforschung zur Migrations- und Minoritätensoziologie? In: Deutsches Jugendinstitut (Hrsg.): Ausländerarbeit und Integrationsforschung. Bilanz und Perspektiven, München, S. 43-62
Heckmann, Friedrich (1992): Ethnische Minderheiten, Volk und Nation. Soziologie inter-ethnischer Beziehungen, Stuttgart
Heckmann, Friedrich (2004): Integrationsweisen europäischer Gesellschaften: Erfolge, nationale Besonderheiten, Konvergenzen. In: Bade, Klaus J./Bommes, Michael/Münz, Rainer (Hrsg. für den Rat für Migration): Migrationsreport 2004. Fakten – Analysen – Perspektiven, Frankfurt/New York, S. 203-224
Heinrich-Böll-Stiftung (Hrsg.) (2006): Dossier: Das Allgemeine Gleichbehandlungsgesetz (2006), download unter: http://www.migration-boell.de/web/diversity/48

Heinrich-Böll-Stiftung (Hrsg.) (2008): Dossier: Politics of Diversity (2008), download untcr: http://www.migration-boell.de/web/diversity/48
Heitmeyer, Wilhelm (Hrsg.) (1997): Was hält die Gesellschaft zusammen? Frankfurt/M.
Heitmeyer, Wilhelm/Imbusch, Peter (Hrsg.) (2005): Integrationspotentiale einer modernen Gesellschaft, Wiesbaden
Hennings, Verena (2008): Jüdische Wohlfahrtspflege in der Weimarer Republik, Frankfurt/M.
Herbert, Ulrich (2001): Geschichte der Ausländerpolitik in Deutschland. Saisonarbeiter, Zwangsarbeiter, Gastarbeiter, Flüchtlinge, München
Hering, Sabine (Hrsg.) (2006): Jüdische Wohlfahrt im Spiegel von Biographien. Unter Mitarbeit von Sandra Schönauer, Frankfurt/M.
Hess, Sabine/Binder, Jana/Moser, Johannes (Hrsg.) (2009): No integration?! Kulturwissenschaftliche Beiträge zur Integrationsdebatte in Europa, Bielefeld
Hesse, Konrad (1995): Grundzüge des Verfassungsrechts der Bundesrepublik Deutschland, 20. Aufl. Heidelberg
Himmelmann, Gerhard/Lange, Dirk (Hrsg.) (2005): Demokratiekompetenz. Beiträge aus Politikwissenschaft, Pädagogik und politischer Bildung, Wiesbaden
Hinz-Rommel, Wolfgang (1994): Interkulturelle Kompetenz. Ein neues Anforderungsprofil für die soziale Arbeit, Münster/New York
Hinz-Rommel, Wolfgang (1998): Interkulturelle Öffnung sozialer Dienste und Einrichtungen. In: IZA. Migration und Soziale Arbeit, Heft, 1/98, S. 36-41
HLG (High Level Advisory Group of Experts) (2007): Ethnic Minorities in the Labour Market. An Urgent Call for Better Social Inclusion. Report on the Social Integration of Ethnic Minorities and their Full Participation in the Labour Market, Brüssel
Höffe, Otfried (2002): Toleranz. In: Höffe, Otfried (Hrsg.): Lexikon der Ethik, 6. Aufl. München, S. 265-267
Hoffmann-Nowotny, Hans-Joachim (1973): Soziologie des Fremdarbeiterproblems. Eine theoretische und empirische Analyse am Beispiel der Schweiz, Stuttgart
Honneth, Axel (2003): Umverteilung als Anerkennung. Eine Erwiderung auf Nancy Fraser. In: Fraser, Nancy/Honneth, Axel, S. 129-224
Hormel, Ulrike (2007): Diskriminierung in der Einwanderungsgesellschaft. Begründungsprobleme pädagogischer Strategien und Konzepte, Wiesbaden
Hradil, Stefan (2005): Soziale Ungleichheit in der Deutschland, 8. Aufl. Wiesbaden
Hufen, Friedhelm (1994): Die kulturintegrative Kraft der Verfassung. In: Däubler-Gmelin, Herta u. a. (Hrsg.): Gegenrede. Aufklärung – Kritik – Öffentlichkeit. Festschrift für Ernst Gottfried Mahrenholz, Baden-Baden, S. 115-131
Hunger, Uwe (2005): Ausländervereine in Deutschland. Eine Gesamterfassung auf der Basis des Bundesausländerregisters. In: Weiss, Karin/Thränhardt, Dietrich (Hrsg.), S. 221-244
Imbusch, Peter/Rucht, Dieter (2005): Integration und Desintegration in modernen Gesellschaften. In: Heitmeyer, Wilhelm/Imbusch, Peter (Hrsg.), S. 13-71
Janßen, Andrea/Schroedter, Julia H. (2007): Kleinräumliche Segregation der ausländischen Bevölkerung in Deutschland: Eine Analyse auf der Basis des Mikrozensus. In: Zeitschrift für Soziologie, Jg. 36, 6/2007, S. 453-472
Jordan, Bill (2004): Soziale Rechte, Migration und Soziale Arbeit. Überlegungen zur Ethik von Mobilität und Zugehörigkeit in einer globalisierten Welt. In: Treichler, Andreas/Cyrus, Norbert (Hrsg.), S. 33-54

Joussen, Jacob (2003): Die Folgen der europäischen Diskriminierungsverbote für das kirchliche Arbeitsrecht. In: Recht der Arbeit, 1/2003, S. 32-39

Kälin, Walter (2000): Grundrechte im Kulturkonflikt. Freiheit und Gleichheit in der Einwanderungsgesellschaft, Zürich

Karakaşoğlu, Yasemin (2006): Lebensrealitäten von Mädchen mit Migrationshintergrund – jenseits von Zwangsverheiratung und Ehrenmorden – Zentrale Ergebnisse der Studie „Viele Welten leben". In: Zeitschrift für Ausländerrecht und Ausländerpolitik, 1/2006, S. 22-26

Karsten, Maria E. (1984): Sozialarbeit mit Ausländern, München

Kocka, Jürgen (Hrsg.) (2008): Zukunftsfähigkeit Deutschlands. Sozialwissenschaftliche Essays, Berlin

Kommission der Europäischen Gemeinschaften (2000): Mitteilung der Kommission an den Rat und das Europäische Parlament: Über eine Migrationspolitik der Gemeinschaft, Brüssel (KOM<2000> 757 endgültig)

Kommission der Europäischen Gemeinschaften (2003): Mitteilung der Kommission an den Rat, das Europäische Parlament, den Europäischen Wirtschafts- und Sozialausschuss und den Ausschuss der Regionen über Einwanderung, Integration und Beschäftigung, Brüssel (KOM<2003>336 endgültig)

Kommission der Europäischen Gemeinschaften (2004): Grünbuch: Gleichstellung sowie Bekämpfung von Diskriminierungen in einer erweiterten Europäischen Union, Brüssel (KOM<2004>379 endgültig)

Kommission der Europäischen Gemeinschaften (2005): Mitteilung der Kommission an den Rat, das Europäische Parlament, den Europäischen Wirtschafts- und Sozialausschuss und den Ausschuss der Regionen: Eine gemeinsame Integrationsagenda – Ein Rahmen für die Integration von Drittstaatsangehörigen in die Europäische Union, Brüssel (KOM<2005> 389 endgültig)

Kommission der Europäischen Gemeinschaften (2008a): Mitteilung der Kommission an das Europäische Parlament, den Rat, den Europäischen Wirtschafts- und Sozialausschuss und den Ausschuss der Regionen: Nichtdiskriminierung und Chancengleichheit: Erneuertes Engagement, Brüssel (KOM<2008> 420 endgültig)

Kommission der Europäischen Gemeinschaften (2008b): Vorschlag für eine Richtlinie des Rates zur Anwendung des Grundsatzes der Gleichbehandlung ungeachtet der Religion oder der Weltanschauung, einer Behinderung, des Alters oder der sexuellen Ausrichtung, Brüssel (KOM<2008> 426 endgültig)

Konsortium Bildungsberichterstattung (Hrsg.) (2006): Bildung in Deutschland. Ein indikatorengestützter Bericht mit einer Analyse zu Bildung und Migration, Bielefeld

Koopmans, Ruud (1999): Deutschland und seine Einwanderer: ein gespaltenes Verhältnis. In: Kaase, Max/Schmid, Günther (Hrsg.): Eine lernende Demokratie. 50 Jahre Bundesrepublik Deutschland, Berlin, S. 165-199

Kossert, Andreas (2008): Kalte Heimat. Die Geschichte der deutschen Vertriebenen nach 1945, Bonn

Kreckel, Reinhard (1992): Politische Soziologie der sozialen Ungleichheit, Frankfurt/New York

Kreckel, Reinhard (2004): Politische Soziologie der sozialen Ungleichheit, 3. Aufl., Frankfurt/New York

Krell, Gertraude u. a. (2007): Einleitung – Diversity Studies als integrierende Forschungsrichtung. In: Krell, Gertraude u. a. (Hrsg.), S. 7-16

Krell, Gertraude u. a. (Hrsg.) (2007 a): Diversity Studies. Grundlagen und disziplinäre Ansätze, Frankfurt/New York
Krennerich, Michael (2007): Menschenrechte – ein Einstieg. In: Sierck, Gabriela M./Krennerich, Michael/Häußler, Peter (Hrsg.): Handbuch der Menschenrechtsarbeit. Edition 2006/2007. Hrsg. v. d. Friedrich-Ebert-Stiftung und FORUM MENSCHENRECHTE, Berlin/Erlangen-Nürnberg/Bonn, S. 11-22; download unter: http://www.fes.de/handbuchmenschenrechte/
Kürşat-Ahlers, Elçin (2002): Die Vorreiterrolle der Europäischen Union bei der Etablierung einer Antidiskriminierungsgesetzgebung in der Bundesrepublik Deutschland – Lernen von anderen Ländern. In: Treichler, Andreas (Hrsg.), S. 257-277
Kurthen, Hermann (2003): Einwandererintegration im Spiegel U.S.-Amerikanischer Forschung. In: Treichler, Andreas (Hrsg.), S. 83-106
Kymlicka, Will (1999): Multikulturalismus und Demokratie. Über Minderheiten, Staaten und Nationen, Berlin
Lambert, Hélène (2006): The position of aliens in relation to the European Convention on Human Rights, 3. Aufl. Straßburg
Landeshauptstadt München – Sozialreferat /Jugendamt (Hrsg.) (2003): Offen für Qualität. Interkulturell orientiertes Qualitätsmanagement in Einrichtungen der Migrationssozialarbeit, München
Laskowski, Silke Ruth (2007): Antidiskriminierung. In: Barwig, Klaus/Beichel-Bendetti, Stephan/Brinkmann, Gisbert (Hrsg.), S. 567-589
Leenen, Wolf Rainer/Groß, Andreas/Grosch, Andreas (2008): Interkulturelle Kompetenz in der Sozialen Arbeit. In: Auernheimer, Georg (Hrsg.), S. 101-123
Lepenies, Wolf (1981): Einleitung – Studien zur kognitiven, sozialen und historischen Identität der Soziologie. In: Lepenies, Wolf (Hrsg.): Geschichte der Soziologie. Studien zur kognitiven, sozialen und historischen Identität einer Disziplin, Bd. 1, Frankfurt/M., S. 1-35
Loeffelholz, Hans Dietrich von/Thränhardt, Dietrich (1996): Kosten der Nichtintegration ausländischer Zuwanderer. Gutachten im Auftrag des Ministeriums für Arbeit, Gesundheit und Soziales des Landes Nordrhein-Westfalen, Düsseldorf
Mahlmann, Matthias (2007): Die Ethik des Gleichbehandlungsrechts. In: Rudolf, Beate/Mahlmann, Matthias (Hrsg.), S. 33-57
Mecheril, Paul (2004): Einführung in die Migrationspädagogik, Weinheim/Basel
Mecheril, Paul (2008): ‚Kompetenzlosigkeitskompetenz'. Pädagogisches Handeln unter Einwanderungsbedingungen. In Auernheimer, Georg (Hrsg.), S. 16-34
Meier-Braun, Karl-Heinz (2008): Migration, Wahlkämpfe und Medien. In: WISO direkt. Analysen und Konzepte zur Wirtschafts- und Sozialpolitik. Hrsg. von der Abteilung Wirtschafts- und Sozialpolitik der Friedrich-Ebert-Stiftung, Bonn
Melotti, Umberto (2004): Migrazioni internazionali. Globalizzazione e culture politiche, Mailand
Memmi, Albert (1987): Rassismus, Frankfurt/M.
Menschenrechte (2004): Menschenrechte. Dokumente und Deklarationen. Hrsg. v. d. Bundeszentrale für politische Bildung, 4. Aufl. Bonn
Merten, Roland/Olk, Thomas (1999): Soziale Dienstleistungsberufe und Professionalisierung. In: Albrecht, Günter/Groenemeyer, Axel/Stallberg, Friedrich W. (Hrsg.), S. 955-982

Merx, Andreas (2007): Warum es gut ist, dass Deutschland ein Antidiskriminierungsgesetz hat – 10 zentrale Argumente. In: Forum gegen Rassismus. Arbeitsgruppe Gleichbehandlung, S. 7-8

Meyer, Thomas (2000): Was ist Politik?, Opladen

Michalowski, Ines (2005): Das niederländische Integrationsmodell als Vorbild und die Debatte über sein „Scheitern". In: focus Migration. Kurzdossier, 1/2005, S. 1-4

Michalowski, Ines (2007): Vom nationalen Integrationsmodell zum europaweiten Pragmatismus? In: Woyke, Wichard (Hrsg.), S. 33-58

Mintzel, Alf (1997): Multikulturelle Gesellschaften in Europa und Nordamerika. Konzepte, Streitfragen, Analysen, Befunde, Passau

MIPEX – Niessen, Jan/Huddleston, Thomas/Citron, Laura (2007): Index Integration und Migration. Die rechtliche Situation von Migrantinnen und Migranten in Europa (MIPEX). Hrsg. v. British Council und Migration Policy Group, Brüssel

Motte, Jan/Ohliger, Rainer/Oswald, Anne v. (Hrsg.): 50 Jahre Bundesrepublik – 50 Jahre Einwanderung. Nachkriegsgeschichte als Migrationsgeschichte, Frankfurt/New York

Müller, Hermann (Hrsg.) (1974): Ausländerkinder in deutschen Schulen, Stuttgart

Münkler, Herfried/Loll, Anna (2005): Sozio-moralische Ressourcen als Voraussetzung für Demokratie und Freiheit sowie als Aufgabe politischer Bildung. In: Himmelmann, Gerhard/Lange, Dirk (Hrsg.), S. 39-49

Nauck, Bernhard (1988): Sozialstrukturelle und individualistische Migrationstheorien. Elemente eines Theorievergleichs. In: Kölner Zeitschrift für Soziologie und Sozialpsychologie, Jg. 40, 1988, S. 15-39

Neubert, Stefan/Roth, Hans-Joachim/Yildiz, Erol (2008): Multikulturalismus – Ein umstrittenes Konzept. In: Neubert, Stefan/Roth, Hans-Joachim/Yildiz, Erol (Hrsg.): Multikulturalität in der Diskussion. Neuere Beiträge zu einem umstrittenen Konzept, 2. Aufl. Wiesbaden, S. 9-29

Nickel, Rainer (1999): Gleichheit und Differenz in der vielfältigen Republik. Plädoyer für ein erweitertes Antidiskriminierungsrecht, Baden-Baden

Nickel, Rainer (2006): Das AGG – Einführung und Würdigung (Ausführliche Fassung). In: Heinrich-Böll-Stiftung (Hrsg.) (2006)

Nickel, Rainer (2007): Das Allgemeine Gleichbehandlungsgesetz – Einführung und Würdigung (Kurzfassung). In: Forum gegen Rassismus. Arbeitsgruppe Gleichbehandlung 2007, S. 9-14

Nickel, Rainer (2009): Drei Jahre Allgemeines Gleichbehandlungsgesetz (AGG): eine Zwischenbilanz; download unter: http://www.migration-boell.de/web/diversity/48_2303.asp

Nicklas, Hans/Müller, Burkhard/Kordes, Hagen (Hrsg.) (2006): Interkulturell denken und handeln. Theoretische Grundlagen und gesellschaftliche Praxis, Frankfurt/New York

Nieke, Wolfgang (1995): Interkulturelle Erziehung und Bildung. Wertorientierungen im Alltag, Opladen

Nollert-Borasio, Christiane/Perreng, Martina (2008): Allgemeines Gleichbehandlungsgesetz (AGG). Basiskommentar zu den arbeitsrechtlichen Regelungen, 2. Aufl. Frankfurt/M.

Nuscheler, Franz (2004): Internationale Migration. Flucht und Asyl, 2. Aufl. Wiesbaden

Oberndörfer, Dieter (2004): Integration der Ausländer in den demokratischen Verfassungsstaat: Ziele und Aufgaben. In: Bizeul, Yves (Hrsg.), S. 13-31

Offe, Claus (1972): Politische Herrschaft und Klassenstrukturen. Zur Analyse spätkapitalistischer Gesellschaftssysteme. In: Kress, Gisela/Senghaas, Dieter (Hrsg.): Politikwissenschaft. Eine Einführung in ihre Probleme, Frankfurt/M., S. 135-164

Otto, Hans-Uwe/Schrödter, Mark (Hrsg.) (2006): Soziale Arbeit in der Migrationsgesellschaft. Multikulturalismus, Neo-Assimilation, Transnationalität. Sonderheft 8, Zeitschrift neue praxis, Lahnstein

Penninx, Rinus (2004): Integration Policies for Europe's Immigrants: Performance, conditions and challenges. An expert paper for the Sachverständigenrat für Zuwanderung und Integration, Gouda

Preuß, Ulrich K. (1998): Die Belagerung des liberalen Verfassungsstaates durch die multikulturelle Gesellschaft. In: Leviathan. Zeitschrift für Sozialwissenschaft, 1/1998, S. 60-76

Preuß, Ulrich K (2001): Multikulti ist nur eine Illusion. Deutschland wird zum Einwanderungsland. Das Grundgesetz taugt nicht als Wegweiser. In: DIE ZEIT, Nr. 23 vom 31.5.2001, S. 13

Pries, Ludger (Hrsg.) (1997): Transnationale Migration, Soziale Welt Sonderband 12, Baden-Baden

(1997a): Neue Migration im transnationalen Raum. In: Pries, Ludger (Hrsg.), S. 15-44

Pries, Ludger (2001 a): Internationale Migration, Bielefeld

Pries, Ludger (2001 b): Migration und Integration in Zeiten der Transnationalisierung oder: Warum braucht Deutschland eine ‚Kulturrevolution'? In: IZA. Migration und Soziale Arbeit, 1/2001, S. 14-19

Puskeppeleit, Jürgen/Thränhardt, Dietrich (1990): Vom betreuten Ausländer zum gleichberechtigten Bürger. Perspektiven der Beratung und Sozialarbeit, der Selbsthilfe und Artikulation und der Organisation und Integration der eingewanderten Ausländer aus den Anwerbestaaten in der Bundesrepublik Deutschland, Freiburg/Brsg.

Rausch, Christine (2006): Menschenrechte und illegale Migration. Konfliktfelder bei der Gewährung von grundlegenden Rechten für Menschen ohne Aufenthaltstitel unter besonderer Berücksichtigung des Rechts auf Schulbildung. In: Walter, Anne/Menz, Margarete/De Carlo, Sabina (Hrsg.): Grenzen der Gesellschaft? Migration und sozialstruktureller Wandel in der Zuwanderungsregion Europa, Göttingen/Osnabrück, S. 53-81

Rawls, John (1975): Eine Theorie der Gerechtigkeit, Frankfurt/M.

Rittstieg, Helmut (2003): Einführung, in: Deutsches Ausländerrecht. Textausgabe, 17. Aufl. München, S. XI-XXVI

Rittstieg, Helmut/Rowe, Gerard C. (1992): Einwanderung als gesellschaftliche Herausforderung. Inhalt und rechtliche Grundlagen einer neuen Politik, Baden-Baden

Robbers, Gerhard (1994): Ausländer im Verfassungsrecht. In: Benda, Ernst/ Maihofer, Werner/Vogel, Hans-Jochen (Hrsg.): Handbuch des Verfassungsrechts der Bundesrepublik Deutschland, 2. Aufl. Berlin/New York, S. 391-424

Rohr, Elisabeth (2002): Interkulturelle Kompetenz als Schlüsselqualifikation einer ethnisch-pluralen Gesellschaft. In: Treichler, Andreas (Hrsg.), S. 199-213

Roßocha, Volker (2007): Das Allgemeine Gleichbehandlungsgesetz – ein Baustein für Chancengleichheit in Beschäftigung und Beruf. In: Forum gegen Rassismus. Arbeitsgruppe Gleichbehandlung, S. 15-19

Rudolf, Beate/Mahlmann, Matthias (Hrsg.) (2007): Gleichbehandlungsrecht. Handbuch, Baden-Baden

Rust, Ursula u. a. (Hrsg.) (2003): Die Gleichbehandlungsrichtlinien der EU und ihre Umsetzung in Deutschland, Rehburg-Loccum

Sachverständigenrat für Zuwanderung und Integration (2004): Migration und Integration – Erfahrungen nutzen, Neues wagen. Jahresgutachten, Nürnberg

Santel, Bernhard (2007): In der Realität angekommen: Die Bundesrepublik Deutschland als Einwanderungsland. In: Woyke, Wichard (Hrsg.): Integration und Einwanderung, Schwalbach/Ts., S. 10-32

Schäfers, Bernhard (2002): Sozialstruktur und sozialer Wandel in Deutschland, 7. Aufl. Stuttgart

Schäfers, Bernhard/Lehmann, Bianca (2006): Ungleichheit, soziale. In: Schäfers, Bernhard/Kopp, Johannes (Hrsg. unter Mitarbeit von Bianca Lehmann): Grundbegriffe der Soziologie, 9. Aufl. Wiesbaden, S. 329-330

Schmidt, Manfred G. (2006). Vergleichende Policy-Forschung. In: Berg-Schlosser, Dirk/Müller-Rommel, Ferdinand (Hrsg.): Vergleichende Politikwissenschaft. Ein einführendes Studienbuch, 4. Aufl. Wiesbaden, S. 261-398

Schönwälder, Karen (2006): Politikwandel in der (bundes-)deutschen Migrationspolitik. In: Davy, Ulrike/Weber, Albrecht (Hrsg.), S. 8-22

Schönwälder, Karen (2007 a): Diversity und Antidiskriminierungspolitik. In: Krell, Gertraude u. a. (Hrsg.), S. 163-178

Schönwälder, Karen (2007 b): Reformprojekt Integration. In: Kocka, Jürgen (Hrsg.): Zukunftsfähigkeit Deutschlands. Sozialwissenschaftliche Essays. WZB-Jahrbuch 2006, Berlin, S. 371-390

Schönwälder, Karen/Söhn, Janina unter Mitarbeit von Nadine Schmid (2007): Siedlungsstrukturen von Migrantengruppen in Deutschland: Schwerpunkte der Ansiedlung und innerstädtischen Konzentration. WZB discussion paper Nr. SP IV 2007-601, Berlin

Schröer, Wolfgang/Sting, Stephan (2004): Migration, globale Ökonomie und sozialer Wandel. Neue Anforderungen an die Soziale Arbeit in der Einwanderungsgesellschaft. In: Treichler, Andreas/Cyrus, Norbert (Hrsg.), S. 55-70

Schubert, Karin/Moebius, Isabella (2006): Zwangsheirat – Mehr als nur ein Straftatbestand: Neue Wege zum Opferschutz. In: Zeitschrift für Rechtspolitik, 2/2006, S. 33-37

Schulte, Axel (1993): Multikulturell – Klärung eines missverständlichen Begriffs. In: Bundeszentrale für politische Bildung (Hrsg.), S. 16-36

Schulte, Axel (1998): Multikulturelle Einwanderungsgesellschaften in Westeuropa: Soziale Konflikte und Integrationspolitiken. Expertise im Auftrag der Friedrich-Ebert-Stiftung, Bonn

Schulte, Axel (2000): Zwischen Diskriminierung und Demokratisierung. Aufsätze zu Politiken der Migration, Integration und Multikulturalität in Westeuropa, Frankfurt/M.

Schulte, Axel (2003): Soziale Konflikte in der Einwanderungsgesellschaft: Merkmale, Ausprägungen und Elemente der politischen Regulierung. In: Treichler, Andreas (Hrsg.), S. 47-68

Schulte, Axel (2006 a): Integrationspolitik – ein Beitrag zu mehr Freiheit und Gleichheit in der Einwanderungsgesellschaft? In: Baringhorst, Sigrid/Hunger, Uwe/Schönwälder, Karen (Hrsg.), S. 27-58

Schulte, Axel (2006 b): Politische Bildung in der Einwanderungsgesellschaft. Pädagogische Aufgaben, sozialwissenschaftliche Grundlagen und Elemente der didaktisch-methodischen Umsetzung. In: Behrens, Heidi/Motte, Jan (Hrsg.): Politische Bildung in der Einwanderungsgesellschaft. Zugänge – Konzepte – Erfahrungen, Schwalbach/Ts., S. 43-81

Schulte, Axel (2006 c): Diskriminierung als soziales Problem und politische Herausforderung. In: Nicklas, Hans/Müller, Burkhard/Kordes, Hagen (Hrsg.), S. 369-380

Schulte, Axel (2009 a): Demokratie und Integration. Zwischen dem Ideal gleicher Freiheit und der Wirklichkeit ungleicher Macht – Eine Studie mit Blick auf Norberto Bobbio, Münster/Berlin

Schulte, Axel (2009 b): Einwanderungskontinent Europa: Welche Integrationspolitik? In: Brabandt, Heike u. a. (Hrsg.): Migration und Menschenrechte in Europa, Münster/Berlin 2009, S. 145-188

Schulte, Axel/Bayat, Masoumeh (2007): Migration und Integration. Themenheft der Zeitschrift: Wochenschau für politische Erziehung, Sozial- und Gemeinschaftskunde. Sekundarstufe II, 58. Jg., Nr. 6 November/Dezember 2007, S. 218-266

Sieveking, Klaus (2008): Kommunalwahlrecht für Drittstaatsangehörige – ‚kosmopolitische Phantasterei' oder Integrationsrecht für Einwanderer? In: Zeitschrift für Ausländerrecht und Ausländerpolitik, 4/2008, S. 121-126

Simon-Hohm, Hildegard (2002): Interkulturelle Kompetenz in der Sozialen Arbeit. In: IZA. Migration und Soziale Arbeit, 2/2002, S. 39-45

Simon-Hohm, Hildegard (2004): Interkulturelle Öffnung Sozialer Dienste und interkulturelle Kompetenz. Stationen auf dem Weg zu einer Gesellschaft der Vielfalt. In: Treichler, Andreas/Cyrus, Norbert (Hrsg.), S. 231-252

Sorg, Richard (Hrsg.) (2003): Soziale Arbeit zwischen Politik und Wissenschaft, Münster

Stark, Oded (1991): The Migration of Labour, Cambridge

Statistisches Bundesamt (2009): Bevölkerung und Erwerbstätigkeit. Bevölkerung mit Migrationshintergrund. Ergebnisse des Mikrozensus 2007, Wiesbaden

Statistisches Bundesamt/Gesellschaft Sozialwissenschaftlicher Infrastruktureinrichtungen (GSI)/Wissenschaftszentrum Berlin (WZB) (2008): Datenreport 2008, Berlin

Staub-Bernasconi, Silvia (2000): Sozialrechte – Restgröße der Menschenrechte? In: Wilken, Udo (Hrsg.), S. 151-174

Staub-Bernasconi, Silvia (2002): Soziale Arbeit und Soziale Probleme. Eine disziplin- und professionsbezogene Bestimmung. In: Thole, Werner (Hrsg.), S. 245-258

Staub-Bernasconi, Silvia (2003): Soziale Arbeit als (eine) Menschenrechtsprofession. In: Sorg, Richard (Hrsg.), S. 17-54

Staub-Bernasconi, Silvia (2006): Der Beitrag einer systemischen Ethik zur Bestimmung von Menschenwürde und Menschenrechten in der Sozialen Arbeit. In: Dungs, Susanne/Gerber, Uwe/ Schmidt, Heinz/Zitt, Renate (Hrsg.), S. 189-267

Staub-Bernasconi, Silvia (2007): Soziale Arbeit als Handlungswissenschaft. Systemtheoretische Grundlagen und professionelle Praxis – ein Lehrbuch, Bern

Stein, Ekkehart/Frank, Götz (2004): Staatsrecht, 19. Aufl. Tübingen

Steinberg, Stephen (1989): The Ethnic Myth. Race, Ethnicity, and Class in America, Boston

Taylor, Charles (1993): Multikulturalismus und die Politik der Anerkennung. Mit Kommentaren von Amy Gutmann (Hrsg.), Steven C. Rockefeller, Michael Walzer, Susan Wolf. Mit einem Beitrag von Jürgen Habermas, Frankfurt/M.

Thole, Werner (2002): Grundriss Soziale Arbeit. Ein einführendes Handbuch, Opladen

Thomas, William Isaac/Znaniecki, Florian (1958, zuerst 1918 und 1921): The Polish Peasant in Europe and America, 2 Bde., Boston und New York

Thränhardt, Dietrich (2008): Einbürgerung. Rahmenbedingungen, Motive und Perspektiven des Erwerbs der deutschen Staatsangehörigkeit. Gutachten für die Friedrich-Ebert-Stiftung (Hrsg.), Bonn

Thunert, Martin (1995): Menschenrechte/Grundrechte/Bürgerrechte. In: Lexikon der Politik. Hrsg. v. Dieter Nohlen. Bd. 1: Politische Theorien. Hrsg. v. Dieter Nohlen und Rainer-Olaf Schultze, München, S. 333-348

Tiedt, Friedemann (1985): Sozialberatung für Ausländer. Perspektiven für die Praxis, Weinheim/Basel

Tießler-Marenda, Elke (2005): Verbesserter Schutz vor Diskriminierung? Einführung in den Entwurf für ein Antidiskriminierungsgesetz. In: Zeitschrift für Ausländerrecht und Ausländerpolitik, 3-4/2005, S. 100-106

Treibel, Annette (2003): Migration in modernen Gesellschaften. Soziale Folgen von Einwanderung, Gastarbeit und Flucht, 3. Aufl. Weinheim/München

Treichler, Andreas (1998): Arbeitsmigration und Gewerkschaften. Das Problem der sozialen Ungleichheit im internationalen Maßstab und die Rolle der Gewerkschaften bei der Regulation transnationaler Migrationen, untersucht am Beispiel Deutschlands und der Arbeitsmigrationen aus der Türkei und Polen, Münster

Treichler, Andreas (Hrsg.) (2002/2003): Wohlfahrtsstaat, Einwanderung und ethnische Minderheiten. Probleme, Entwicklungen, Perspektiven, Wiesbaden

Treichler, Andreas (2002 a/2003 a): Einwanderung und Europäisierung. Postnationale Arbeitsmärkte ohne wohlfahrtspolitische Verfassung? In: Treichler, Andreas (Hrsg.), S. 109-136

Treichler, Andreas/Cyrus, Norbert (Hrsg.) (2004): Handbuch Soziale Arbeit in der Einwanderungsgesellschaft, Frankfurt/M.

Treichler, Andreas (2004a): Wi(e)der Fremdenfeindlichkeit und Rassismus. Europäische Grundlagen und menschenrechtliche Perspektiven der Antidiskriminierungsarbeit. In: Treichler, Andreas/Cyrus, Norbert (Hrsg.), S. 71-98

Treichler, Andreas (2006): Bildung für ein ‚Leben und Arbeiten in Vielfalt'. Das Bundesprogramm XENOS und die Frage der Professionalisierung. In: Migration und Soziale Arbeit, 3-4/2006, S. 269-279

Treichler, Andreas (2007): Sozialwissenschaftliche Deutungsmuster der Einwandererintegration und ihre Indikatoren – Eine Skizze. In: Migration und Soziale Arbeit, 2/2007, S. 84-97

Treichler, Andreas (2008): Menschenfeindlichkeit und Rechtsextremismus. Humanisierung und Demokratisierung als Leitbilder Kritischer Theorie und Praxis. In: Migration und Soziale Arbeit, 1/2008, S. 6-20

Treichler, Andreas (2009): Arbeitsmarktintegration und Qualifikationen im Spiegel ethnisch-sozialer Ungleichheit – Bildung als Schlüssel gleichstellungsorientierter Sozialpolitik. In: Friedrich-Ebert-Stiftung/Gesprächskreis Migration und Integration (Hrsg.), S. 70-88

Unabhängige Kommission „Zuwanderung" (2001): Bericht: Zuwanderung gestalten – Integration fördern, Berlin

Vereinte Nationen-Zentrum für Menschenrechte/Internationaler Verband der SozialarbeiterInnen (IFSW)/Internationale Vereinigung der Ausbildungsstätten für Soziale Arbeit (IASSW) (Hrsg.)(1997): Menschenrechte und Soziale Arbeit. Ein Handbuch für Ausbildungsstätten der Sozialen Arbeit und dem Sozialarbeitsberuf, deutsche Übersetzung, Weingarten

Vink, Jan (1974): Außerschulische Fördermaßnahmen für ausländische Kinder. In: Müller, H. (Hrsg.): 127-142

Wagner, Christean (2005): Antidiskriminierungsgesetz – ein neuer Anlauf (zu Armbrüster, ZRP 2005, 41). In: Zeitschrift für Rechtspolitik, 4/2005, S. 136-137

Wallerstein, Immanuel (1974): The Modern World-System. Capitalist Agriculture and the Origins of the European World-Economy in the Sixteenth Century, New York u. a.

Weber, Max (1968): Freiheit und Zwang in der Rechtsgemeinschaft, in: Weber, Max: Soziologie – Weltgeschichtliche Analysen – Politik. Mit einer Einleitung von Eduard Baumgarten. Hrsg. und erläutert von Johannes Winckelmann, 4. Aufl. Stuttgart, S. 76-79

Weber, Max (1985 zuerst 1922): Wirtschaft und Gesellschaft, 5. Auflage, Tübingen

Weidenfeld, Werner (Hrsg.) (1996): Demokratie am Wendepunkt. Die demokratische Frage als Projekt des 21. Jahrhunderts, Berlin

Weiss, Karin (2004): Determinanten der Selbsthilfe unter Zuwanderern. Das Beispiel der ehemaligen vietnamesischen VertragsarbeiterInnen in der DDR vor und nach der Wende. In: Treichler, Andreas/Cyrus, Norbert (Hrsg.): S. 311-328

Weiss, Karin/Thränhardt, Dietrich (Hrsg.) (2005): SelbstHilfe. Wie Migranten Netzwerke knüpfen und soziales Kapital schaffen, Freiburg/Brsg.

Weißflog, Vera (2005): Germany's New Immigration Law – A Paradigm Shift or Lost in Transition? In: German Yearbook of International Law. Jahrbuch für Internationales Recht, 48, Berlin, S. 291-326

Weltkommission für Internationale Migration (2005): Migration in einer interdependenten Welt: Neue Handlungsprinzipien. Bericht der Weltkommission für Internationale Migration, deutsche Übersetzung, hrsg. von der Deutschen Gesellschaft für die Vereinten Nationen e.V., Berlin

Wiarda, Jan-Martin (2007): Gleich! Antidiskriminierung spart Geld. In: Die Zeit, Nr. 35 vom 23.4.2007, S. 59

Wieviorka, Michel (2004): Zur Überwindung des Konzepts der Integration. Eine Lektion aus französischen Erfahrungen der Gegenwart. In: Bizeul, Yves (Hrsg.), S. 1-11

Wilken, Udo (Hrsg.) (2000): Soziale Arbeit zwischen Ethik und Ökonomie, Freiburg/Brsg.

Wippermann, Carsten/Flaig, Berthold Bodo (2009): Lebenswelten von Migrantinnen und Migranten. In: Aus Politik und Zeitgeschichte, 5/2009, S. 3-11

Wolfrum, Rüdiger (1990): Das Verbot der Rassendiskriminierung im Spannungsfeld zwischen dem Schutz individueller Freiheitsrechte und der Verpflichtung des einzelnen im Allgemeininteresse. In: Denninger, Erhard u. a. (Hrsg.): Kritik und Vertrauen. Festschrift für Peter Schneider zum 70. Geburtstag, Frankfurt/M., S. 515-527

Woyke, Wichard (Hrsg.) (2007): Integration und Einwanderung, Schwalbach/Ts.

Zegers de Beijl, Roger (Hrsg.) (2000): Documenting discrimination against migrant workers in the labour market. A comparative study of four European countries, Genf (International Labour Office)